GEORG MARKUS
Apropos Gestern

GEORG MARKUS

Apropos Gestern

Meine Geschichten
hinter der Geschichte

Mit 59 Abbildungen

AMALTHEA

Für Daniela, Mathias und Moritz
in Liebe

Besuchen Sie uns im Internet unter: www.amalthea.at

© 2015 by Amalthea Signum Verlag, Wien
Alle Rechte vorbehalten
Umschlaggestaltung: Elisabeth Pirker, OFFBEAT
Umschlagfoto: PHOTO SIMONIS Wien, aufgenommen
im Augustiner-Lesesaal der Österreichischen Nationalbibliothek
Herstellung und Satz: VerlagsService Dietmar Schmitz GmbH, Heimstetten
Gesetzt aus der 11,5/15 pt New Caledonia
Printed in the EU
ISBN 978-3-99050-004-0

Inhalt

Apropos Gestern *Vorwort*	15
An der Hand meiner Mutter *Der erste Fernsehauftritt*	19
Wie von einem anderen Stern *Mein Onkel, der Hollywoodstar*	21
Ein neues Leben beginnt *Maxi Böhm und seine Kinder*	23
Das fehlende Telefon *Assistent bei Karl Farkas*	25
Die Queen wäscht ihre Wäsche *Hintergrundinformationen*	31
»Entschuldigen Sie, wie wird man Journalist?« *Mein Einstieg als Zeitungsreporter*	33
Ein Kugelschreiber für die Majestät *Königin Fabiola bedankt sich*	37
»Nicht immer nur der Wurstel sein« *In Gunther Philipps Garderobe*	38
»Des is doch ka Beruf für mich« *Das abrupte Ende einer Karriere*	40

DER SOHN DES SCHOKOLADEKÖNIGS
Österreichs erstes Entführungsopfer 41

»SCHARF AN DER GRENZE DER PIRATERIE«
Ephraim Kishon in Wien 43

DIE LETZTE DEMELINERIN VOM ALTEN SCHLAG …
… und ihr »Chef« Udo Proksch 44

MEIN ERSTER HINAUSWURF
Im Geheimtreff »Torberg-Stüberl« 47

BURT LANCASTERS PISTOLE
Ein Versteck hinter Palmen 48

»BIS DER BUB IN PENSION GEHEN KANN«
Mein Leben als Gerichtssaalreporter 50

NACH DER LAWINE ZUM OPERNBALL
Abwechslungsreicher Berufsalltag 52

HENRY KAM OHNE KRIEGSERKLÄRUNG
In Kissingers Geburtsstadt Fürth 53

DIE ANDERE SEITE
Zusammenarbeit mit Hugo Wiener 55

»ICH WUSSTE NICHT, DASS SIE EINE DAME SIND«
Das Simpl-Ensemble vor Gericht 57

SALZBURGER NOCKERLN IN NEW YORK
Beim UNO-»General« Kurt Waldheim 60

DER TOD DES BUNDESPRÄSIDENTEN
Franz Jonas wusste vom nahen Ende 63

Im »Häfn« mit Qualtinger
Ein ungewöhnlicher Treffpunkt   65

»Hier spricht Kreisky«
Der Bundeskanzler am Apparat   68

Der Präsident im Telefonbuch
»Kirchschläger, Rudolf 36 11 32«   69

Gerd Bachers Dienstwagen
Ein Unfall mit Folgen   70

Werktags Schrauben, sonntags Schreiben
Edmund Sackbauers Geburtsstunde   72

Mein Freund, der Operettenkönig
Und ein Gespräch mit seiner Witwe   74

»Es gibt kein Kaffeehaus mehr«
Friedrich Torberg, der letzte Kaffeehausliterat   77

»Herr Doktor Böhm …
… wie war das mit der Steuer?«   78

»Ich will nichts beschönigen«
Warum Ingrid van Bergen schoss   82

Mit Verspätung zur Loren
Rendezvous mit dem Weltstar   83

»Das kommt nicht in die Tüte«
Wie ich Paul Hörbigers Ghostwriter wurde   86

»Trink ma noch an Kamillentee?«
Schicksalsschläge eines Komödianten   91

FÜR MICH WAR SIE EINE SEHENDE
Die blinde Schauspielerin Dorothea Neff 93

ATTILA STATT PAUL
Bei Robert Lembke in »Was bin ich?« 95

»SCHWEJK« UND »KÖPENICK«
Auf einen Kaffee mit Heinz Rühmann 96

DER SCHATZ, DEN KEINER KANNTE
Hans Mosers Nachlass 98

DER TOD EINES EHEPAARES
Karl und Thea Böhm 102

DOMINGO ENTSCHULDIGT SICH …
… für seinen Auftritt 103

DER MANN MIT DEN TAUSEND GESICHTERN
Parodien für Heinz Holecek 104

DER MANN MIT DEN VIERZEHN BERUFEN
Peter Ustinov im Interview 108

DER LETZTE AUFTRITT SEINES LEBENS
Eine Autofahrt mit Curd Jürgens 110

»HIERMIT ERKLÄRE ICH AN EIDES STATT«
Des Kaisers geheime Ehe 113

HINTER DEN KULISSEN
Kreisky erzählt vom Staatsvertrag 121

LAS VEGAS IN BAD GASTEIN
Silvester mit Liza Minnelli 124

WAS OBERST REDL VERRATEN HAT
Die Klärung des Spionagefalls 126

DER ZWEITLÄSTIGSTE TAPEZIERER
Wiens Theaterstammtisch 129

UM LEBEN UND TOD
Ein Treffen mit Ray Charles 132

»ES WAR EIN SCHWERER FEHLER«
Paula Wessely über den Film »Heimkehr« 136

DIE ERSTE VON DREITAUSEND KOLUMNEN
Ein nicht sehr origineller Start 139

DAS ENDE EINER ÄRA
Bronner über Qualtinger 140

TOD DURCH EINEN SCHEINWERFER
»Die Stimme« Ernst Meister 141

»BITTE MACHEN SIE ES NICHT ZU GUT«
Peter Alexander zum Sechziger 142

DER ERSTE BUNDESPRÄSIDENT I. R.
Besuch bei Rudolf Kirchschläger 144

DER REGIE-SIR
Bei Billy Wilder am Rodeo Drive 147

DER LETZTE BÜHNENGIGANT
Nachruf auf Attila Hörbiger 151

»IN FÜNFZIG JAHREN KOMME ICH WIEDER«
Vladimir Horowitz in Wien 154

DAS HOTEL, IN DEM DIE KAISERIN STARB
Ein Besuch im Genfer Beau-Rivage   155

MIT KARDINAL KÖNIG IN DER U-BAHN
Ein bescheidener Mensch geblieben   158

MIT ZIGARRE IM SPITALSBETT
Sigmund Freuds Enkel erinnern sich   160

MITTAGESSEN MIT WILLY BRANDT
Vier Wochen vor dem Fall der Mauer   166

»SEHNSUCHT NACH DEM VATER«
Erzählungen aus Elternhäusern   168

»ER WAR HALT AUCH NOCH EIN MENSCH«
Abschied von Bruno Kreisky   170

»THEATER STINKT!«
Otto Schenk sieht sich als Greis   172

PAULA WESSELY IST UNZUFRIEDEN …
… beim Wiedersehen von »Maskerade«   174

EIN SENTIMENTALER BESUCH
Teddy Kollek in Wien   176

KEIN NACHRUF AUF DIE DIETRICH
Aber ein Versuch von Maximilian Schell   179

»LUPENREINES FAMILIENLEBEN«
Klestil wird Bundespräsident   180

»NICHT ALS ABGÄNGIG GEMELDET«
Die Gebeine der Mary Vetsera   182

»ICH WOLLTE NICHT MEHR LEBEN«
Helmut Zilk schildert das Attentat   184

»GEHEILT IST MAN NIE«
Harald Juhnke in Wien   187

WARUM DAS PUBLIKUM SCHULD IST
Über das Problem, einen Buchtitel zu finden   189

»SISI« INTELLEKTUELL UND EROTISCH
Ein Tag mit Norman Mailer   190

»MIT DER BITTE UM DISKRETION«
Fritz Eckhardts Adoptivtochter   193

MEIN EINZIGES KOCHBUCH …
… obwohl ich gar nicht kochen kann   195

»UM SCHON EINMAL MASS ZU NEHMEN«
Otto von Habsburg und die Kapuzinergruft   196

ZUM SCHADEN DES PUBLIKUMS
Hausverbot für Marcel Prawy   197

SPÄTERE HEIRAT NICHT AUSGESCHLOSSEN
Meine Bühnenauftritte   199

»WIR KLAGEN SIE AUF FÜNFZIG MILLIONEN«
Der Verkauf der Schratt-Villa   200

»KULI« WAR GANZ ANDERS
Tochter und Sohn erinnern sich   203

BEGEGNUNG MIT ALZHEIMER
Kurt Jaggberg hat alles vergessen   204

»ICH FÜHLE MICH NICHT ALT«
Wiedersehen mit Francis Lederer 207

»RUFEN SIE MICH NÄCHSTES JAHR WIEDER AN«
Der Hofrat und die Hofschauspielerin 209

»EIN MEDIZINISCHES WUNDER«
Das Phänomen Heesters, 106 211

»GESUND BIN ICH ERST IM ALTER«
Marko Feingold, nach wie vor im Beruf 213

»ALS OB ES DEN TOD NICHT GÄBE«
Heinrich Treichl, der Grandseigneur 214

MIT HUNDERT IM HAWELKA
Prominente Altersgenossen 216

»HOFFENTLICH KEINE HÄMORRHOIDEN«
Der Arzt aus dem Weißen Haus 217

ABSCHIED VON DER WESSELY
Nachruf auf eine Schauspielerin 219

»NICHT VOM LANGLEBIGEN TEIL DER FAMILIE«
Typen und Originale unserer Zeit 221

WIE ICH DIE ECHTE TANTE JOLESCH FAND
Eine Spurensuche 222

»MIT SECHSUNDSECHZIG JAHREN«
Begegnungen mit Udo Jürgens 226

DER TOD DER TIERPFLEGERIN
Unfall während eines Interviews 229

PORTISCH STATT ZWETSCHGENKNÖDELN
Die Journalistenlegende erzählt 232

»ICH MÖCHTE MEINEN NACHRUF LESEN«
Abschied von Marcel Prawy 235

THOMAS KLESTIL VERÄNDERT SICH
Die Krankheit des Bundespräsidenten 238

DER ECHTE »HERR KARL« …
… hieß eigentlich Max 239

»ICH BENEIDE MICH!«
Kishons letzter Geburtstag 241

DIE FAMILIE HÖRBIGER
Eine Biografie wie ein Krimi 243

WIEDER IM SAFE
Die Originalnoten des Donauwalzers 245

»DURCH ISOLATION TIEF VERWUNDET«
Kurt Waldheim bittet um Vergebung 248

DAS GEHEIMREZEPT …
… der Sachertorte 250

»ICH SPIELE DEN KARLHEINZ BÖHM«
Der allerletzte Kaiser 255

KENNEDYS ÖSTERREICHISCHE GELIEBTE
Wie ich Lisa Lanett kennenlernte 257

TESTAMENT EINES SCHAUSPIELERS
Die letzten Worte Fritz Muliars 263

HANS MOSER IM HIMMEL
Ein Theaterskandal 265

DER LETZTE ZEITZEUGE
Zum Tod Otto von Habsburgs 268

TOD AUF DER »TITANIC«
Die österreichischen Passagiere 271

»DU SPIELEN THEATER?«
Peter Minich und der Masseur 273

DER ZWEITE ATTENTÄTER
Neues zum Dollfuß-Mord 276

DIE RACHE DER KRONPRINZESSIN
Stephanies Testament taucht auf 280

MARY VETSERAS ABSCHIEDSBRIEFE ENTDECKT
Sensationeller Fund in Wiener Banksafe 284

BILDNACHWEIS 288
PERSONENREGISTER 289

APROPOS GESTERN

Vorwort

Oft werde ich gefragt, wie ich zu den Geschichten komme, die ich in meinen Büchern und Zeitungskolumnen schreibe. Um es kurz zu machen: Es sind vielerlei Wege, die mich zu den Themen führen, manchmal durchstöbere ich Archive, Bibliotheken oder private Sammlungen, dann wieder treffe ich Menschen, die mich auf die Spur historischer Entdeckungen führen.

Apropos Gestern. Ich entschied mich diesmal dafür, einen sehr persönlichen Blick hinter die Kulissen zu werfen. Deshalb wählte ich auch den Untertitel »Meine Geschichten hinter der Geschichte«. Sie beginnen bei meinem ersten Fernsehauftritt im Alter von sieben Jahren und gehen über meinen Einstieg ins Journalistenleben bis zu den Entstehungsgeschichten der Bücher, die ich im Laufe vieler Jahre schrieb.

Auf meine Informanten, die mir immer wieder Außergewöhnliches anvertrauten, kann ich mich verlassen. Da gibt es die langjährige Mitarbeiterin des Wiener Hotel Imperial, die beobachtete, wie Queen Elizabeth im Badezimmer der Fürstensuite ihre Leibwäsche selbst wusch. Da gibt es den Archivar, der mir half, den Namen des zweiten (bisher unbekannten) Dollfuß-Attentäters zu finden, und die pensionierte Kanzleileiterin, die mir siebzig Jahre nach dem Tod der Kronprinzessin Stephanie deren bisher unveröffentlichtes, historisch sehr interessantes Testament zur Verfügung stellte.

Apropos Gestern. Mit einem Blick hinter die Kulissen beschreibe ich meine letzte Autofahrt mit Curd Jürgens, aber auch wie es kam, dass mein Name in eine Biografie des Weltstars Sophia Loren gelangte. Persönliche Erinnerungen verbinden mich darüber hinaus mit Liza Minnelli und Ray Charles, Originelles mit Peter Ustinov, Ephraim Kishon und Billy Wilder. Mit Helmut Qualtinger war ich im Gefängnis, und mit Kardinal König fuhr ich in der U-Bahn. Mit Heinz Rühmann trank ich Kaffee, mit Maximilian Schell Mineralwasser, und mit Harald Juhnke ... nein, nicht was Sie denken, sondern Cola – er hatte gerade eine »trockene Phase«. In die Zeitgeschichte eintauchen konnte ich bei Begegnungen mit Bruno Kreisky, Kurt Waldheim, Rudolf Kirchschläger, Thomas Klestil, Willy Brandt, Otto von Habsburg, Teddy Kollek und Helmut Zilk, der mir in bewegenden Worten den Tag des Attentats schilderte, durch das er lebensgefährlich verletzt wurde. Mit Norman Mailer reiste ich auf Kaiserin Elisabeths Spuren durch Wien, und der verwitwete Fritz Eckhardt vertraute mir die Geschichte seiner heimlichen Geliebten an, die er dann vor seinem Tod noch adoptierte.

Nicht immer sind die Erinnerungen eitel Wonne: Gerhard Bronner warf mich unsanft aus der Fledermaus-Bar, Ähnliches widerfuhr mir im Kabarett Simpl, womit ich mich allerdings in bester Gesellschaft weiß, denn vor die Tür des Simpl wurde damals wegen seiner Berichterstattung auch der ORF-Starjournalist Heinz Fischer-Karwin gesetzt. Und wie im Kapitel »Zum Schaden des Publikums« nachzulesen ist, wurde Marcel Prawy 1996 in der Wiener Volksoper mit Hausverbot belegt. Außerdem war ich selbst dabei, als man Peter Alexander seines ehemaligen Gymnasiums verwies.

Legenden, über die ich bereits in früheren Büchern schrieb, dürfen der Vollständigkeit halber nicht fehlen – allerdings berichte ich auch über bislang noch nicht geschilderte Details. In Geschichten mit Karl Farkas, Paul und Attila Hörbiger, Gunther Philipp, Friedrich Torberg und Hugo Portisch. Ich erzähle von den 53 aus Österreich stammenden Passagieren der »Titanic«-Katastrophe, warum mich Robert Stolz als seinen »Freund« bezeichnete und wie es kam, dass sich Paula Wessely bei mir zu Hause ihren berühmten Film »Maskerade« ansah. Kurz streife ich den »Grabraub« der Mary Vetsera und meine Treffen mit jener Österreicherin, die John F. Kennedy einen Sohn schenkte. Neben ehrenwerten Zeitgenossen begegnete ich auch solchen, die auf die schiefe Bahn gelangten, so Udo Proksch und Ingrid van Bergen. Dass mir Hollywoodstar Burt Lancaster im Palmenhaus Schönbrunn eine Pistole unter die Nase hielt, sollte sich jedoch glücklicherweise als harmlos erweisen.

Apropos Gestern. Dieses Buch enthält keine Lebenserinnerungen, ich bin ausschließlich Chronist, und wenn ich selbst in den Begebenheiten aufscheine, dann nur, um Zeugnis abzulegen.

Wenn Sie mich in diesem Buch auf meinen Streifzügen durch die Zeit begleiten, erfahren Sie, wie ich zu meinen historischen Themen kam, wie ich viele, heute schon legendäre Persönlichkeiten kennenlernte und wie mich meine Leser, seit nunmehr 45 Jahren, immer wieder mit interessanten Geschichten versorgen.

Apropos Gestern eben.

Georg Markus
Wien, im August 2015

AN DER HAND MEINER MUTTER

Der erste Fernsehauftritt

Zu den regelmäßigen Freizeitbetätigungen in meiner Kindheit gehörte es, mit meinen Eltern – ob ich wollte oder nicht – Sonntagsausflüge zu unternehmen. Ein bevorzugter Ort für derartige Wanderungen in die Umgebung Wiens war der Cobenzl, von dem aus man einen herrlichen Blick auf die Metropole hat. Nach einem Mittagessen oder einer Jause in dem rundum verglasten Café-Restaurant gingen wir wieder zurück nach Grinzing, wo unser Auto parkte.

Der Retourweg führte uns durch idyllische Weinberge und die infolge ihrer Bewohner mich damals schon faszinierende Himmelstraße. Kaum hatten wir das eher bescheidene Sommerhaus von Robert Stolz und die ehemalige Residenz der österreichischen Bundespräsidenten passiert, blieben wir kurz an der eleganten Villa in der Himmelstraße 24 stehen, über die mir mein Vater erzählte, dass hier die berühmtesten Schauspieler Österreichs wohnten: Paula Wessely und Attila Hörbiger. Ich war beeindruckt, kannte die beiden, wenn auch nur peripher, aus Filmen und von frühen Burgtheater-Besuchen. Aber Namen wie diese schienen mir unendlich fern, ich konnte mir gar nicht vorstellen, dass das »echte Menschen« waren; Stars lebten in meinen Augen in einer anderen Welt. Am allerwenigsten konnte ich mir ausmalen, solchen Leuten jemals persönlich zu begegnen, geschweige denn, sie aus nächster Nähe kennenzulernen.

Mein Lebensweg brachte es mit sich, dass sich eines Tages die schweren dunkelgrünen Flügeltüren der Hörbiger-Villa öffneten und ich als Gast des berühmten Paares und seiner Töchter willkommen geheißen wurde. So sollte es mir oft im Leben gehen, ich hatte das Glück, Menschen zu begegnen, die man im normalen Alltag nicht trifft: vom Sohn des letzten Kaisers über einen legendären Regierungschef bis zu weiteren großen Schauspielern und Künstlern aller Art.

Oft schrieb ich in Büchern und Zeitungsartikeln über sie oder drehte Fernsehdokumentationen, mitunter wurden sie zu Freunden. In vielen dieser Fälle gibt es eine Geschichte, die hinter die Kulissen führt. Wie lernte ich diese Leute kennen, waren die Großen freundlich oder arrogant, schwierig oder unkompliziert, hat man miteinander gelacht oder gab es Ärgernisse, kam es zu weiteren Treffen, über die ich nicht schrieb, auch weil man mich bei heiklen Themen um Diskretion gebeten hatte?

Ja, das alles gab und gibt es und noch viel mehr.

Meine erste Erfahrung mit dem Österreichischen Fernsehen hatte ich schon sehr früh gemacht. Noch als Volksschüler, als man mich ins TV-Studio zur »Kleinen Zeichenkunde« lud. Vom damals noch blutjungen Medium Fernsehen wurden die zeichnerisch talentiertesten Kinder Wiens zusammengetrommelt und in die Sendung geladen. Ich wurde von meiner Schule nominiert, da ich als großes Zeichentalent galt – ein Talent, von dem, so es je existiert haben sollte, absolut nichts geblieben ist.

Doch am 22. Oktober 1958 ging ich an der Hand meiner Mutter in Österreichs erstes, noch sehr primitives Behelfsstudio, das in einem ehemaligen Schulgebäude in der Singrienergasse in Wien-Meidling lag, kritzelte auf eine schwarze Tafel ein Haus mit Garten, erklärte

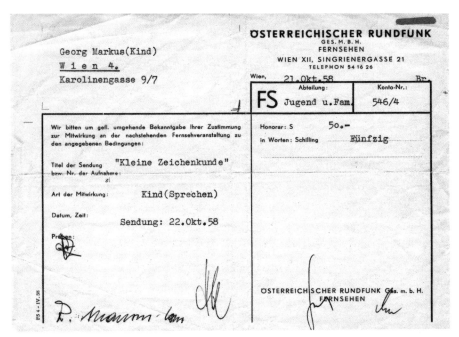

Meine erste Fernsehgage: 50 Schilling für die »Kleine Zeichenkunde«

mein Œuvre auf Anfrage des Moderators und erhielt für diesen Auftritt das für ein siebenjähriges Kind in dieser Zeit sagenhafte Honorar von fünfzig Schilling.

Die Pointe dieser Geschichte erfuhr ich Jahrzehnte später. Als nämlich Manfred Deix in einem Interview erklärte, dass er sich in seiner Kindheit sehr darum bemüht hätte, in die »Kleine Zeichenkunde« eingeladen zu werden, ihm dies aber mangels Talent verwehrt blieb. Ich, der völlig unbedarfte Zeichner, wurde genommen, und er, der späterhin geniale Karikaturist, nicht. Die kleine Geschichte sollte manch jungem Genie Hoffnung machen.

WIE VON EINEM ANDEREN STERN

Mein Onkel, der Hollywoodstar

Meine Eltern waren nicht reich und nicht arm, wir führten ein eher kleinbürgerliches Leben. Und das, obwohl mein Vater zweifacher Doktor – der Rechts- und der Staatswissenschaften – war. Er und meine Mutter hatten Österreich nach Hitlers Einmarsch 1938 verlassen und waren nach dem Krieg wieder zurückgekehrt. Mein Vater hatte im Exil beim berühmten Professor Hans Kelsen, dem Schöpfer der österreichischen Verfassung, an der Universität Genf Völkerrecht studiert, meine Mutter in London in einem von Sigmund Freuds Tochter Anna gegründeten Kindergarten gearbeitet. Meine Eltern lernten einander 1947 in der Schweiz kennen und ließen sich danach in Wien nieder – mein Vater als Jurist, meine Mutter als Englischlehrerin.

So weit so unspektakulär, ich empfand meine Kindheit vor allem als schrecklich langweilig, man hat mich liebevoll behandelt, aber es gab weder besondere Tief- noch Höhepunkte, ich fühlte mich als Einzelkind einsam. Glanz kehrte in unser eintöniges Leben nur ein, wenn Onkel Francis aus Amerika kam. Er erschien, als wäre er von einem anderen Stern. Ein Bild von einem Mann, ein in den USA berühmter Schauspieler, der in einer Reihe von Hollywoodfilmen Hauptrollen gespielt hatte und dem die Frauen zu Füßen lagen, der privat aber

21

liebenswürdig und bescheiden war. In seinen späten Jahren lernte ich Francis Lederer dann als Grandseigneur der alten Schule kennen.

Eines Tages stand sein dunkelblauer Chevrolet wieder vor unserer Haustür in der Karolinengasse im vierten Bezirk. Was mich mit meinen acht Jahren am meisten faszinierte, war das elektrisch versenkbare Dach des amerikanischen Straßenkreuzers. Die Türen öffneten sich wie von Geisterhand, wir stiegen ein und schon rollte die offene Limousine mit den roten Ledersitzen zum großen Erstaunen unserer Nachbarn fast lautlos dahin. Im Eiltempo ging's über die Argentinierstraße in die Stadt, wo Francis vor dem Sacher hielt und uns zum Mittagessen lud. Man muss sich vorstellen, dass wir das Jahr 1959 schrieben, meine Eltern einen kleinen Fiat 600 besaßen und unsere Familie im Normalfall bestenfalls im nahen Gasthaus Sperl einkehrte. Doch wenn Onkel Francis kam, war alles anders.

Die Mutter von Franz Lederer, als der er 1899 in Prag zur Welt kam, hieß Rose und war eine Schwester meiner Großmutter Ida (sie waren zwei von insgesamt 16 Kindern aus dem mährischen Städtchen Trebitsch). Francis' Vater Josef Lederer handelte – als wär's eine Posse von Nestroy – mit Lederwaren, und Franz wollte nie etwas anderes werden als Schauspieler. Infolge seines blendenden Aussehens wurde Franz Lederer lange Zeit in Liebhaberrollen besetzt, seinen Durchbruch feierte er 1928, als ihn Max Reinhardt in seine denkwürdige Inszenierung als Romeo nach Berlin holte, mit Elisabeth Bergner als Julia.

Während der Name Francis Lederer in Europa weitgehend vergessen ist, ist er in den USA immer noch vielen ein Begriff. Natürlich war er weder Cary Grant noch Clark Gable, er spielte eher in der Liga Ronald Reagan, hat aber eine riesige Fangemeinde – und einen Stern am Hollywood Boulevard.

Nach seinem Berliner Romeo wurde Francis Lederer an die Bühnen im Londoner Westend geholt, woran er sich lächelnd erinnerte: »Ich konnte kein Wort Englisch und musste alles phonetisch lernen. Das ist keine Kleinigkeit, wenn du die Hauptrolle spielst.« Über den Broadway gelangte er 1933 nach Hollywood, wo er seinen ersten Film »Man of Two Worlds« drehte, dem dreißig weitere an der Seite von Ginger Rogers, Olivia de Havilland, Claudette Colbert und Edward

Das Gesicht eines Filmstars: Onkel Francis und sein Stern am »Walk of Fame«

G. Robinson folgten. Für den Film »Midnight« schrieb ihm Billy Wilder 1938 eine Rolle auf den Leib.

Francis kam öfters nach Wien, auch um hier zu drehen. Mein schönstes Erlebnis mit ihm hatte ich Jahrzehnte danach in Los Angeles, doch davon später.

Ein neues Leben beginnt

Maxi Böhm und seine Kinder

Kaum hatte Francis, der »reiche Onkel aus Amerika«, Wien verlassen, kehrte in unserer Familie wieder der graue Alltag ein. Meine Noten am Gymnasium waren alles andere als berauschend, allerdings hatte ich später eine Deutschprofessorin, die mich alle meine Aufsätze vor versammelter Klasse vorlesen ließ. Sie schenkte mir Selbstvertrauen und formulierte vage, dass ich das Schreiben einmal zu meinem Beruf machen könnte. Ich selbst hatte keine Ahnung, in welcher Form das überhaupt möglich wäre.

Die Studenten- und Bürgerrechtsbewegungen des Jahres 1968 gingen spurlos an mir vorüber, ich war siebzehn und an Politik noch nicht wirklich interessiert, auch wenn ich die dramatischen Ereignisse um den »Prager Frühling« verfolgte und mir die Ermordung Martin Luther Kings – wie davor schon die John F. Kennedys – natürlich naheging. 1968 war für mich vielmehr ein Jahr, das neuen Glanz in mein sonst tristes Leben brachte. Diesmal kam nicht Onkel Francis nach Wien, sondern ich lernte durch einen gemeinsamen Freund eine – für meine bürgerlichen Verhältnisse – außergewöhnliche Familie kennen, bestehend aus Maxi Böhm, dem Star am Kabarett Simpl, seiner Frau Huberta und ihren drei Kindern.

Es dauerte nicht lange, bis ich deren engerem Freundeskreis angehörte – nicht nur zu dem der Geschwister Max jun., Michael und Christine, sondern auch zu dem ihres Vaters, dem beliebten Quizmaster, Schauspieler und Komiker.

Ich weiß bis heute nicht, warum, aber die Familie schloss mich in ihr Herz, lud mich immer wieder ein und nahm mich zu allen möglichen Unternehmungen mit. Die Böhm-Kinder gaben Partys in ihrer eleganten Wohnung am Brahmsplatz, ebenfalls im vierten Bezirk und damit nicht weit von meinem Elternhaus entfernt. Die Sommerferien verbrachte ich mit Böhms in der Schratt-Villa in Bad Ischl, die einst in Maxi Böhms Besitz gewesen war. Die Böhm-Kinder standen mit der neuen Eigentümerin Martha Plech in so gutem Einvernehmen, dass sie dort weiterhin willkommen waren. Und ich mit ihnen.

Am Wochenende fuhren wir auf den Semmering, wo Familie Böhm eine Frühstückspension besaß. Viel später erkannte ich, dass der Schauspieler wohl unter Existenzängsten gelitten hat und sich deshalb zuerst mit der Schratt-Villa und dann mit der Park-Villa am Semmering ein zweites Standbein schaffen wollte. Diese Existenzängste waren insofern schwer verständlich, als er ein viel beschäftigter und sehr populärer Komödiant war, doch sollte ich bald erfahren, dass auch andere Künstler von ähnlichen Ängsten befallen wurden – allen voran Hans Moser, aber auch Paula Wessely, die in Bad Gastein eine Zuckerbäckerei betrieb (und mit ihr pleiteging).

Die Böhms nahmen mich so herzlich auf, als wäre ich ein Mitglied ihrer Familie. Und so lernte ich eine ganz neue Form des Lebens kennen, der graue Alltag wurde von herzlichem Lachen und viel Freude abgelöst, Maxi Böhm schleuste mich zu Vorstellungen in den Simpl ein, in dem ich erstmals Karl Farkas aus nächster Nähe beob-

achten durfte. Ein Bewunderer seines herausragenden Humors, seiner Conférencen, Doppelconférencen und seiner genialen Wortspiele
war ich längst schon durch seine regelmäßig ausgestrahlte Fernsehsendung »Bilanz der Saison« gewesen.

Wie so oft begeistert von einer Vorstellung, fragte ich Maxi Böhm
eines Abends, ob ich nicht im Simpl mitarbeiten könnte, ganz egal, in
welcher Form. Er würde Farkas fragen, sagte er und rief mich schon
am nächsten Tag an: »Du kannst kommen, Farkas will mit dir reden.«

DAS FEHLENDE TELEFON

Assistent bei Karl Farkas

Mein erstes Zusammentreffen mit Karl Farkas: ein unglaubliches
Erlebnis in meinem noch sehr jugendlichen Dasein! Farkas war
mein Idol, und er war der liebe Gott unter den Kabarettisten, der
letzte, der uns noch die große Tradition des jüdischen Humors der
1920er- und 1930er-Jahre vermitteln konnte, in denen er mit Fritz
Grünbaum, Armin Berg, Hermann Leopoldi u. v. a. aufgetreten war.

Wir trafen uns im Café Windhag, dem heutigen Engländer in der
Postgasse, gleich ums Eck vom Simpl, er war 75 Jahre alt, ich gerade
achtzehn.

Farkas war ganz anders, als ich ihn mir vorgestellt hatte. Er
begrüßte mich freundlich, war sonst aber zurückhaltend, ernst und
sprach über nichts anderes als meine künftigen Aufgaben, so es zu
dem Engagement kommen sollte. Er schien froh über mein Interesse
zu sein, da vor Kurzem ein Mitarbeiter gekündigt hatte, der für den
gesamten Bereich hinter der Bühne verantwortlich war. Zu meinen
Befugnissen, erklärte er mir, würden Kulissen und Requisiten gehören, aber auch Schreibarbeiten wie das Abtippen seiner handge-
schriebenen Texte. Jedes der von ihm mit feinem Bleistift verfassten
Manuskripte wurde in mehreren Kopien angefertigt – eine für jeden
Schauspieler, der in dem Sketch mitspielte.

Das Salär war bescheiden, aber das war nicht so wichtig, mir ging's
darum, das Phänomen Farkas aus nächster Nähe studieren zu kön-

nen, denn ganz heimlich träumte ich davon, selbst einmal Kabarettist zu werden. Andere Menschen zum Lachen zu bringen, empfand ich als höchstes Glück. Als er mich fragte, ob ich sein Angebot annehmen würde, sagte ich ohne nachzudenken Ja. Denn eine bessere Schule als diese, das wusste ich, konnte es für einen angehenden Kabarettisten nicht geben.

Ich wurde natürlich kein Kabarettist. Denn als ich dann jeden Abend die Großmeister – vor allem Farkas, Ernst Waldbrunn und Maxi Böhm – auf der Bühne sah, wusste ich, dass niemand je wieder auch nur annähernd auf diese Weise Humor produzieren würde. Und wenn ich mir die heutigen »Comedians« ansehe, habe ich wohl recht behalten – wobei einige Ausnahmen die Regel bestätigen.

Ich erkannte also bald, dass der Wunsch Kabarettist zu werden ein irrealer Traum war und schwor alle heiligen Eide, niemals eine Bühne betreten zu wollen. Dennoch blieb ich in Farkas' Diensten. Die ersten Tage, vielleicht waren es auch Wochen, sahen gar nicht danach aus, als würde ich mich beim Altmeister des Wiener Kabaretts besonderer Beliebtheit erfreuen. Wie denn auch: Nach einer kurzen Probenzeit kam es zur Premiere und von da an lief jeden Abend eine Vorstellung des Programms »Amor go home«.

In einem Sketch läutet auf der Bühne bei einem bestimmten Stichwort das Telefon. Farkas geht zu einem Schreibtisch, um den Hörer abzunehmen, aber es steht kein Telefon dort, wo es stehen sollte. Dafür zuständig und hauptschuldig: ich, der Requisiteur. Eine Katastrophe! Es konnte gar nicht funktionieren, ich hatte ja keine Ahnung vom Theater.

Farkas machte ein finsteres Gesicht, sah aber gnädig über mein Missgeschick hinweg. Ein zweites Mal, das wusste ich, durfte ich mir ein solches Schlamassel nicht leisten. Somit begann ich die Sache ernst zu nehmen, und von da an funktionierte alles wie am Schnürchen – »wie am Schmierchen« pflegte Maxi Böhm in Anspielung auf die unterste Theaterstufe, die Schmiere, zu sagen.

Ich tat mein Bestes, und je besser der Theaterbetrieb funktionierte, desto liebenswürdiger wurde Farkas. Wir trafen uns zwei oder drei Mal in der Woche in einem der dem Simpl benachbarten Kaffeehäuser, und er sprach plötzlich nicht mehr nur über seine Arbeit, sondern befragte mich über meine Familie, meine Lebensumstände und meine Berufspläne. Bald kaufte ich von meinen ersten »Gagen« um 5000 Schilling einen uralten zuckerrosafarbenen Ford Taunus 12 M, mit dem ich Farkas öfters abends nach der Vorstellung nach Hause führte. Er blieb dann manchmal bis zu einer Stunde vor seinem Haus in der Neustiftgasse sitzen und erzählte selbst Erlebtes. Von der Kindheit in einem überstrengen Elternhaus, in dem sein älterer Bruder Selbstmord beging, weil er trotz einer großen künstlerischen Begabung als Maler von seinem Vater gezwungen wurde, die familieneigene Schuhfabrik zu übernehmen. Karl Farkas erzählte von seiner abenteuerlichen Flucht vor den Nazis, die ihn über die Tschechoslowakei nach Frankreich und schließlich in die USA führte, wo er, acht Jahre von seiner Familie getrennt, vor allem in Emigranten-Kabaretts auftrat. Und er sprach von der Tragödie seines Freundes und Bühnenpartners Fritz Grünbaum, der das nicht geschafft hatte und im KZ Dachau ermordet wurde.

Farkas kam auf vieles zu sprechen, nur seinen Sohn Robert erwähnte er nie. Über den erzählte mir Jahre später seine Witwe Anny, zu der ich nach Farkas' Tod in einer herzlichen Beziehung stand. Robert war im Alter von zwei Jahren an Gehirnhautentzündung erkrankt und lebte in einer Anstalt für geistig behinderte Menschen.

Während sich meine gleichaltrigen Freunde in Discos die Nächte um die Ohren schlugen, begab ich mich jeden Abend in den Simpl, um einer meinem Alter gar nicht angemessenen Tätigkeit nachzukommen. Je länger ich dort arbeitete, desto mehr erkannte ich, dass Farkas gar nicht der griesgrämige alte Mann war, als den ich ihn kennengelernt hatte. Er konnte charmant und einnehmend sein – sobald er zu jemandem Vertrauen gefasst hatte. Sein anfänglicher Argwohn wurzelte wohl in den schrecklichen Zeiten, die er hatte erleben müssen.

Nach der ersten Saison stellte mir Farkas ein Dienstzeugnis aus, das ich heute noch in Ehren halte. Während er es mir überreichte, fragte er mich, ob ich für eine zweite Spielzeit zur Verfügung stünde. Ich sagte zu und war dann noch bei der Revue »Gangster über Wien« dabei. Ab der Premiere am 19. September 1969 durfte ich auch zwei oder drei winzige Rollen spielen, unter anderem einen Polizisten, der einen Bankräuber verhaftet. Und in der nächsten Fernseh-»Bilanz«

27

```
Prof. Karl Farkas
Neustiftgasse 67 - 69
1070  Wien
Tel.: 93 17 00


Ich bestätige hiermit gerne, daß Herr Georg  M a r k u s ,
wohnhaft in Wien IV., Karolinengasse 9, während seiner
Tätigkeit am Cabarett SIMPL (1969 und 1970) verschiedene
Aufträge für mich (Schreibarbeiten für Manuskripte etc.)
zur vollsten Zufriedenheit durchgeführt hat.


Wien, 30. Mai 1970
                                          Prof. Karl Farkas
```

»Zur vollsten Zufriedenheit«: mein Dienstzeugnis, unterschrieben von Karl Farkas

bewegte ich mich in der »Titelrolle« zu dem Evergreen »Mein Papagei frisst keine harten Eier, er ist ein selten dummes Vieh« – als ebenjener Papagei in einem Käfig.

Eines Abends, ich glaube, es war schon in meiner zweiten Spielzeit, führte ich Farkas wieder spätabends nach Hause. In jenen Tagen mussten Autos zwar auch schon »verkehrstauglich« sein, sie wurden aber noch nicht in Werkstätten begutachtet und mit einem »Pickerl« versehen. Mein rosaroter Schrottwagen hätte einem solchen Sicherheitscheck auch nie und nimmer standgehalten. Die Außenbeleuchtung des alten Taunus funktionierte nur bedingt, das Reifenprofil entsprach keineswegs den Erfordernissen und die Bremsen reagierten in den niedrigen Gängen besser als in den hohen. Oder, wie Farkas über derartige Probleme in einer seiner Conférencen sprach: »Ich lasse mir jetzt die Hupe verstärken, weil die Bremsen nicht mehr funktionieren.«

Als ich ihn an diesem Abend nach Hause führte, wurde aber kein Sketch aufgeführt, sondern wir befanden uns im realen Leben. Und gerieten, am Beginn der Neustiftgasse, genau vor dem Volkstheater, in eine polizeiliche Verkehrskontrolle. Ich bremste, soweit es das Fahrzeug zuließ, und brachte es zum Stehen. Der erste Polizist fragte nach den Papieren, die ich ihm sogleich eilfertig reichte. Unterdessen schaltete ein zweiter seine Taschenlampe ein und schickte sich an, das Auto mit einem prüfenden Blick zu umrunden. Was jetzt drohte, war nicht nur eine geschmalzene Geldstrafe, sondern auch die immerwährende Sperre dieses ganz und gar fahruntauglichen Automobils.

Leise raunte ich Farkas zu: »Herr Professor, jetzt müssen S' was tun!«

»Ja, was denn?«, fragte er.

»Sobald Sie die Polizisten erkennen, lassen sie uns sicher weiterfahren. Sonst eher nicht.«

Farkas verstand sofort und machte, auf dem Beifahrersitz gestikulierend und unverständliche Worte murmelnd, auf sich aufmerksam. Gleichzeitig ging Polizist Nummer zwei daran, das Profil der Vorderreifen zu kontrollieren.

Polizist Nummer eins gab mir indes die Papiere zurück und sah plötzlich den neben mir sitzenden, sich auffallend wild gebärdenden alten Herrn. Ich schaltete die glücklicherweise funktionierende Innenbeleuchtung ein – und da erkannte er ihn auch schon. »Oh, meine Verehrung, Herr Professor«, sagte der Polizist und salutierte zackig.

Im selben Moment rief er seinem Kollegen »Ferdl, es ist in Ordnung« zu, worauf der die Überprüfung meiner Reifen stoppte. Beide Herren ließen sich noch Autogramme von Karl Farkas geben, und wir konnten anstandslos weiterfahren.

Farkas amüsierte die kleine Irreführung der Behörde und er blieb auch an diesem Abend noch lange vor seinem Haustor im Auto sitzen, um weitere Geschichten aus seinem Leben zu erzählen. Nie hätte ich mir träumen lassen, dass ich mich viele Jahre später, lange nach seinem Tod, seiner Erzählungen erinnern würde, um sie in eine Farkas-Biografie einfließen zu lassen und auch eine Fernsehdokumentation über ihn zu drehen.

Karl Farkas, so erzählte man, war sehr sparsam. Ich kann dies – auch wenn er mich das eine oder andere Mal bei unseren Besprechungen im Kaffeehaus zum Essen einlud – nicht wirklich entkräften. Er lebte bescheiden, war viel mit der Straßenbahn unterwegs, weil er kein Auto hatte, und ließ sich daher nach der Vorstellung gerne von einem der Mitglieder des Ensembles nach Hause führen. Hin und wieder durfte ich, wie erwähnt, für seine Heimfahrt im alten Taunus

»Gangster über Wien«: Simpl-Revue im Herbst 1969 mit Karl Farkas als Kassier, mit mir als Polizisten und mit Fred Weis als Bankräuber

sorgen, meist lieferten ihn Maxi Böhm oder Ossy Kolmann vor seinem Wohnhaus im siebenten Bezirk ab.

Eines Abends hatte jedoch aus irgendeinem Grund keiner aus dem Ensemble Zeit. Es war gegen elf Uhr nachts, da bot sich Walter Stern, der Schwiegersohn des Simpl-Besitzers Picker, als Fahrer an. Farkas stieg in den Wagen und Herr Stern fragte: »Wie soll ich fahren?«

»Geben Sie Gas«, antwortete Farkas, »ich sag's Ihnen schon ... Da vorne fahren Sie rechts ... jetzt über die Kreuzung drüber ... hier biegen Sie links ein ... und jetzt immer geradeaus, fahren Sie, fahren Sie ...«

Weit draußen am Stadtrand, schon bei der Spinnerin am Kreuz, fragte Herr Stern endlich: »Entschuldigen Sie, Herr Farkas, ich dachte, Sie wohnen in der Neustiftgasse im siebenten Bezirk?«

»Ja, das stimmt«, ließ sich Farkas nicht aus der Fassung bringen. »Aber am Samstag fahre ich immer in mein Wochenendhaus in Edlach an der Rax.«

1969, das Jahr, in dem ich meinen Posten bei Farkas antrat, war ein historisches Jahr, da mit Neil Armstrong der erste Mensch den Mond betrat. Österreich stellte mit der 19-jährigen Steirerin Eva Rueber-Staier die »Miss Welt«. Die Hollywoodschauspielerin Sharon Tate wurde von einer Terrorgruppe um »Satan« Charles Manson ermordet. Richard Nixon wurde US-Präsident. Karl Schranz war Skiweltcup-Gesamtsieger. Georges Pompidou wurde französischer Staatspräsident. Edward Kennedy beging Fahrerflucht, nachdem er die Kontrolle über seinen Wagen verloren hatte und in einen Kanal stürzte; während sich der Senator selbst retten konnte, ertrank seine Geliebte Mary Jo Kopechne. Willy Brandt wurde deutscher Bundeskanzler. Es starben der Schriftsteller Franz Theodor Csokor, der Regisseur Josef von Sternberg, die Schauspieler Robert Taylor, Boris Karloff und Oskar Sima. Königin Elizabeth hielt sich auf Staatsbesuch in Österreich auf.

DIE QUEEN WÄSCHT IHRE WÄSCHE

Hintergrundinformationen

Zum Besuch der Queen erfuhr ich Jahre später, als ich bereits Journalist war, zwei amüsante Geschichten: Die Königin, ihr Prinzgemahl Philip und ihre Tochter Anne wohnten, wie die meisten hohen Staatsgäste hierzulande, im Hotel Imperial an der Ringstraße. Die Königin legte wie auf jeder ihrer Reisen wert darauf, dass das Wasser für ihren Tee in eigens für sie abgefüllten Flaschen aus London mitgebracht würde, die mit den Worten »By Appointment to Her Majesty The Queen« beschriftet sind. Frau Elisabeth Demetz, damals Direktionsassistentin im Imperial, hat mir eine solche Flasche zur Verfügung gestellt. Im Hotel, so erzählte sie mir, nahm man den Wunsch der Königin nach eigens mitgebrachtem Wasser untertänigst zur Kenntnis, kümmerte sich aber nicht weiter drum, sondern kochte das Leibgetränk Ihrer Majestät mit dem bewährten Wiener Hochquellwasser auf. Sie hat nichts davon bemerkt.

Noch interessanter finde ich die zweite Geschichte, die mir Frau Demetz anvertraute: Als sie einmal während des Aufenthalts der königlichen Familie das Badezimmer Ihrer Majestät betrat, konnte sie beobachten, wie die Queen ihre Leibwäsche persönlich wusch. Wer hätte das gedacht!

In der Zeit, in der ich für Farkas arbeitete, verschlechterte sich sein Gesundheitszustand zusehends. Er hatte Darmkrebs und bereits eine schwere Operation hinter sich, die er in die Sommermonate hatte legen lassen, in denen der Simpl geschlossen war. Sein Publikum durfte nur ja nichts von seiner Krankheit erfahren. Rechtzeitig für die neue Spielzeit aus dem Spital entlassen, ging es ihm einige Monate lang so gut, dass er tagsüber probierte, die nächste Fernsehshow aufzeichnete, Texte schrieb und abends noch im Simpl auftrat. Doch die tückische Krankheit kehrte zurück. Als ihn nach einem knappen Jahr starke Schmerzen plagten, lag er tagsüber stationär im Allgemeinen Krankenhaus und bekam abends »Ausgang« für die Vorstellung. Farkas wurde jeden Tag, eine Stunde vor Beginn seines Auftritts, mit der Rettung in den Simpl geführt und auf einer Bahre liegend in den Keller des Kabaretts getragen, anders hätte er die paar Stufen nicht mehr geschafft, er war einfach zu schwach.

In seiner Künstlergarderobe saß dann ein alter, todkranker Mann, der sich mit schweren Schritten in Richtung Bühne schleppte. Doch kaum lugte seine signifikante Nase durch den dunkelroten Vorhang, worauf der Applaus aufbrandete, war er wieder »der Alte«. Er conférierte, sang, spielte und wenn es sein musste, tanzte er auch noch ein paar Schritte.

Nach der Vorstellung wurde er dann wieder als Greis von den Sanitätern abgeholt und ins Spital gebracht. Aber die zweieinhalb Stunden, in denen er auf der Bühne stand, merkte kein Zuschauer etwas vom Leiden des Humor-Altmeisters. Der Applaus und sein Publikum hielten ihn aufrecht.

Maxi Böhm erzählte mir einmal, dass es Farkas, als er wieder aus dem Spital entlassen worden war, einmal während der Vorstellung so schlecht ging, dass ihn alle Kollegen anflehten: »Herr Farkas, fahren Sie nach Hause, wir übernehmen Ihre Rollen, es wird schon irgendwie gehen.«

Farkas muss sich elend gefühlt haben, denn er ließ sich tatsächlich in der Pause mit einem Taxi heimfahren. Nach der Vorstellung fuhr Maxi Böhm durch die Neustiftgasse und glaubte seinen Augen nicht zu trauen. Vor dem Haus Nummer 67 lehnte Karl Farkas an der Eingangstür. Erschrocken blieb Böhm stehen und sagte: »Herr Farkas, was machen Sie denn, Sie sind doch extra früher nach Hause gefahren!«

»Schauen Sie«, sagte Farkas, »seit zwanzig Jahren bin ich keinen Abend vor elf nach Haus gekommen. Was glauben Sie, was sich meine Frau für Sorgen macht, wenn ich einmal um zehn daherkomm.«

Für die Frühjahrs-»Bilanz«, die Ende April 1971 im Ronacher aufgenommen wurde, schleppte sich Farkas mit eiserner Disziplin zu den Proben und zur Aufzeichnung. Eines Abends brach er im Simpl zusammen, wurde wieder ins AKH gebracht. Auf seinem Nachtkasten lagen Papier und Bleistift – er machte sich Notizen für das nächste Simpl-Programm, das den Titel »Alles im ORF« tragen sollte, und für eine geplante Operettenbearbeitung an der Volksoper.

Am Abend des 15. Mai 1971 lachte Österreich noch einmal über Karl Farkas und seine letzte »Bilanz« im Fernsehen. Zu diesem Zeitpunkt lag er bereits im Koma, am nächsten Morgen war er tot. »Mit Karl Farkas«, schrieb Friedrich Torberg in seinem Nachruf, »ist der letzte Stern eines untergegangenen Planetensystems erloschen.«

Ich schätze mich glücklich, dem Strahlen dieses Sterns in seinem vorletzten Lebensjahr nahe gewesen zu sein. In seinem letzten Jahr war ich nicht mehr am Simpl, da ich mich langsam um einen »richtigen Beruf« hatte umsehen müssen.

»ENTSCHULDIGEN SIE, WIE WIRD MAN JOURNALIST?«

Mein Einstieg als Zeitungsreporter

Neben seinen Auftritten bewunderte ich auch den schriftstellerischen Teil der Arbeit von Karl Farkas. Außerdem fiel mir ein, dass einst im Deutschunterricht meiner Schule meine Aufsätze vorgelesen wurden. Also kam mir in den Sinn, das Schreiben zum Beruf zu machen. Aber wie kommt man dazu und an wen wendet man sich?

Mein erster Gedanke war die »Kurier«-Redaktion, die damals in der Lindengasse in Wien-Neubau residierte. Meine Eltern hatten den »Kurier« abonniert, der auch mir in Schreibweise und Aufmachung zusagte – nicht zuletzt infolge der herausragenden Persönlichkeit seines langjährigen Chefredakteurs und Leitartiklers Hugo Portisch. Ich fuhr also – immer noch im rosa Taunus – in den siebenten Bezirk und stellte dem Portier eine Frage, die mir in ihrer Naivität noch mehrere Jahre von altgedienten Mitgliedern der Redaktion unter die Nase gehalten wurde. Die dem Portier gestellte Frage lautete: »Entschuldigen Sie, wie wird man Journalist?« In der Version des später berühmten, leider früh verstorbenen »Kurier«-Kolumnisten Herbert Hufnagl hätte ich mein Anliegen sogar mit den Worten »Ich möchte rasend gern Reporter werden« vorgetragen.

Wie auch immer, der Portier tat das einzig Richtige, er schickte mich in den elften Stock, in dem die Lokalredaktion untergebracht war. »Lokalchef« Josef Jäger empfing mich, und ich legte ihm meinen Wunsch dar, Journalist werden zu wollen. Als er mich fragte, was ich denn schreiben wollte, kam die Antwort wie aus der Pistole geschossen: »Künstlerinterviews und Theaterkritiken!«

Mit diesem Ansinnen machte ich mich einmal mehr lächerlich, denn in der Lokalredaktion ist man mehr mit Mord, Totschlag, Bankraub und ähnlichen Delikten beschäftigt als mit Themen der Hochkultur. Ich könnte meinen Posten, erklärte ich noch großspurig, in drei Wochen antreten, so lange sei noch ein Urlaub mit Freunden geplant.

Weder der Wunsch nach Künstlerinterviews noch die Urlaubsplanung spielten in Herrn Jägers Reaktion eine Rolle, denn er erklärte mir, keinen Volontär aufnehmen zu können, da die Redaktion gut besetzt und im Moment kein Posten frei wäre. Ich legte ihm einen Zettel mit meiner Telefonnummer auf den Schreibtisch, verabschiedete mich artig und fuhr in die Wohnung meiner Eltern, in der ich damals noch lebte.

Mit dem Berufswunsch »Journalist« dürfte es vorerst wohl nichts werden, zeigte ich mich enttäuscht. Doch es sollte anders kommen. Denn kaum zu Hause eingelangt, läutete das Telefon, am Apparat: Herr Jäger. »Wir haben, was ich nicht wusste, ein paar Krankenstände, einige Kollegen sind in den Bundesländern unterwegs, andere auf Urlaub. Also, wenn Sie anfangen wollen, dann kommen Sie. Aber nicht morgen oder in drei Wochen, sondern jetzt gleich. Am besten Sie machen sich sofort auf den Weg, es gibt genug zu tun.«

Heute weiß ich, dass ich unerhörtes Glück hatte. Täglich meldeten sich in den Redaktionen Dutzende junge Leute, die den vermeintlichen Traumberuf »Journalist« anstrebten, ohne zu wissen, wie das geht und was zu tun ist.

Auch ich wusste es natürlich nicht. Aber ich wollte mir die Chance nicht entgehen lassen, sagte den geplanten Urlaub ab und fuhr ein zweites Mal an diesem Tag in die Lindengasse. Dass mich Herr Jäger anrief, verdankte ich ausschließlich dem Umstand, dass ich der Letzte war, der an diesem Tag bei ihm vorgesprochen hatte, wodurch meine Telefonnummer noch auf seinem Schreibtisch lag und nicht im Papierkorb wie die Nummern aller anderen.

Josef Jäger wies mich einem »erfahrenen Reporter« zu, der allerdings auch erst seit wenigen Tagen in diesem Beruf tätig war, und sagte, dass mir Herr Pleschitzger, so hieß der junge Mann, alles erklären würde. Ernst Pleschitzger indes sagte nur: »Setzen S' Ihna da her und horchen S' gut zu.«

Und das war auch schon die gesamte Einschulung, die ich bis zum heutigen Tag zur Erlangung des Journalistenberufs erfahren habe.

Ich setzte mich an den mir zugewiesenen Tisch, auf dem ein kleines Kästchen stand, das seltsame Geräusche von sich gab, und hörte auftragsgemäß zu. »Zentrale an Berta zwo, Überfall auf Zentralsparkasse Filiale Taborstraße. Vorsicht, der Täter ist bewaffnet.«

Ich saß also am »Polizeifunk«, dessen Abhörung eigentlich nicht ganz legal war, aber von der Exekutive geduldet wurde, da diese selbst Interesse daran hatte, dass ihre Arbeit von den Medien unterstützt und gewürdigt würde.

Im Falle eines solchen Überfalls raste man dann im chauffeurgefahrenen Redaktionswagen und in Begleitung eines Fotografen zu der genannten Bankfiliale und versuchte Interviews mit Polizisten, Zeugen und sonstigen Personen zu erhalten. Dann fuhr man so schnell wie möglich zurück in die Redaktion und wartete auf Herrn Jägers Anweisung, ob die Story als Ein-, Zwei- oder gar Dreispalter vorgesehen wäre. Das war insofern von großer Bedeutung, als wir

Nachwuchsreporter als freie Mitarbeiter nach Zeilenhonorar bezahlt wurden. Man versuchte also, die jeweilige Story als interessant zu »verkaufen«, um sie möglichst detailreich schreiben zu können.

Also, »schreiben« ist übertrieben. Die ersten Artikel wurden von erfahrenen Redakteuren umformuliert, ich selbst wusste ja noch nicht, wie eine Geschichte aufgebaut werden muss. Vor allem aber: Der Polizeifunk lieferte in den seltensten Fällen Geschichten wie obigen Bankraub, sondern meist belanglose Meldungen wie »Alte Frau hat sich verirrt und ist seit zwei Stunden abgängig« oder »Wohnungseinbruch in Wien-Währing« oder gar »Verdächtiges Geräusch in einem Blumengeschäft«. Zu solchen »Fällen«, das hatte ich bald heraußen, fuhr man natürlich nicht. Genau solche Polizeifunkmeldungen waren aber der Alltag des ahnungslosen Redaktionsaspiranten.

In meinen ersten Wochen und Monaten berichtete ich über die Eröffnung der Wiener Rathausgarage, über ein Wiener Taxi, das eine Million Kilometer auf dem Buckel hatte, über die populären »Kurier«-Hausfrauennachmittage, über einen Autounfall der Jazzlegende Fatty George, und ich betreute mit anderen die Kolumne »Ein Tisch für zwei«, die sich als äußerst nahrhaft erweisen sollte, da man regelmäßig renommierte Restaurants zu testen hatte.

*Über die wahren Themen, die im Jahr **1970** bewegten, schrieb im »Kurier« natürlich nicht ich, sondern hart gesottene Profis. Bruno Kreisky wurde zum ersten Mal Bundeskanzler. Das zweite österreichische Fernsehprogramm ging täglich auf Sendung. Bundeskanzler Willy Brandt bat mit seinem historischen Kniefall von Warschau um Vergebung für die deutschen Verbrechen im Zweiten Weltkrieg. In Salzburg wurde die neue Felsenreitschule eröffnet. Die Wiener Verkehrsbetriebe nahmen erstmals weibliche Straßenbahner auf. Der Musiker Jimi Hendrix und die Sängerin Janis Joplin starben infolge Drogenmissbrauchs. Österreichs Formel-1-Weltmeister Jochen Rindt kam beim Training zum Grand Prix in Monza ums Leben. Es starben die Politiker Charles de Gaulle und Gamal Abdel Nasser, die Schriftsteller Erich Maria Remarque, Paul Celan und John Knittel sowie die Schauspieler Grethe Weiser und Fritz Kortner.*

Ein Kugelschreiber für die Majestät

Königin Fabiola bedankt sich

Im September 1971 durfte ich das belgische Königspaar Baudouin und Fabiola fünf Tage lang auf seinem Staatsbesuch quer durch Österreich begleiten, wobei ich in Salzburg in geradezu persönlichen Kontakt mit der Monarchin geriet: Es war einer älteren Dame gelungen, mit ihrem Autogrammheft alle Absperrungen zu überwinden und zu Fabiola vorzudringen. Die Königin wollte unterzeichnen, musste jedoch feststellen, dass sie kein Schreibgerät bei sich hatte. Während sie nun Hilfe suchend in die Runde der sie begleitenden Sicherheitskräfte und Reporter blickte, reichte ich ihr meinen Kugelschreiber. Ein freundliches *Merci beaucoup* aus königlichem Munde war der Dank, ehe mir Ihre Majestät den Griffel retournierte. Ein anderes Mal begab ich mich im Schlepptau der indischen Ministerpräsidentin Indira Gandhi in die Wiener Staatsoper, in die Spanische Hofreitschule und in die Albertina, um möglichst ausführlich über deren offiziellen Besuch zu berichten.

Obwohl das natürlich spannende Aufgaben waren, die man mir als jungem Spund schon überließ, blieb der Wunsch aufrecht, den ich bei meinem Vorstellungsgespräch Herrn Jäger gegenüber geäußert hatte: Ich wollte Künstler interviewen, wie das – so weiß ich es mittlerweile – leider alle Nachwuchsreporter wollen. Maxi Böhm und Familie sprangen mit Freuden ein, ich schrieb in der »Kurier«-Farbbeilage unter dem Titel »Maxis Mini« über die schauspielerischen Ambitionen seiner Tochter Christine, die mit ihren siebzehn Jahren bereits in einer Otto-Schenk-Inszenierung von Molnárs »Liliom« auftrat. Wer hätte gedacht, dass ich wenige Jahre später über den tragischen Tod der bezaubernden Christine berichten musste.

»Nicht immer nur der Wurstel sein«

In Gunther Philipps Garderobe

In meinem Archiv habe ich eine frühe Reportage gefunden, an die ich mich insofern gerne erinnere, als sie mir in der Redaktion – unverdienterweise – Ansehen und Renommee verschaffte. Den Hintergrund dazu verstehe ich bis heute nicht ganz. Maxi Böhm, der treue Freund, sollte damals in den Wiener Kammerspielen die Rolle von Gunther Philipp in der Komödie »Ein Mädchen in der Suppe« übernehmen, weil dieser anderweitigen Verpflichtungen nachkommen musste. Maxi lud mich ein, ihn in eine der letzten Vorstellungen mit der Erstbesetzung zu begleiten, und danach gingen wir hinter die Bühne, um Gunther Philipp zu besuchen.

Maxi stellte mich seinem Kollegen mit den Worten »Das ist der Georg Markus vom ›Kurier‹« vor.

Darauf Gunther Philipp: »Also gut, wenn Sie unbedingt wollen, gebe ich Ihnen ein Interview.«

Ich war perplex, zumal ich kein Wort von einem Interview gesagt hatte, geschweige denn, dass ich »unbedingt« eines wollte.

Dennoch meldete ich mich am nächsten Morgen bei Kurt Kahl, damals Chef der Farbbeilage am Samstag, und erklärte ihm, dass ich ein Interview mit Gunther Philipp bekommen könnte.

Kahl sah von seinem Schreibtisch auf und machte den Eindruck, als könnte er meinen Worten keinen Glauben schenken. »Gunther Philipp gibt Ihnen ein Interview?«

»Ja, so hat er's gesagt.«

»Das ist ja unglaublich. Meine Leute versuchen das seit Wochen, seit er in den Kammerspielen gastiert, aber er hat es jedes Mal abgelehnt.«

Ich traf den berühmten Komiker zu dem vereinbarten Interview und schrieb den Artikel, der unter dem Titel »Nicht immer nur der Wurstel sein« erschien.

Von diesem Tag an hatte ich in der Redaktion einen wesentlich besseren Stand, galt ich doch plötzlich als derjenige, der mit der Prominenz auf Tuchfühlung stand, denn wer bekommt schon ein Interview mit Gunther Philipp?

Lange war mir das Ganze, wie gesagt, unklar geblieben, ich hatte den Komiker weder gekannt, noch ihn zu überreden versucht – er selbst war es, der sich angeboten hatte. Viele Jahre später, als ich für den ORF das Drehbuch für ein Hans-Moser-Fernsehporträt schrieb, das Gunther Philipp moderieren sollte, ging ich auf ihn zu und fragte ihn, warum um Himmels willen er damals ausgerechnet mir ein Interview gegeben hätte. Er sagte: »Ich glaub, weil Sie mir sympathisch waren.«

Damit sprach er etwas aus, das für mein ganzes schreiberisches Leben galt und gilt: Wenn »die Chemie stimmt«, wird Unmögliches möglich. Viele der Großen einer mittlerweile dahingegangenen Generation gaben mir Auskunft, haben sich mir anvertraut – egal ob für einen Zeitungsartikel oder ein Buch –, weil es mir immer wichtig war, sie korrekt zu zitieren und, um Missverständnisse zu vermeiden, sie ihre Zitate vor Drucklegung lesen zu lassen. So habe ich mir über Jahrzehnte eine Vertrauensbasis geschaffen, auf die ich mich immer wieder berufen konnte. Zu den wertvollen Informanten zählten und zählen nicht nur Künstler, sondern auch zahllose »kleine Leute« – Zeitzeugen, die »dabei« waren, sowie vor allem auch Historiker und Archivare, die mich davon unterrichteten, wenn ihnen ein wertvoller Fund gelungen war. Und das ist für mich das Faszinierende an der Geschichte, dass sie nicht »tot« ist, sondern immer wieder durch auftauchende Erkenntnisse lebendig bleibt und neu geschrieben werden kann. So war es mir oft möglich, einen als »abgeschlossen« geltenden historischen Fall aufzurollen, weil bis dahin unbekannte Dokumente, Unterlagen oder Zeugenaussagen aufgetaucht sind.

Aufgrund der Gunther-Philipp-Geschichte schrieb ich viele weitere Artikel für die Farbbeilage des »Kurier«, unter anderem über das Schauspieler-Ehepaar Vilma Degischer–Hermann Thimig und über Publikumsliebling Alfred Böhm, der mir erklärte, warum er sich ein Jahr lang vom Theater in der Josefstadt beurlauben ließ: Direkt vor seinem Wohnhaus in einem Gemeindebau schräg gegenüber des Theresianums wurde damals Tag und Nacht an Wiens U-Bahn gebaut. Der Lärm war so enervierend, dass »Fredi« Böhm nicht mehr schlafen konnte, also übersiedelten er und seine

Frau Traudl in ihr Landhaus in Wieselburg. Von hier regelmäßig zu den Vorstellungen zu fahren, wäre aber unmöglich, erklärte Böhm – also ließ er sich am Theater beurlauben. Die U-Bahn war schuld daran.

»DES IS DOCH KA BERUF FÜR MICH«

Das abrupte Ende einer Karriere

Schön langsam begann ich zu erkennen, worauf es im Journalisten-beruf ankommt. Längst mussten meine Artikel nicht mehr umge-schrieben werden und ich bemerkte, dass die Lokalredaktion – heute nobler »Chronikressort« genannt – die beste Schule für junge Journa-listen ist. In der »Kultur«, in der »Innenpolitik« oder in der »Wirt-schaft« bekommt man von Theater-, Regierungs- oder sonstigen Pressestellen wichtige Grundinformationen, aber wenn man für die »Chronik« zu einem wie dem oben erwähnten Bankraub fährt, musste man bei Null anfangen, alles über Opfer, Zeugen und Täter in Erfah-rung bringen, und da gab es damals jedenfalls niemanden, der einem bei der Recherche behilflich war – auch die Polizei hatte am Tatort anderes zu tun, als Reporter mit Informationen zu versorgen.

Einer meiner aufregendsten Einsätze war in dieser Zeit der Gefängnisausbruch dreier Häftlinge aus der Strafanstalt Stein, die ab 4. November 1971 mehrere Tage lang mit Geiseln durch Wien fuhren und dann vom Polizeipräsidenten Josef Holaubek mit den legendär gewordenen Worten »I bin's, der Präsident« zur unblutigen Aufgabe überredet werden konnten.

Der Beruf des Journalisten ist ein schöner, ein interessanter Beruf, auch wenn es durchaus vorkommen kann, dass man zwölf, vierzehn Stunden im Einsatz ist, wenn man einer oder vielleicht sogar gleich mehreren Storys hinterherläuft. Wie oft ist es vorgekommen, dass ich private Termine absagen musste, weil ich unvorhergesehenerweise in die Redaktion eilen musste. Und auch die eine oder andere Bezie-hung – und eine Ehe – sind draufgegangen, weil der Beruf nicht gerade familienfreundlich ist.

Ich sah viele Reporterkollegen kommen und gehen, aber in keinem anderen Fall war der Abgang so dramatisch wie in diesem: Es wurde wieder einmal eine Bank überfallen, wie das in den 1970er-Jahren geradezu »Mode« war. Ein Jungjournalist, erst seit wenigen Tagen als solcher tätig, wurde samt Fotograf per Redaktionswagen zu dem in einem Außenbezirk gelegenen Tatort geschickt, um dort den überfallenen Kassier, die amtshandelnden Polizisten und mögliche Zeugen zu befragen. In solchen Fällen zählt jede Minute, ist es doch vorrangig, den Bericht noch vor Andruck der Abendausgabe ins Blatt zu rücken. Alle warteten an diesem Nachmittag gespannt auf die erhoffte Sensationsstory des Nachwuchsreporters.

Doch plötzlich, nach kaum einer Viertelstunde, kehrte der Fotograf mutterseelenallein und ohne jegliche Ausbeute in die Redaktion zurück, um dem fassungslosen Lokalchef mitzuteilen: »Wir sind in der Lindengasse losgefahren, aber am Gürtel hat der Kollege dann plötzlich die Autotür aufgemacht und mir zugerufen: ›Sagen S' denen in der Redaktion, des is doch ka Beruf für mich.‹«

Er stieg aus und ward nie wieder gesehen. Das Ende einer Karriere – mitten im Einsatz.

Für mich war's schon der richtige Beruf, das spürte ich von Anfang an, ich liebte die Redaktionsatmosphäre und die Recherchen, was immer der Anlass für die Story war. Und ich schrieb gerne – auch fürs Lokalressort.

Der Sohn des Schokoladekönigs

Österreichs erstes Entführungsopfer

*Kurt Waldheim wurde **1971** Generalsekretär der Vereinten Nationen. Erich Honecker folgte Walter Ulbricht als Erster Sekretär des Zentralkomitees der SED. Idi Amin wurde durch einen Putsch Staatspräsident von Uganda. Am Graben entstand Wiens erste Fußgängerzone. An der Wiener Staatsoper wurde Gottfried von Einems Oper »Der Besuch der alten Dame« uraufgeführt. Annemarie Moser-Pröll gewann den Skiweltcup.*

Joe Frazier holte den Weltmeistertitel im Schwergewicht im Kampf gegen Muhammad Ali. Es starben Ex-Kremlchef Nikita Chruschtschow, der Komponist Igor Strawinsky, Jazzlegende Louis Armstrong, der Sänger Jim Morrison, der Schauspieler Fernandel und der Kabarettist Karl Farkas. Der 26-jährige Schokolade-Erbe Hans M. Bensdorp wurde gekidnappt.

Jahre später sprach ich Österreichs erstes Entführungsopfer auf die Geschichte jenes 2. Jänner 1971 an. Zwei Männer hatten Bensdorp in ein Auto gezerrt und zu einer 24-stündigen Irrfahrt Wien–Salzburg und retour gezwungen. Als die Täter ihr Opfer nach Übergabe des geforderten Lösegeldes in Höhe von 250 000 Schilling nicht freiließen, setzte eine wilde Verfolgungsjagd ein. Auf der Westautobahn bei Melk gelang der Gendarmerie die Befreiung der unverletzten Geisel und die Festnahme der Entführer.

»Jemand, der so etwas nicht erlebt hat, kann sich nicht vorstellen, was es bedeutet, mit einer Pistole an der Schläfe einer ungewissen Zukunft entgegenzusehen«, schilderte mir der mittlerweile zum Priester geweihte Hans Michael Bensdorp den Tag und die Nacht, die er in der Gewalt der Gangster zugebracht hatte. »Es war die blanke Angst ums Überleben.« Mit Hans Bensdorp war den Kidnappern ein »großer Fisch« ins Netz gegangen, war er doch der Sohn des österreichischen »Schokoladekönigs«. Als ich das Entführungsopfer traf, war die väterliche Süßwarenfabrik bereits verkauft und Hans M. Bensdorp Pfarrer in Wien-Hetzendorf. Der Kriminalfall war für ihn »abgeschlossen und vorbei«, er verfolgte ihn nicht einmal mehr in seinen Träumen. Die einzige, stets wiederkehrende Erinnerung an die Entführung: »Ich werde regelmäßig darauf angesprochen, die Kinder in der Jungschar können die ›Raubersg'schicht‹ gar nicht oft genug hören.«

Der Entschluss, Priester zu werden, hätte mit dem schlimmsten Ereignis seines Lebens nichts zu tun gehabt. »Ich war damals schon Theologiestudent, meine Berufung stand fest, als ich 17 war.« Dass er das christliche Gebot des Verzeihens beherrschte, stellte Bensdorp unter Beweis: Nach seiner Freilassung aus der Haft traf das einstige Entführungsopfer einen der Täter, der andere war mittlerweile an Krebs gestorben.

»Scharf an der Grenze der Piraterie«

Ephraim Kishon in Wien

In einem Interview, das ich im März 1972 mit dem damals 48-jährigen Ephraim Kishon führte, outete sich der berühmte israelische Satiriker als Österreich-Fan. »Und das ist kein Zufall«, sagte er, »weil dieses Land ein einziger Anachronismus ist. Seit Kaiser Franz Joseph hat sich hier nicht viel geändert. Österreich könnte eine Satire von Ephraim Kishon sein.«

Da seine Bücher damals bereits in 22 Sprachen erschienen und die Auflage allein in den deutschsprachigen Ländern bei sieben Millionen lag, war die Frage naheliegend, wie er sein Geld anlegte.

»Ich lege mein Vermögen«, sagte er, »in der israelischen Einkommenssteuer an. Das ist bei mir zu Hause die sicherste Investition. Ich gehöre in meinem Finanzamt zur Abteilung Schwerindustrie und musste bis vor Kurzem neunzig Prozent meines Einkommens abliefern. Inzwischen sind es 110 Prozent geworden.«

»Würden Sie lieber in Liechtenstein leben und keine Steuern zahlen?«, lautete meine nächste Frage.

Darauf er: »Ich würde lieber in Israel leben und keine Steuer zahlen. Außerdem ist es ein Irrtum zu glauben, dass man in Liechtenstein keine Steuern zahlt. Ich hatte vor Kurzem eine Lesung in Vaduz, da haben mir Zuhörer erzählt, dass sich das Fürstliche Finanzamt scharf an der Grenze der Piraterie befinde, weil man dort bis zu vierzehn Prozent zahlen muss. Vierzehn Prozent! Da habe ich mich mit meinen 110 Prozent halb totgelacht.«

»Was lieben Sie an Ihrem Beruf am meisten und was am wenigsten?«

»Sie werden lachen«, antwortete er, »das Miserabelste an meinem Beruf ist das Schreiben. Das Schönste, das fertige Produkt in Händen zu halten.«

Ich fragte ihn dann noch, weshalb seiner Meinung nach die Auflagen seiner Bücher in Österreich besonders groß seien.

»Weil die Satire hier geboren wurde«, sagte er. »Sie ist in Österreich so populär, weil auch der Stierkampf in Spanien populär ist.«

»Die Mantelhexen von Wien« angekündigt: mit Ephraim Kishon, 1972

Zuletzt verriet mir Kishon noch, warum er eigentlich nach Wien gekommen war. »Ich bin auf Satirensuche hier«, erklärte er und fügte an, dass er bereits fündig geworden sei: »Ich kann in Österreich in kein öffentliches Lokal gehen, ohne dass eine alte Frau kommt, die mir meinen Mantel abnimmt und ihn in die Garderobe trägt. Auch wenn mir kalt ist. Das ist mir hier schon oft in Kaffeehäusern passiert. Meinen Freund und Übersetzer Friedrich Torberg habe ich sogar schon mit einer solchen Frau kämpfen gesehen. Sie hat letztlich den Kampf gewonnen und das Kleidungsstück stolz in die Garderobe getragen.« Tatsächlich erschien in Kishons nächstem Buch, »Salomons Urteil, zweite Instanz«, die Satire »Die Mantelhexen von Wien«. Damals konnte ich nicht ahnen, dass ich den großen Satiriker Jahre später als Verlagskollegen bei Langen Müller näher kennenlernen sollte.

DIE LETZTE DEMELINERIN VOM ALTEN SCHLAG ...

... und ihr »Chef« Udo Proksch

Keine »Mantelhexen« gab und gibt es hingegen in der »k. u. k. Hof-Zuckerbäckerei Demel« am Kohlmarkt, die ich 1972 zum ersten Mal betrat. Ich hatte erfahren, dass der Wiener Süßwarentempel verkauft werden und ein Schweizer Firmengeflecht den

Zuschlag erhalten sollte. An dessen Spitze stand ein gewisser Udo Proksch, damals bekannt unter dem Künstlernamen Serge Kirchhofer. Als ich ihn am 6. Juni in den Räumlichkeiten der traditionsreichen Konditorei zum Interview traf, spürte ich, dass unter den »Demelinerinnen«, wie die Servierdamen des Nobelunternehmens genannt werden, Unmut herrschte. Unmut über das Auftreten und die Umgangsformen des »Herrn Udo«, der »frischen Wind« in das alte Gemäuer bringen wollte. »Von der Würde und Grazie, die der bisherige Demel-Besitzer Baron Federico Berzeviczy an den Tag legte, ist bei Herrn Proksch nicht viel zu merken«, schrieb ich in meinem Bericht. Die Schweizer Gesellschafter hätten sich, so war mir zugetragen worden, wegen seines Ideenreichtums für Proksch als Geschäftsführer entschieden. Zu seinen bisherigen Ideen zählten Sprengübungen und andere Narreteien eines Waffenfanatikers, die Herstellung von Designerbrillen sowie die Gründung des »Klubs der Senkrechtbegrabenen« – ein Totenkult, den er jetzt auch im Demel fortzuführen gedachte: »Eines Tages«, kündigte er mir gegenüber an, »wird auch eine nackte Marzipanfrau, vielleicht im Sarg, in der Auslage stehen.«

Ich dachte mir im Stillen, dass es sich bei Udo Proksch um einen Verrückten handelte – was ich nicht vorhersehen konnte, war die kriminelle Energie, die in diesem Mann steckte. Rätselhaft blieb mir auch die Faszination, die er auf Frauen ausübte.

»Die Frau Grete« faszinierte er keineswegs. Sie war fast ein halbes Jahrhundert der gute Geist bei Ch. Demel's Söhne gewesen, ein Denkmal zwischen Cremeschnitten und Esterhazytorte. Viel mehr als die Frage »Haben schon gewählt?« war ihr nicht gestattet, seit sie 1929 von der legendären Anna Demel angestellt wurde. Als ich sie Jahre später wieder traf, brach sie ihr Schweigen. Udo Proksch saß zu diesem Zeitpunkt bereits wegen sechsfachen Mordes im Gefängnis.

Es waren zwei Welten, in die die letzte Demelinerin vom alten Schlag geraten war. Zwei Welten, denn von der Queen – die sie in der Konditorei am Kohlmarkt bedient hatte – bis zum »Herrn Udo«, der von einem Tag zum anderen ohne jede Vorwarnung ihr neuer Chef wurde, war's ein weiter Weg. Die zweite ihrer beiden Welten war nicht erst mit der »Lucona« versunken, erklärte die Frau Grete, das sei schon geschehen, als Herr Proksch am Kohlmarkt das Regiment übernommen hatte. »Wollen hören, wie das war?«, fragte die einstige Klosterschülerin (»Nur Mädchen aus dem Kloster wurden von Frau Demel akzeptiert«), selbstverständlich in der dritten Person.

Wenn sie noch einmal beginnen dürfte, würde sie wieder bei Demel arbeiten, sagte die Frau Grete. »Besser gesagt, bis zu dem Tag, an dem der äh … Herr Udo gekommen ist.« Die Situation, wie dieser sich präsentierte, war tatsächlich befremdend. In jenem Etablissement, das er, wär's nach der Frau Grete gegangen, gar nicht hätte betreten dürfen.

Denn Jahre bevor er die Geschäftsführung übernahm, hatte sie über ihn Lokalverbot verhängt. »Der Herr Udo war damals mit Freunden hereingestapft, als wären wir irgendein Beisl. Als die Herren dann Tennisbälle gegen die wertvollen geschliffenen Gläser warfen und die ersten Scherben flogen, habe ich gesagt: ›Ich muss bitten, das Lokal zu verlassen. Das können bei uns nicht machen.‹«

Grete Hromada hieß sie mit bürgerlichem Namen. »Pardon«, korrigierte sie mich, »haben sich geirrt«, in Wahrheit hieß sie nämlich Paula. »Wie ich aufgenommen wurde, hat es schon eine Paula gegeben, und da hat die Frau Demel entschieden, dass ich Grete genannt werde.« So hieß sie dann für den Rest ihres Lebens, »sogar mein Mann hat immer nur Grete zu mir gesagt«.

Von dem Tag an, da der Herr Udo die Geschäftsführung übernommen hatte, sei alles anders gewesen. »Was gengan mi Ihnare Herrschaften an?«, brüllte er und: »Wenn i in an Lokal schlecht bedient wer', dann schlag i denen die Bude ein.« Diese Worte in den geheiligten Hallen des ehemals kaiserlichen Hoflieferanten waren zu viel für die Frau Grete, die daher 1974 um ihre Versetzung in den dauernden Ruhestand ansuchte.

Es vergingen mehr als zwei weitere Jahrzehnte, ehe ich der Frau Grete noch einmal begegnen sollte. Diesmal in einer Situation, die mir – wie der Leser gleich verstehen wird – persönlich sehr naheging. Man schrieb den Spätsommer 1995, als mir die traurige Pflicht oblag, meiner Mutter die letzten Besuche in einem Wiener Krankenhaus abzustatten. Ich saß da, oft stumm, viel konnte nicht mehr gesagt werden.

Eines Tages erhob sich eine alte Frau aus dem Bett, das neben dem meiner Mutter stand. Sie kam auf wackeligen Beinen auf mich zu und sagte: »Können sich noch erinnern?«

Es war die Frau Grete.

In der Nacht darauf ist meine Mutter gestorben. Die Frau Grete hat ihr, wie sie mir am nächsten Morgen mitteilte, in der Stunde ihres Ablebens die Hand gehalten.

MEIN ERSTER HINAUSWURF

Im Geheimtreff »Torberg-Stüberl«

Ich hatte bald herausgefunden, dass Nachwuchsreporter, die nur über Themen berichten, die ihnen zugewiesen werden oder die von Nachrichten- und PR-Agenturen per Fernschreiber hereinkommen, für Zeitungen von eher geringem Nutzen sind. Was zählt, ist die Exklusivgeschichte, nur was die Konkurrenz nicht weiß, ist interessant. Und so begann ich, mir ein Netz von Informanten aufzubauen, zu denen neben Anwälten, Ärzten und Hoteliers auch Künstler und sonstiges »fahrendes Volk« zählten. Fünf Jahre lang arbeitete ich parallel: Ich saß am Polizeifunk, um dann zu Mord und Totschlag aufzubrechen, verfasste aber auch Interviews mit Prominenten – vielfältiger konnte meine Tätigkeit nicht verlaufen.

»Adabei« Roman Schliesser war zu diesem Zeitpunkt längst ein prominenter Journalist der »Kronen Zeitung«, nun wollte der »Kurier« eine ähnliche Kolumne aufbauen – und ich sollte sie schreiben. Immer noch sprach man in der Redaktion davon, dass ein Reporter, der so gute Kontakte zu Gunther Philipp hatte, über ein besonderes Naheverhältnis zur Prominenz verfügen müsste.

Ich wollte es – auch wenn von einem Naheverhältnis zu Promis keine Rede sein konnte – versuchen. Als Erstes sprach ich bei Gerhard Bronner vor, von dem ich wusste, dass er jeden Abend in seiner Fledermaus-Bar auftrat. Der Schöpfer des »G'schupften Ferdl«, des »Bundesbahnblues« und der »Alten Engelmacherin« betrieb in einem Nebenraum der Fledermaus das »Tor-

47

berg-Stüberl«, in dem sich spätnachts noch die Wiener Künstlerprominenz traf.

Das Glück schien mir hold, Bronner saß an der Bar, als ich die Fledermaus betrat, ich setzte mich zu ihm und wir kamen ins Gespräch: »Ich soll eine Gesellschaftskolumne schreiben und bitte Sie, mich zu verständigen, wenn besondere Besucher in Ihre Bar kommen, wenn Sie eine Premiere feiern oder wenn sich sonst irgendetwas Interessantes ereignen sollte.«

Bronner hörte mir zu und sagte dann, ohne mich eines Blickes zu würdigen: »Wissen S' was, lecken S' mich in Arsch.«

Das war also der Einstand in meine künftige Funktion als Society-Kolumnist (die ich im Übrigen Gott sei Dank nie antrat). Damals hatte ich nicht vermuten können, dass der so übellaunige Gerhard Bronner in ferner Zukunft zu meinen Freunden zählen sollte.

Doch auch ohne Kolumne bürgerte sich ein, dass man mich zu Prominenten-Events, auf Bälle und sonstige Veranstaltungen schickte. So war ich dabei, als Carl Zuckmayer vom Wiener Bürgermeister der Ehrenring der Stadt Wien überreicht und im Anschluss daran im Burgtheater eine Festvorstellung seines »Hauptmanns von Köpenick« mit Werner Hinz in der Titelrolle aufgeführt wurde. Beim Heurigen hatte ich dann Gelegenheit, ein paar Worte mit dem Dichter zu sprechen. »Solche Ehrungen«, sagte er, »macht man so oft mit, dass sie schon zur Gewohnheit werden. Niemals zur Gewohnheit kann es mir hingegen werden, wenn ich meinen ›Köpenick‹ sehe – noch dazu in so glänzender Aufführung und Besetzung.«

Mir war mit meinen 21 Jahren kaum bewusst, welche Jahrhundertfigur mir da gegenüberstand.

BURT LANCASTERS PISTOLE

Ein Versteck hinter Palmen

Im Sommer 1972 begleitete ich die Wiener Dreharbeiten des Films »Scorpio, der Killer« mit Alain Delon und Burt Lancaster. Zu einer Szene, die im Palmenhaus von Schloss Schönbrunn spielte, war die

Presse nicht zugelassen. Ich schwindelte mich aber mit einem Fotografen ins Palmenhaus, wo wir uns – um zu einem schönen Exklusivfoto zu kommen – hinter einer Palme versteckten. Womit die Dreharbeiten beginnen konnten. Plötzlich wurde ein uralter elektrischer Aufzug in Betrieb genommen, der mit einem ohrenbetäubenden Ruck direkt neben unserem illegalen Versteck stehen blieb. Vor mir ein Hüne von einem Mann mit gezückter Pistole, die genau auf mich gerichtet war. Wollte mich die Filmproduktion wegen unerlaubten Aufenthalts auf so unsanfte Weise vom Set entfernen? Nein, Gott sei Dank handelte es sich bei dem Riesen um Burt Lancaster, und die Pistole in seiner Hand war ein Requisit, das zur Handlung des Films gehörte. Niemand hat auf mich geschossen und ich habe überlebt.

*US-Präsident Richard Nixon traf **1972** Mao Tse-tung in Peking. Margarethe II. wurde Königin von Dänemark. Ein Terrorüberfall auf die israelische Mannschaft bei den Olympischen Sommerspielen in München forderte siebzehn Todesoper. Skilegende Karl Schranz wurde von den Olympischen Winterspielen in Sapporo ausgeschlossen und in Wien von hunderttausend Menschen triumphal empfangen. Andreas Baader, Ulrike Meinhoff und weitere Mitglieder der Terrorvereinigung »Rote Armee Fraktion« wurden verhaftet. Es starben der Herzog von Windsor und ehemalige König Edward VIII. von Großbritannien, Ex-Präsident Harry S. Truman, FBI-Chef J. Edgar Hoover, die Schauspieler Maurice Chevalier, Margaret Rutherford, Lale Andersen, die Gospelsängerin Mahalia Jackson und der Tenor Helge Rosvaenge. Die Wiener Ringstraße wurde zur Einbahn erklärt.*

Am ersten Tag – ich unternahm für den »Kurier« eine »Testfahrt« – war's noch ein ziemliches Abenteuer, auf Wiens nunmehr dreispurig befahrbarer Ringstraße unterwegs zu sein, weil sich die Autofahrer erst an die neue Situation gewöhnen mussten und trotz verstärkten Polizeieinsatzes natürlich gegen die Einbahn fuhren. Noch herrschte ein solches Chaos, dass selbst ein Polizist seine Kollegen fragen musste, wie er unter den neuen Umständen zur Rossauer Kaserne käme. Und eine Dame schaffte es, obwohl ihr an jeder Kreuzung ein zusätzlich postierter Wachmann nachpfiff, eine lange Strecke gegen die neue Einbahn in Richtung Urania zu fahren. Nicht genug damit, beschimpfte sie sämtliche Autofahrer, die ihr auf »ihrer« Spur entgegenkamen.

»Bis der Bub in Pension gehen kann«

Mein Leben als Gerichtssaalreporter

Hin- und hergerissen zwischen neuen Einbahnregelungen, blutigen Überfällen und Künstlerinterviews, wurde ich bald auch noch als Gerichtssaalberichterstatter eingesetzt. Ich schrieb über große Prozesse, etwa gegen den Wiener »Einbrecherkönig«, gegen eine junge Frau, die einem Killer den Auftrag gab, eine Nebenbuhlerin zu »beseitigen«, und über einen angesehenen Grazer Oberlandesgerichtsrat, von dem bekannt wurde, dass er niemals Jus studiert hatte. Während des Prozesses, der sich über Wochen hinzog, stellte sich auch die Frage, ob die von dem falschen Richter im Lauf von zwei Jahrzehnten gefällten Urteile ihre Gültigkeit behalten würden. Man entschied sich für deren Beibehaltung, da Neuverhandlungen auch nur eines Teils der von dem Hochstapler gefällten Schuldsprüche weder zeitlich noch technisch durchführbar gewesen wären.

Zur »Gerichtsshow« wurde eine Klage, die Ivan Rebroff gegen eine Produktionsfirma anstrengte, die das vereinbarte Honorar für eine Sendung mit Weihnachtsliedern schuldig blieb. Es kam zu einem Vergleich, doch als der pseudorussische Sänger erfuhr, wie hoch sein Anteil an den Verfahrenskosten sein würde, schlug er dem Richter vor, statt in Schilling »in Noten« zu zahlen: »Ein Ton von mir kostet 500 Schilling, die Verhandlung macht 5000 Schilling, das sind zehn Töne.« Der Barde stellte sich mit weit ausgebreiteten Armen hin und setzte zum ersten Ton an – wurde aber vom hohen Gericht zurückgepfiffen. Gerichtskosten sind in Österreich immer noch in der gültigen Landeswährung zu begleichen, und die hieß damals Schilling.

Ich ging jeden Morgen ins Landesgericht, um über – meist viel ernstere – Fälle zu schreiben. Kaum hatte mich Wiens Staranwalt

Michael Stern als regelmäßigen Berichterstatter wahrgenommen, lud er mich auch schon zum Frühstück in seine Kanzlei, was zwar eine große Ehre war, aber kein besonderes Vergnügen, zumal »der alte Stern« um fünf Uhr früh zu frühstücken pflegte.

Stern erzählte Anekdoten aus seinem Advokatenleben, etwa die von einem Dachdeckergehilfen, den er verteidigte, weil er seinen berufsmäßigen Zugang zu Wohnhäusern für Diebestouren missbraucht hatte. Nachdem Dr. Stern vor Gericht eine Notlage konstruierte, die man als mildernden Umstand werten sollte, fragte der Vorsitzende nach dem Wochenverdienst des Dachdeckers. Worauf dieser eine Summe nannte, die den Richter staunen ließ: »Das ist ja mehr als mein Monatsgehalt!«

»Natürlich, Herr Rat«, argumentierte der Angeklagte, »aber i arbeit ja was!«

Im hohen Alter schlief Stern zuweilen während der Verhandlungen ein, wachte aber stets dann auf, wenn es darum ging, seinen Mandanten mit einem brillanten Plädoyer vor einer hohen Strafe zu bewahren. Am Schluss forderte er die Geschworenen auf, dem Angeklagten zu einem Freispruch zu verhelfen, da dieser garantiert schuldlos sei. Dies müsse man einem greisen Anwalt glauben, »dessen nächster Prozess schon vor dem Jüngsten Gericht stattfinden« würde, da er bereits »mit einem Fuß im Grab« stünde. In diesem »stand« er dann rund zwanzig Jahre, in denen zahllose Geschworene Tränen in die Augen schossen. Mit ähnlichen Worten rettete Stern auch eine der Abtreibung verdächtigte Hebamme vor der sicheren Verurteilung. Obwohl viele Indizien gegen die »Engelmacherin« sprachen, gelang es ihm einen Freispruch zu erwirken, weil die Abtreibungen, wie Stern behauptete, nie stattgefunden hätten. Leider erklärte die Frau dem Richter zum Entsetzen ihres Advokaten nach dem Ende des Prozesses: »Vielen Dank, Herr Rat! Und ich werd's auch sicher nimmer mehr machen!«

Stern war einer von dreißig jüdischen Anwälten, die nach 1938 als Rechtskonsulenten »nichtarische Klienten« vertreten durften. Dies verdankte er seiner nichtjüdischen Frau Edith, die sich weigerte, sich von ihm scheiden zu lassen, und ihn damit vor der sicheren Verfolgung schützte.

Nach dem Krieg erlangte Dr. Stern Ansehen als Anwalt prominenter Klienten, aber auch in spektakulären Strafprozessen. Das bekannteste Stern-Zitat ist auf seinen Sohn Peter, den sogenannten »jungen Stern«, bezogen, der in jenen Tagen auch schon um die sechzig war, nicht jedoch über das Verteidigertalent seines Vaters verfügte. Ich habe diese Geschichte schon geschrieben und in Lesungen erzählt, sie ist aber so pointiert, dass ich sie auch hier nicht auslassen möchte:

Als der nun 88-jährige Michael Stern gefragt wurde, wie lang er noch als Anwalt tätig sein würde, antwortete er, sorgenvoll in die Zukunft blickend: »Fünf Jahr muss ich noch arbeiten, bis der Bub in Pension gehen kann.«

Der alte Stern verfehlte dieses Ziel um nur wenige Monate, er lebte (und verteidigte) noch viereinhalb Jahre, ehe er am 2. Dezember 1989 im Alter von 92 Jahren in seiner Kanzlei starb.

Nach der Lawine zum Opernball

Abwechslungsreicher Berufsalltag

Das Jahr 1973 begann mit einer der schlimmsten Lawinenkatastrophen der österreichischen Geschichte. Das Unglück ereignete sich in Gerlos in Tirol, wohin ich mit einem Fotografen fuhr, um von 25 deutschen Urlaubern zu berichten, die beim Aufstieg auf die 2300 Meter hohe Kirchspitze von einer Lawine erfasst wurden. Für zehn von ihnen kam jede Hilfe zu spät.

Über Kriminal- und Unglücksfälle oder Naturkatastrophen, die Menschenleben fordern, schreiben zu müssen, ging mir sehr nahe. Vor allem, wenn man vor Ort mit den Angehörigen der Opfer zusammentraf. Einer Witwe zu begegnen, die sich am Morgen noch von ihrem Mann verabschiedet hatte, der am Abend dann tot war – das kann niemanden kalt lassen. Manche Angehörige wollten nicht mit uns sprechen, anderen war es ein Anliegen, ihrem Mann, ihrem Sohn oder Vater durch einen Zeitungsartikel ein Andenken zu bewahren. Alle standen in diesen ersten Stunden unter Schock, wobei es für

Journalisten wichtig ist, sich so weit wie möglich in die Psyche eines vom Schicksal hart getroffenen Menschen versetzen zu können.

Wie abwechslungsreich mein Berufsleben damals war, erkennt man auch daran, dass meine nächste Aufgabe, gleich nach der Katastrophe im Tiroler Zillertal, die Berichterstattung vom Wiener Opernball war – der in jenen Jahren noch völlig lugner- und somit skandalfrei war. Künstler, Staatsmänner und Sportler wie Leonard Bernstein, Herbert von Karajan, Curd Jürgens und Franz Beckenbauer standen im Mittelpunkt der Feste, es kamen Prinz Philip von Großbritannien, der französische Ministerpräsident Jacques Chirac, Bayerns Franz Josef Strauß und der deutsche Verleger Axel Springer, von dem ich nicht ahnen konnte, dass er zwei Jahre später mein neuer Chef sein würde. Schau ich mir das Theater um die heutigen Opernbälle an, dann habe ich die damaligen in äußerst angenehmer Erinnerung.

*Im Nahen Osten brach **1973** der Jom-Kippur-Krieg aus. Das World Trade Center in New York wurde eröffnet. Konrad Lorenz erhielt den Nobelpreis für Medizin. Carl XVI. Gustaf folgte dem verstorbenen Gustav VI. Adolf als König von Schweden. Es starben die Politiker Lyndon B. Johnson und David Ben Gurion, der Maler Pablo Picasso, der Regisseur John Ford, die Schriftsteller Ingeborg Bachmann und Karl Heinrich Waggerl, die Schauspieler Lex Barker, Anna Magnani, Willy Fritsch, Willy Birgel und der Leichtathlet Paavo Nurmi.*

HENRY KAM OHNE KRIEGSERKLÄRUNG

In Kissingers Geburtsstadt Fürth

Als Präsident Richard Nixon in diesem Jahr seinen Berater Henry Kissinger zum Außenminister der Vereinigten Staaten ernannte, war das ein Grund für mich, nach Fürth bei Nürnberg, in die Geburtsstadt des charismatischen Politikers, zu fahren, um dort Zeitzeugen seiner Kindheit und Jugend zu befragen. Kissinger hatte einmal gemeint, dass sein Leben in Fürth »ohne tiefe Eindrücke verlaufen« sei. Doch Jean Mendel, der Fürther Kaufmann und Freund Henrys aus Kindheitstagen, glaubte nicht ganz an diese Version des neuen Außenministers: »Der Heinz ist ein cleverer Junge und ein geschickter Diplomat«, erklärte mir Herr Mendel, »heute braucht er Deutschland als wichtigen Verhandlungspartner. Aber ich weiß, dass er sehr stark unter den Nationalsozialisten gelitten hat.«

Am 15. August 1938 verließ die jüdische Familie Kissinger, bestehend aus Vater Louis, einem Studienrat, Mutter Paula sowie den Söhnen Heinz und Walter die Stadt Fürth fluchtartig, da für sie das Leben im »Tausendjährigen Reich« unerträglich geworden war. Den Vater hatte man bereits 1933 »wegen seiner jüdischen Herkunft« im Alter von 46 Jahren als Geschichts- und Geografielehrer zwangsweise pensioniert, und die Buben waren stets von »arischen« Kindern anderer Schulen verprügelt worden.

In erster Linie erinnerte sich Jean Mendel an Henrys Fußballleidenschaft. »Wir waren beide im Nachwuchsteam der Fürther Kleeblattelf, das ist die hiesige Spielvereinigung.« Kissinger ließ sich noch als Außenminister von der deutschen Botschaft in Washington die Regionalergebnisse übermitteln und zeigte sich von den Leistungen »seiner« Fürther Mannschaft meist enttäuscht.

Bela Rosenkranz war Henrys letzte lebende Klassenkameradin, die ich in Fürth noch antreffen konnte. Alle anderen Mitschüler Heinz Alfred Kissingers in der Israelitischen Realschule waren ausgewandert oder von den Nazis ermordet worden. »Vorne, in der ersten Reihe«, wusste Frau Rosenkranz noch, »da sind die Musterschüler gesessen. Aber da war der Heinz nie dabei. Er galt als eher durchschnittlich begabt, und in Englisch war er besonders schlecht, da hatte er ein ›Genügend‹.«

Das war wohl mit ein Grund, warum Kissinger auch als Nixons Sicherheitsberater und Außenminister immer noch seinen starken deutschen Akzent hatte. Wirklich gut war er nur in Geschichte, erinnerte sich Frau Rosenkranz – in dem Fach, das er vor Antritt seiner politischen Karriere an der Harvard-Universität lehrte.

Die ehemalige Klassenkameradin wohnte gegenüber von Kissingers Geburtshaus. Heinz hatte das Licht der Welt am 27. Mai 1923 in einer kleinen Balkonwohnung eines zweistöckigen Eckhauses in der Fürther Mathildenstraße 23 erblickt.

In den USA war es für die Familie Kissinger anfangs schwer. Der Vater musste sich mit allen möglichen Berufen durchschlagen und der bei der Ankunft im Exil fünfzehnjährige Englisch-Schwächling Heinz bereitete sich auf eine Karriere als Buchhalter vor. Er bekam dann aber die Möglichkeit in Harvard zu studieren und nannte sich Henry. Sein Bruder Walter wurde ein erfolgreicher Geschäftsmann.

Henry Kissinger hat Fürth nach seiner Emigration mehrmals besucht. Zuerst als Soldat der US-Armee und später, 1959, als amerikanischer Universitätsprofessor, der in seiner Heimatstadt einen Vortrag hielt.

Als ich 1973 nach Fürth kam, befand sich der Oberbürgermeister der Stadt in ungeduldiger Erwartung des großen Sohnes, weil man ihn die längste Zeit schon mit der »Goldenen Bürgermedaille« ehren wollte. Mehrere Termine waren bereits fixiert und wieder verworfen worden, weil Henry Wichtiges dazwischenkam: Kissinger musste ständig irgendwo in der Welt Frieden stiften.

Nur der damalige US-Botschafter in Bonn, Martin J. Hillenbrand, hatte eine Lösung parat, wie der Außenminister ehebaldigst nach Fürth zu bringen wäre: »Man müsste einen Bürgerkrieg zwischen Fürth und dem benachbarten Nürnberg anzetteln, dann käme Friedensnobelpreisträger Kissinger sofort, um Frieden zu stiften.«

Die Goldene Bürgermedaille wurde Kissinger zwei Jahre später – auch ohne Kriegserklärung – überreicht, und 1998 erhielt er die Ehrenbürgerwürde seiner Geburtsstadt.

DIE ANDERE SEITE

Zusammenarbeit mit Hugo Wiener

Durch Zufall hatte ich nach Farkas' Tod dessen einstigen Partner und zuletzt »Erzfeind« Hugo Wiener kennengelernt. Wiener war mittlerweile Hausautor des Simpl, trat selbst als Conférencier auf und begleitete seine Frau Cissy Kraner am Klavier. Der Schöpfer von

Couplets wie »Der Nowak lässt mich nicht verkommen«, »Der Vorderzahn«, »Der Vamp von Favoriten« und vieler Doppelconférencen war ein sympathischer, grundgütiger Mann, der mir aus seinem dramatischen Leben erzählte: von seinem Vater, der noch als Pianist bei den Soireen im Hause Johann Strauß aufgetreten war, über die bitteren Jahre der Emigration, die er mit Cissy Kraner in Südamerika verbrachte, bis zu seiner Rückkehr nach Wien im Jahr 1948.

Dass wir uns auf Anhieb gut verstanden, war keine Selbstverständlichkeit, denn er wusste natürlich, dass ich für Farkas gearbeitet hatte – und das war nicht unbedingt von Vorteil. Denn Farkas und Wiener hatten sich 1965 im Bösen als Co-Autoren im Simpl getrennt, ohne dass es je zur Versöhnung gekommen wäre.

Hatte mir Farkas seinerzeit vom Streit mit dem Ehepaar Cissy Kraner–Hugo Wiener aus seiner Warte erzählt, so lernte ich jetzt die andere Seite kennen. Fünfzehn Jahre waren Hugo Wiener und Karl Farkas ein kongeniales Team, ehe sie auseinandergingen. Nachdem sie viele Programme gemeinsam verfasst hatten, die auf den Simpl-Plakaten immer als »Farkas-Revuen« angekündigt wurden, regte der bescheidene Hugo Wiener an, in Zukunft doch die Namen beider Autoren zu nennen, wie es ja auch vor dem Krieg »Die Farkas-Grünbaum-Revuen« gegeben hatte. Farkas war sofort einverstanden: »Gut, wir nennen unsere Programme von jetzt an ›Die Farkas-Wiener-Revue‹.«

Doch dann kamen die Plakate, und auf denen stand: »Die Wiener Farkas-Revue«.

Daraufhin ging die Zusammenarbeit der Brettl-Genies in die Brüche, Hugo Wiener und seine Frau Cissy Kraner verließen den Simpl.

Ich habe Hugo Wiener als noblen alten Herrn kennengelernt. Und er hatte einen feinen Humor. So erzählte er mir, dass in den 1970er-Jahren die junge Schauspielerin Christl Erber in einer Kabarettrevue mitgewirkt hatte, die Hugo Wiener für den ORF geschrieben hatte. Sie war für die Rolle als Gott Amor in hautenge Lederhosen gesteckt worden, deren Hosenträger sich raffiniert über ihren Busen schmiegten. Als der Autor zu den Dreharbeiten ins Studio kam, fiel allen auf, dass der sonst so freundliche Hugo Wiener immer dann, wenn Christl Erber als Gott Amor auftrat, mürrisch und griesgrämig reagierte. Die Schauspielerin fasste nach mehreren Stunden, in denen sich Hugos Laune nicht und nicht gebessert hatte, all ihren Mut zusammen, um ihn zu fragen: »Herr Wiener, gefalle ich Ihnen denn gar nicht in dem Sketch?«

Worauf dieser meinte: »Also, Sie können ja gar nichts dafür. Aber die Rolle hab ich eigentlich für den Hugo Gottschlich geschrieben!«

»Ich wusste nicht, dass Sie eine Dame sind«

Das Simpl-Ensemble vor Gericht

Im Frühjahr 1974 berichtete ich über das bevorstehende Ende der bewährten Simpl-Crew. Baruch Picker, der Besitzer des Kabaretts, hatte sich entschlossen, das alte Kellergemäuer zu verkaufen, und Martin Flossmann wurde neuer Besitzer und künstlerischer Leiter. Die Verträge von Hugo Wiener, Cissy Kraner, Maxi Böhm und den anderen Schauspielern, die über Jahrzehnte, schon in der Farkas-Zeit, treue Ensemblemitglieder gewesen waren, wurden gekündigt. Ihr Abschied wurde zur bitterbösen Abrechnung mit dem bisherigen Eigentümer des Kabaretts, endete doch das letzte Simpl-Programm der alten Garde mit den Worten:

> *Der alte Simpl geht jetzt zu Ende,*
> *Und was nach uns kommt, wird man sehn.*
> *Ob es stark ist oder schwach,*
> *Es kommt selten Bessres nach,*
> *Wir sagen Ihnen Danke schön.*

Ich besuchte eine der letzten Vorstellungen der alten Mannschaft und zitierte in einem Artikel die wenig freundlichen, auf der Bühne vorgetragenen Worte, worauf über mich von Pickers Tochter Alma Stern Lokalverbot verhängt wurde, mit der Begründung, dass ihr meine »dauernde unfreundliche Berichterstattung auf die Nerven« ging. »Frau Stern«, schrieb daraufhin Peter Kupfer, der inzwischen die Gesellschaftskolumne des »Kurier« aufgebaut hatte, »ich verrate Ihnen etwas: Kollege Markus wurde bei uns in der Redaktion intern schon scherzhaft als Simpl-Pressechef apostrophiert, so viel hat er über das Kabarett geschrieben. Erinnern Sie sich noch?« Sie erinnerte sich nicht daran, dass ich in dem Abschiedsartikel auch geschrieben hatte: »Wenn jetzt gegen den 82-jährigen Verkäufer Baruch Picker Vorwürfe erhoben werden, so darf man nicht vergessen, dass er es war, der in den Fünfzigerjahren das Kabarett auf der Wollzeile gerettet hat.«

Auf jeden Fall befand ich mich mit der Verhängung des Lokalverbots in bester Gesellschaft, wurde doch auch Radio- und Fernsehlegende Heinz Fischer-Karwin wegen seines Berichts vor die Tür des Kabaretts gesetzt, wobei sich (laut »profil« vom 20. Mai 1974) folgender Zwischenfall, »der einem Sketch auf altem Simpl-Niveau glich«, ereignete: Als Frau Stern den Starreporter der ORF-Kultur hinauswarf, nannte sie Fischer-Karwin einen Rüpel, der nicht einmal aufstehe, wenn eine Dame eintrete. Kolportierte Antwort des für seine Noblesse bekannten TV-Journalisten: »Entschuldigen, ich wusste nicht, dass Sie eine Dame sind.«

Bald wurde die Berichterstattung für die Familie Picker noch unangenehmer, zumal sie aus dem Gerichtssaal erfolgte. Der Grund war, dass Direktor Picker die dreizehn bisherigen Simpl-Künstler sang- und klanglos vor die Tür gesetzt hatte, ohne deren Ansprüche zu berücksichtigen. Er wurde daraufhin vom gesamten Ensemble auf Schadenersatz geklagt.

Picker dachte, die Darsteller ohne Abfertigung entlassen zu können, weil sie in den Verträgen als »Artisten«, nicht jedoch als Schauspieler geführt wurden. Nun waren Artisten rechtlich wesentlich schlechter gestellt als Bühnenkünstler. Die Kabarettisten hatten deshalb weder Kranken- und Urlaubsgeld noch Honorare für ihre Vorproben bekommen.

Pickers Tochter konnte mich aus dem Simpl, nicht jedoch aus dem Gerichtssaal fernhalten. Und so war in meinem Bericht aus einer Verhandlung vor dem Arbeitsgericht zu lesen, dass sich die vorgetragene Strategie des Ensemble-Anwalts durchgesetzt hatte: »Die Simpl-Künstler haben nie auf einem Seil getanzt. Artisten unterscheiden sich von Schauspielern vor allem dadurch, dass sie alleine auftreten und nicht als ganze Einheit.«

»Nie auf einem Seil getanzt«: mit Co-Autor Hugo Wiener, um 1990

Baruch Picker musste noch einmal tief in die Tasche greifen.

Ich blieb Hugo Wiener freundschaftlich verbunden, er trug Farkas über dessen Grab hinaus seine kleinen Eitelkeiten nicht nach und vertraute mir, als ich dann die Farkas-Biografie »Schau'n Sie sich das an« schrieb, viele – auch positive – Erinnerungen an den Altmeister an, dessen geniales Können er selbstverständlich anerkannte. Viele Jahre später spannten ARD und ORF Hugo Wiener und mich zu einem Team zusammen. Gemeinsam schrieben wir die Unterhaltungsserie »Das gab's nur einmal«, die 1984 bis 1986 in der Regie von Herbert Grunsky in zehn Folgen gesendet wurde. Nach Farkas hatte ich in Hugo Wiener einen zweiten Lehrmeister gefunden, dem ich beim Pointensetzen über die Schulter schauen konnte. In unseren Musik- und Kabarettprogrammen traten José Carreras, Lucia Popp, Eberhard Waechter, Andrea Jonasson, Michael Heltau, Peter Minich, Harald Juhnke und Johannes Heesters auf.

Als besonders dramatisch erwies sich eine Darbietung von Heesters, der wenige Stunden nach dem Tod seiner Frau Wiesje, mit der er 55 Jahre verheiratet war, zur Aufzeichnung unserer Sendung kam. Als der 82-jährige Publikumsliebling dieses, lange davor ausgesuchte Lied sang, blieb im Studio kein Auge trocken:

»Durch dich wird diese Welt erst schön …
Durch dich kann ich erst jetzt versteh'n,
Wie unsagbar leer mein Leben wird, wenn du nicht bist.
Wird auch die Stunde mir zum Abschied schlagen,
Will ich das Bild von dir in meinem Herzen tragen …«

Am Tag nach den Synchronaufnahmen musste Heesters seine Frau in
Wien zu Grabe tragen.

SALZBURGER NOCKERLN IN NEW YORK

Beim UNO-»General« Kurt Waldheim

Kurt Waldheim war, wie erwähnt, seit 1971 Generalsekretär der
Vereinten Nationen, das war natürlich ein großes Thema für
unser kleines Land, also reiste ich im April 1974 nach New York.
»Machen Sie kein politisches Interview mit ihm«, riet mir Chefredakteur Hubert Feichtlbauer, »sondern ein persönliches, privat gehalte-
nes. Na Sie wissen schon, wie er dort mit seiner Familie lebt und so
weiter.«

Es war kein Problem, einen Termin zu bekommen, der Generalsekretär war, ungeachtet seiner internationalen Prominenz, glücklich,
wenn österreichische Medien über ihn berichteten. Ganz offensichtlich ahnte er, dass er hier noch etwas vorhatte …

»Kommen Sie weiter, ich freu mich über Besuch aus der Heimat«,
sagte er, als er das Tor der Villa am Sutton Place Nr. 3 öffnete und
mich in den eleganten Salon führte. Mir erschien das wie im Traum,
stand ich doch mit meinen 23 Jahren dem »höchsten Diplomaten der
Welt«, wie er in Österreich genannt wurde, gegenüber.

Österreich war damals uneingeschränkt stolz auf Kurt Waldheim,
den mehr als ein Jahrzehnt von jener Affäre trennte, die das Land
spalten und ihn als angeblichen Kriegsverbrecher auf die »Watchlist«
und in die Schlagzeilen der Weltpresse bringen sollte.

Von alldem war noch keine Rede, als ich in Waldheims Salon in
New York saß. »Wir fühlen uns hier sehr wohl«, sagte er, plauderte

offen über Privates und gewährte mir Einblick in fast jeden Winkel seines Hauses. Die im Herzen von Manhattan gelegene Villa mit Garten wirkte, umgeben von den vierzig und mehr Stock hohen Wolkenkratzern, ein wenig verloren. »Das Haus«, erklärte Waldheim, »wurde der UNO von einem reichen Amerikaner geschenkt – mit der Auflage, es dem Generalsekretär zur Verfügung zu stellen.«

Frau Waldheim trat ein, eben vom Einkaufen kommend. »Wir haben hier einen sehr guten Fleischhauer und einen Gemüsehändler in der Nähe.« Heimweh kannten Waldheims nicht, »der Chauffeur und unser Hausmädchen kommen aus Österreich. Die Köchin ist Brasilianerin, aber ich hab ihr das Mehlspeiskochen schon beigebracht. Ihre Salzburger Nockerln sind wunderbar.«

Kurt Waldheim stand seit zweieinhalb Jahren an der Spitze der Vereinten Nationen. Er galt als einer der mächtigsten Männer der Welt und genoss höchstes Prestige – auch wenn etliche Entscheidungen in seinen beiden Amtsperioden als UNO-Chef weltweit auf heftige Kritik stießen. Etwa sein anti-israelisches Verhalten im Jom-Kippur-Krieg, die Verteidigung von PLO-Chef Yassir Arafat oder eine Resolution, die den Zionismus als Rassismus verurteilte.

»Wie viel«, konnte ich mir, auf dem Sofa der Villa am Sutton Place sitzend, die Frage nicht verkneifen, »verdient der Generalsekretär der Vereinten Nationen?«

No Problem für Mr. und Mrs. Waldheim, die sich an den American Way of Life und die dort üblichen Reporterfragen längst gewöhnt hatten. »Es sind 67 000 Dollar, umgerechnet 1,3 Millionen Schilling im Jahr«, sagte er. »Das klingt viel, aber ein Drittel davon wird als interne Steuer an die Vereinten Nationen überwiesen.«

»Und der Rest«, ergänzte Gattin Elisabeth, »geht in Repräsentation auf. Was glauben Sie, was so ein Essen für einen Außenminister kostet.«

Ehe der lästige Kerl aus Österreich noch ein paar solcher Fragen stellt, mochten sich Herr und Frau Waldheim gedacht haben, zeigen wir ihm lieber das Haus. Und schon führten sie mich in den ersten Stock mit der gut bestückten Bibliothek und dem in zarten Pastellfarben gehaltenen Damenzimmer. Stolz wies die Hausfrau auf die Bilder an den Wänden hin – »die meisten sind Leihgaben des

Metropolitan Museums, ein Monet, zwei Corots, ein Chagall ... Und dann unser Prunkstück, ein Renoir. Wir haben die Sitzgarnitur im Barocksalon neu überziehen lassen, damit die Farben zum Renoir passen.«

Ich stand noch im Bann des Dargebotenen, als Kurt Waldheim mir die nächste Sensation offenbarte: »Wenn Sie wollen, können Sie mit mir ins Büro fahren.« Natürlich wollte ich, und schon stiegen wir in eine dunkle Limousine, die uns, von Security-Leuten begleitet, hinüber zum East River führte, an dem der Glaspalast der Vereinten Nationen steht.

»Als ich letztens mit meiner Frau durch einen Supermarkt in Florida ging«, erzählte Waldheim während der kurzen Autofahrt, »sagte ein Mann zu mir: ›Aren't you the guy from the United Nations?‹ – ›Sind Sie nicht der Bursche von den Vereinten Nationen?‹« Womit er mir zu verstehen gab, wie bekannt er in den USA bereits sei.

Im 38. Stock des UNO-Building wurde damals wie heute Weltpolitik geschrieben. Während ich aus dem Panoramafenster neben Waldheims Schreibtisch auf die atemberaubende Skyline von New York sah, hörte ich, wie er mit seiner Sekretärin den Tagesablauf besprach: zehn Uhr erste Sitzung, dann Mittagessen mit dem sowjetischen Außenminister Gromyko, dann noch eine Sitzung und das Abendessen mit Ägyptens Außenminister Fahmi ...

»Du kannst eine Brücke erst überschreiten ...«: mit UNO-Generalsekretär Kurt Waldheim 1974 in dessen Privatresidenz am Sutton Place in New York

Geblendet von der weltpolitischen Bedeutung, die wir kleinen Österreicher durch »unseren Mann in der UNO« genossen, verließ ich das Hauptquartier der Vereinten Nationen. Vorher stellte ich Waldheim doch noch eine politische Frage. Wir beide konnten nicht ahnen, wie brisant sie eines Tages sein würde: »Planen Sie nach Ihrer Amtszeit bei den Vereinten Nationen ein politisches Comeback in Österreich?«

Waldheim, ganz Diplomat, sagte nicht Ja und nicht Nein. Er sagte nur: »Die Amerikaner haben ein gutes Sprichwort: ›Du kannst eine Brücke erst überschreiten, wenn du bei ihr angelangt bist.‹« Zwölf Jahre später war er an besagter Brücke angelangt. Ihre Pfeiler waren ziemlich brüchig, als er sie überschritt. Damals, 1986, als er das Amt des österreichischen Bundespräsidenten antrat.

DER TOD DES BUNDESPRÄSIDENTEN

Franz Jonas wusste vom nahen Ende

Gerade als ich aus den USA zurückgekehrt war, starb in Wien Bundespräsident Franz Jonas – dem Waldheim bei den Präsidentschaftswahlen 1971 unterlegen war. Den eigentlichen Nachruf verfassten die Redakteure des innenpolitischen Ressorts, auf mich kam die Aufgabe zu, mit Menschen aus der näheren Umgebung des verstorbenen Staatsoberhaupts zu sprechen, die sich seiner erinnerten. Alle berichteten einmütig, dass der gelernte Schriftsetzer auch in seinem hohen Amt ein einfacher, bescheidener Mann geblieben war. Sein Chauffeur erzählte, dass, wann immer er Jonas in seine Konditorei brachte, er ihm eine Mohnrolle mitbrachte. Der Besitzer der Rohrerhütte am Wiener Exelberg, in der Jonas mit seiner Frau gern einkehrte, sagte, »dass es ihm manchmal leid tat, dass er aus seiner Haut als Staatsmann nicht heraus konnte, er hat es sich jedenfalls nie anmerken lassen, dass er der erste Mann des Landes war«.

Der Kabinettsdirektor des Bundespräsidenten vertraute mir an, dass sich Jonas seit Sommer des vorangegangenen Jahres der Unheilbarkeit seiner Krebskrankheit bewusst war. Nachdem er den Befund seines Arztes erhalten hatte, sagte der 74-jährige Jonas zu seinem engsten Mitarbeiter: »Sie wissen ja, was das bedeutet.«

Trotz des nahen Todes arbeitete das Staatsoberhaupt so lange es ging weiter. Am 21. Februar 1974 nahm er eine Ausstellungseröffnung vor, über die der dort anwesende frühere Vizekanzler Hermann Withalm schrieb: »Jeder der Teilnehmer war entsetzt, als Jonas den Saal betrat. Als er dann zum Rednerpult schritt und die Eröffnungsrede hielt, waren sich alle im Saal Anwesenden darüber im Klaren, dass hier ein Mann unter Aufgebot seiner letzten Kräfte bis zum bitteren Ende bemüht war, seine Pflichten als Staatsoberhaupt zu erfüllen.«

Einen Tag bevor der Bundespräsident einen Schwächeanfall erlitt, worauf er in die Klinik Deutsch eingeliefert wurde, war er noch in einem Badener Schuhgeschäft, um sich Gesundheitsschuhe anpassen zu lassen. »Er hat schon geschwächt ausgesehen«, sagte die Geschäftsbesitzerin, »aber ich hätte nicht gedacht, dass es so ernst um ihn steht.« Als er dann die Amtsgeschäfte in die Hände von Kanzler Kreisky legte, sagte Jonas: »Das ist mein Tod.« Der Bundespräsident starb in den ersten Minuten des 24. April 1974.

Damit hauchte Franz Jonas sein Leben zu einer Zeit aus, da es im Normalfall zu spät gewesen wäre, einen Nachruf für die Wiener Morgenausgaben ins Blatt zu rücken – das galt für alle Zeitungen, egal ob »Kurier«, »Krone«, »Presse«, »Kleine Zeitung« oder die damals noch existierende »Arbeiter Zeitung«. Zu Mitternacht war Redaktionsschluss, doch da man seit Tagen mit dem Ableben des Bundespräsidenten rechnen musste, wurden die Andruckzeiten aller Zeitungen mithilfe von Überstunden der Druckereiarbeiter verschoben – auch die der »Arbeiter Zeitung«. Ausgerechnet am 23. April 1974 erklärte die Verlagsleitung der »AZ« jedoch, dass diese Maßnahme aus Kostengründen ab sofort einzustellen wäre.

Und genau in dieser Nacht starb Franz Jonas. Während am nächsten Morgen alle anderen Zeitungen mit der Todesmeldung und ausführlichen Nekrologen erschienen, war in der »Arbeiter Zeitung« zu lesen: »Im Befinden des schwer erkrankten Bundespräsidenten Franz Jonas ist eine ständige Verschlechterung zu beobachten, teilte die Präsidentschaftskanzlei Dienstag Nachmittag mit.«

Und so war die »Arbeiter Zeitung« – das Zentralorgan der Partei, in der Jonas groß geworden ist – Österreichs einziges Medium, das am Tag seines Ablebens keinen Nachruf auf das Staatsoberhaupt im Blatt hatte.

*Rudolf Kirchschläger wurde nach Franz Jonas' Tod **1974** zu dessen Nachfolger als Bundespräsident gewählt. Österreich führte als Folge der internationalen Erdölkrise das »Pickerl« und einen autofreien Tag pro Woche ein. Die Kärntner Straße in Wien wurde Fußgängerzone. In den USA stürzte ein halbes Jahr nach meinem Waldheim-Besuch – aber sicher nicht deshalb – Präsident Richard Nixon über die »Watergate«-Affäre, Gerald Ford wurde sein Nachfolger. Griechenland wurde nach siebenjähriger Militärdiktatur wieder Demokratie. Walter Scheel wurde deutscher Bundespräsident und Helmut Schmidt folgte Bundeskanzler Willy Brandt, der zurücktrat, als bekannt wurde, dass sein Sekretär Günter Guillaume Spionage für die DDR betrieben hatte. Valéry Giscard d'Estaing folgte dem verstorbenen Georges Pompidou als französischer Staatspräsident. Weiters starben der Politiker Juan Perón, der Schriftsteller Erich Kästner, der Flugpionier Charles Lindbergh, die Opernsänger Wolfgang Windgassen und Julius Patzak, die Schauspieler Vittorio de Sica und Helene Thimig.*

Im »Häfn« mit Qualtinger

Ein ungewöhnlicher Treffpunkt

Themenwechsel im reichen Spektrum meines noch jungen Reporterlebens. Thomas Bernhards Erzählung »Der Kulterer« wurde 1973/74 für ZDF und ORF verfilmt, und ich hatte die Gelegenheit, die Dreharbeiten zu begleiten. Erstaunlich war erstens der Drehort: ein Gefängnis, aber kein im Studio nachgebauter »Häf'n«, sondern ein wirkliches. Und zweitens, dass neben Helmut Qualtinger am Vorspann nur wenige Schauspieler namentlich genannt wurden. Die restlichen Darsteller wollten anonym blieben, waren sie doch echte »Häfnbrüder« – die Insassen einer Strafanstalt bei Steyr spielten sich sozusagen selbst. »Und wie spielen sie?«, fragte ich Qualtinger. »Auch nicht anders als wir«, lautete die nicht ganz untypische Qualtinger-Antwort.

Drehort war Garsten, die mit rund vierhundert Häftlingen besetzte Strafanstalt. »Eine gespenstische Atmosphäre«, sagte Werner Schneyder, der einen Aufseher spielte. »Regisseur Vojtěch Jasný bestand darauf, dass der Film in einem echten Gefängnis, mit echten Gefangenen gedreht würde. Nicht genug damit, wurde der Trakt ausgewählt, in dem ausschließlich Mörder saßen. Einmal beobachtete ich den Frauenmörder Engleder, wie er, nur wenige Meter von mir entfernt, das Essen ausfasste.«

Der Einzige, der einen Häftling *spielte*, war Qualtinger – alle anderen waren echt. »Ich hab mit den Gefangenen regen Kontakt«, vertraute mir »Quasi« an. »Für mich ist das Leben in der Anstalt deprimierend, aber keineswegs neu. Vor vielen Jahren bin ich selber gesessen.« Aus politischen Gründen, wie er behauptete. Es sei unmittelbar nach Ende des Zweiten Weltkrieges gewesen, als er mit seinem wohl ersten der später berühmten *Practical Jokes* von sich reden machte: Der 17-jährige Qualtinger hatte sich einen Sowjetstern an die Brust geheftet, sich zum Kulturkommissar ernannt und im Namen der Russischen Revolution eine Villa am Stadtrand von Wien beschlagnahmt, in der er ein Theater gründen wollte. Diese Aktion soll ihm einen dreimonatigen Freiheitsentzug eingebracht haben.

Nun spielte er die Titelrolle, den Gefangenen Kulterer, der sich nach vielen Jahren in der Zelle 38 vom Gefängnisleben verabschiedet. Er wollte während der zweiwöchigen Drehzeit selbst in der Strafanstalt wohnen, »aber das wurde mir nicht erlaubt«.

Einer der Hauptdarsteller war »Pepi«, ein als Mörder verurteilter Lebenslänglicher. Für den stark tätowierten 65-jährigen Mann waren die Dreharbeiten eine angenehme Abwechslung vom eintönigen Alltagstrott. Und jeder Häftling bekam eine Gage – je nach Rolle zwischen 45 und 2000 Schilling.

Eine Szene zwischen dem »Sträfling« Qualtinger und dem »Gefängniswärter« Werner Schneyder wurde im Hof der Strafanstalt gedreht.

Für sie musste eine Sondergenehmigung des Justizministeriums eingeholt werden, zumal der Kerkermeister den Häftling in aggressivem Tonfall anzubrüllen hatte. Da aber die vier Wachtürme mit schwer bewaffneten Beamten besetzt waren, konnte jedes laute Wort für alle Beteiligten gefährlich werden.

»Die Gefangenen dürfen im Film nur schemenhaft gezeigt werden«, erzählte Werner Schneyder, »allein ein aus Südtirol stammender Mörder, der einen Zellengenossen spielte, war erkennbar. Er hatte Krebs und würde, wie es hieß, bei der Uraufführung des Films nicht mehr am Leben sein.«

Nach Ende der Dreharbeiten schenkte mir Qualtinger ein mit wenigen Strichen hingekritzeltes Selbstporträt der von ihm dargestellten Figur.

Ich bedankte mich artig, ging durch das schwere Eisentor und war froh, wieder »draußen« zu sein.

Selbstkarikatur Helmut Qualtingers, gezeichnet während der »Kulterer«-Dreharbeiten in der Strafanstalt Garsten

»HIER SPRICHT KREISKY«

Der Bundeskanzler am Apparat

Eines Tages hatte ich »Spätdienst«, war also für die eingehenden Neuigkeiten in den Abendstunden zuständig. Da läutete das Telefon, in Redaktionen rufen viele Leser an, zu allen Tages- und Nachtzeiten und mit den unterschiedlichsten Ansinnen. Viele fühlen sich von einer Behörde ungerecht behandelt, andere beschweren sich über das Fernsehprogramm oder haben einen Grammatikfehler in der aktuellen Zeitung entdeckt. Bei diesem Anrufer handelte es sich aber um einen ganz anders gelagerten Fall. Aus dem Fernsprecher ertönte der berühmte Bass: »Hier spricht Kreisky!«

Nun hatte in dieser Zeit Unterrichtsminister Fred Sinowatz einen Sekretär namens Hans Pusch, der sämtliche Regierungsmitglieder parodieren konnte und von diesem Talent auch ausgiebig Gebrauch machte. Einmal kam es tatsächlich vor, dass der echte Bundeskanzler am Küniglberg einen gestressten Redakteur im ORF-Zentrum anrief, um sich über einen angeblich einseitig gestalteten Beitrag in der »Zeit im Bild« zu beklagen. Doch schon als der Kanzler sich mit »Kreisky« meldete, reagierte der Redakteur mit den Worten: »Geh, Pusch, halt die Gosch'n, i hab jetzt ka Zeit für deine Blödheiten!«

Ich war mir zwar auch nicht ganz sicher, wen ich da am anderen Ende der Leitung hatte, blieb aber höflich. Zum Glück, wie sich bald herausstellte, denn auch in diesem Fall war der echte Kreisky am Apparat. Er hatte in der Abendausgabe von einem kranken Hund gelesen und wollte wissen, ob er da irgendwie behilflich sein könnte. So war Kreisky, er hat seine Stellung als Regierungschef tatsächlich wie die eines Familienvaters von ganz Österreich gesehen.

Jahre später beobachtete ich den Kanzler bei einem seiner legendären »Pressefoyers« nach dem Ministerrat, die er – damals als weltweit einzigartige Novität – eingeführt hatte. Jeder Journalist konnte jede Frage stellen, egal wie kritisch sie war und wie lange das Frage-Antwort-Spiel dauerte. Für den »Journalistenkanzler« schienen die Gespräche, mal heiter, mal grantig, ein Jungbrunnen zu sein. »Die ersten Worte sind die eines alten Mannes«, schrieb ich, »siebzig ist er, und das sieht man ihm an. Dann spricht er über Waffenexporte (das Wort Panzer nimmt er nicht in den Mund, ›Kettenfahrzeuge‹ sagt er immer). Jetzt ist er höchstens sechzig, also noch lange nicht im Pensionsalter. Ein Wort über die ›von den Medien hochgespielte Wirtschaftskrise‹. Kreisky ist 55. Ein gezielter Giftpfeil wird auf Oppositionschef Mock gerichtet. Bruno, 48. Und endlich kommt der Nahe Osten dran. Nach einer Dreiviertelstunde ist das Gespräch im Pressefoyer vorbei. Ein junges Bürscherl mit krausem Haar hüpft davon.«

Heute kann ich das stille Übereinkommen verraten, das damals zwischen dem Büro des Bundeskanzlers und den Redaktionen herrschte. Kreisky hatte zu diesem Zeitpunkt ein Augenleiden, weshalb ihn der ORF ohne Scheinwerfer und die Fotografen ohne Blitzlicht aufnahmen. Und er war infolge einer Fußverletzung auf einen Stock gestützt, der nicht gezeigt wurde. Kreisky gab es in dieser Zeit nur als Brustbild.

DER PRÄSIDENT IM TELEFONBUCH

»Kirchschläger, Rudolf 36 11 32«

Bruno Kreisky war der erste (und bisher einzige) Bundeskanzler, der im Telefonbuch stand. Als es ihm nun der neue Bundespräsident gleichtun wollte, fand sich im Amtlichen Wiener Telefonbuch 1975 im Band II auf Seite 119 die Eintragung: »Kirchschläger Rudolf, Dr, Bundespräsident, (Herma), 19, Hohe Warte 36« sowie die Rufnummer »36 11 32«. So weit so gut, es gibt ja nicht allzu viele Leute, die das Telefonbuch von A bis Z studieren, also hätten die drei Zeilen das Staatsoberhaupt unter normalen Umständen nicht weiter tangiert. Als ich vom bevorstehenden Eintrag des Staatsoberhauptes erfuhr, schrieb ich einen Bericht für den »Kurier« und zeigte die Notiz im Faksimile. Das Ehepaar Kirchschläger war, wie ich später erfuhr, nicht sehr glücklich darüber. Wäre sein Name nur im Telefonbuch gestanden, hätte das kaum jemand zur Kenntnis genommen. So

```
Kirchschläger Ingeborg, 7, Lindeng.
Nr 44 a                    93 97 713
Kirchschläger Anton (Wolfgang), 10,
Mundyg. 1, Stg. 5          64 08 653
Kirchschläger Rudolf, Dr , Bundes-
präsident, (Herma), 19, Hohe
Warte 36                   36 11 32
Kirchschläger Walter, Dr , (Heidi),
9, Porzellang. 39       x 34 89 604
```

»36 11 32«: Bundes-
präsident Rudolf Kirch-
schläger und Ehefrau
Herma im Telefonbuch

aber riefen schon in den ersten Tagen Hunderte, wenn nicht noch
mehr Bürger in der Präsidentenvilla auf der Hohen Warte an, um mit
dem Staatsoberhaupt zu sprechen.

Sorry, Mr. President!

GERD BACHERS DIENSTWAGEN

Ein Unfall mit Folgen

Im Jänner 1975 schrieb ich einen Artikel, der für mich weitrei-
chende Folgen haben sollte. Der Dienstwagen des früheren ORF-
Generalintendanten Gerd Bacher war, wie ich erfahren hatte, am
18. Dezember des Vorjahres in einen Unfall verwickelt gewesen.
Bacher war mit seinem Chauffeur nach Salzburg gefahren, wobei der
silbergraue Mercedes bei einem Überholmanöver auf der schneeglat-
ten Westautobahn nahe der Ausfahrt Mondsee ins Schleudern geriet.
Alle am Unfall Beteiligten blieben unverletzt, doch Bachers Wagen
war schwer beschädigt. Zwar war er de facto nicht mehr Generalintendant – der Jurist Otto Oberhammer hatte bereits seine Nachfolge angetreten –, doch sein Vertrag lief noch bis 31. März 1975, und
so lange standen ihm alle Privilegien eines Rundfunkchefs zu, inklusive Dienstwagen, für den Bacher jetzt vom ORF einen entsprechen-
den Ersatz verlangte.

Der ORF bot ihm einen VW-Passat an, also einen Wagen der Mittelklasse, den Bacher brüsk ablehnte. Er bestand auf ein »gleichrangiges« Fahrzeug und drohte sogar, den ORF zu klagen. Schließlich fand sich eine »österreichische Lösung«: Bacher bekam für seinen nur noch wenige Wochen andauernden Verbleib im ORF den Dienst-Mercedes des ebenfalls bereits abgelösten Chefredakteurs Alfons Dalma, wofür dieser sich mit dem bewussten VW-Passat zufriedengab.

Das Delikate an der Geschichte war, dass Dalma fast zeitgleich mit der Auto-Posse die Ehefrau von Gerd Bacher »übernahm« – und diese später auch heiratete. Aber diese Pikanterie war zum Zeitpunkt, als mein Artikel über den Unfall und seine Folgen erschien, noch nicht bekannt.

Die ganze Angelegenheit war nicht weiter weltbewegend, aber Theo Schäfer, der Chefredakteur der damals in Österreich mit einer eigenen Ausgabe erscheinenden Fernsehzeitschrift »Hörzu«, mutmaßte, dass ich über ein ungeheures ORF-Insiderwissen verfügen müsste, weil ich an so eine – sogar innerhalb des Rundfunks streng geheim gehaltene – Story herangekommen war. Schäfer fragte mich, ob ich Künstlerporträts für ihn schreiben wollte. Ähnlich wie ich einst im »Kurier« durch das Gunther-Philipp-Interview den Ruf genoss, ein Intimfreund der Schauspieler zu sein, mutmaßte man jetzt anhand der Bacher-Geschichte, dass ich über sehr spezielle Kontakte zu Führungskreisen im ORF verfügen würde.

Ich kannte dort zwar so gut wie niemanden – von dem Unfall des ORF-Dienstwagens hatte ich eher durch Zufall erfahren –, aber ich nahm die Gelegenheit wahr, die Arbeit in der Lokalredaktion hinter mich zu bringen und für den Axel-Springer-Verlag die ersehnten Künstlerinterviews zu führen. Und es ging gleich los, eines der ersten Porträts schrieb ich über Peter Alexander, der mich in seinem Haus in Morcote in der Schweiz empfing, es folgten Johanna Matz, Luise Ullrich, Ernst Stankovski, Senta Berger, Heinz Conrads und der damals weltberühmte »Kommissar Maigret«-Darsteller Rupert Davies, den ich in Wien und in London traf. Ich stieß aber auch auf scheinbar ganz unspektakuläre Leute wie einen 45-jährigen gelernten Elektroinstallateur, den ich an seinem Arbeitsplatz in einer Schraubenfabrik aufsuchte.

Werktags Schrauben, sonntags Schreiben

Edmund Sackbauers Geburtsstunde

Das Besondere an dem Arbeiter in der Schraubenfabrik war, dass er sich am Wochenende als Nebenerwerbsschriftsteller betätigte. Und in dieser Funktion bald eine Berühmtheit war: Ernst Hinterberger, der Schöpfer des »Mundl« und anderer Wienerischer Figuren, die Kultstatus erlangen sollten. »I schreib scho seit zwanzig Jahr', aber 's Geld muss i immer noch in der Fabrik verdienen«, erzählte der damals weithin unbekannte Arbeiterdichter. »Wenn ma kane Bestseller schreibt, kann ma von den Honoraren net leben, also bleib i in der Fabrik.« Abends sei er zu müde zum Schreiben, die literarische Tätigkeit beschränke sich daher aufs Wochenende. In einem Nebensatz meines Artikels kündigte ich eine neue Sendereihe an, von der ich nicht wissen konnte, dass sie bald Fernsehgeschichte schreiben würde: »Am 8. Juni 1975 beginnt Ernst Hinterbergers sechsteilige Familienserie ›Ein echter Wiener geht nicht unter‹ im Fernsehen.«

»Es war ursprünglich a Roman«, verriet Hinterberger, »den hab i dann fürs Fernsehen dramatisiert.« Einiges musste er ändern. Die Fernsehfamilie, sagte er, trägt den Namen Sackbauer und sollte laut Manuskript in Folge zwei nach Italien auf Urlaub fahren. »Da haben die vom ORF aber g'sagt, des kommt zu teuer.« Also schrieb Hinterberger das Buch um: »Jetzt wird der Papa Sackbauer arbeitslos und der Italienurlaub platzt.«

Seine Figuren entstünden als Antipoden zu denen, die die saturierten Autoren erschafften, sagte der schnauzbärtige Hinterberger in einfachen Worten. »Was die schreiben, bewegt sich in an Traummilieu. Die Wirklichkeit spielt sich in der Vorstadt ab, darüber will ich schreiben.« Hinterberger wusste, wovon er sprach, kam er doch selbst aus der Vorstadt, in der er immer noch (und bis an sein Lebensende) zu Hause war: in einer winzigen Gemeindewohnung am Margaretengürtel.

Er arbeitete noch lange in der Schraubenfabrik, bis zu seiner Pensionierung, auch als er längst schon berühmt war. Und der

Gemeindebau am Margaretengürtel trägt heute den Namen »Ernst-Hinterberger-Hof«.

Nach Ausstrahlung der ersten Folge bat ich Hauptdarsteller Karl Merkatz zum Interview, der damals ebenfalls noch vollkommen unbekannt war: »Meine Mutter geniert sich ein bissl für mich«, gestand er, »weil so wie im Fernsehen bin ich nämlich nicht. Ich bin ganz anders, wahrscheinlich das genaue Gegenteil.« Der Schauspieler war zwanzig Jahre in Deutschland aufgetreten, zuletzt am Schauspielhaus Hamburg unter Boy Gobert. »Aber das Wienerische hab i dort net verlernt.«

Das allerdings wusste bald ganz Österreich, denn mit dem mangelnden Bekanntheitsgrad war's nach den ersten »Mundl«-Folgen vorbei: Als ich einmal mit Karl Merkatz über die Mariahilfer Straße ging, gab's einen Stau. Fremde Leute gaben ihm die Hand und sagten: »Servas, Mundl.« Dass er Merkatz heißt, wussten die wenigsten.

»Schauspieler bin ich ursprünglich nur deshalb geworden, weil ich in meinem erlernten Beruf als Tischler keine Arbeit fand. Von jetzt an will ich mich nicht mehr an ein Theater binden, sondern als freier Schauspieler tätig sein«, ahnte er den auf ihn zukommenden »Mundl«-Triumph voraus.

Auch wenn die Serie zu den größten Erfolgen der österreichischen Fernsehgeschichte zählte (und in zahllosen Wiederholungen immer noch zählt), fand sie nicht nur Freunde. Neben begeisterten Anrufern im ORF-Kundendienst gab es auch solche: »Eich müassens ins Hirn g'schissen haben, wann s' es glaubt's, dass die Österreicher so reden tan wia da Mundl, es Trotteln!«

Der Terrorist »Carlos« nahm **1975** *in der Wiener OPEC-Zentrale siebzig Menschen als Geiseln, drei von ihnen starben. Der Vietnamkrieg wurde nach mehr als zwanzig Jahren beendet. US-Präsident Gerald Ford und Ägyptens Staatschef Anwar as-Sadat trafen einander zur Besprechung der Nahostlage in Salzburg. Die Fristenlösung bei Schwangerschaftsabbruch wurde eingeführt. König Juan Carlos folgte dem verstorbenen General Franco als spanisches Staatsoberhaupt und führte das Land in die Demokratie. ÖVP-Chef und Kanz-*

lerkandidat Karl Schleinzer kam bei einem Autounfall in Bruck an der Mur ums Leben, Josef Taus wurde sein Nachfolger. Der Regisseur Pier Paolo Pasolini wurde ermordet. Weiters starben der Reeder Aristoteles Onassis, der Schriftsteller Thornton Wilder, der Bildhauer Fritz Wotruba, die Tänzerin Josephine Baker sowie die Komponisten Dmitri Schostakowitsch und Robert Stolz.

Mein Freund, der Operettenkönig

Und ein Gespräch mit seiner Witwe

Einzi Stolz hat das Kunststück zuwege gebracht, fast so berühmt zu sein wie der Mann, dessen Muse sie war. Die Gründe dafür waren wohl, dass sie ihn um fast drei Jahrzehnte überlebt hat und dass sie unerreicht in der Vermarktung des letzten Operettenkönigs war. Als ich Robert Stolz im August 1974 – bei einem Fest aus Anlass seines 94. Geburtstags – am Wiener Cobenzl kennenlernte, drückte Einzi ihm einen Filzstift und eine Robert-Stolz-Biografie in die Hand, in die er mir die Worte »Meinem lieben Freund Georg Markus« schrieb.

So schnell hatte ich noch nie einen Freund gewonnen, war es doch das erste und einzige Mal, dass ich Robert Stolz persönlich begegnet bin. Jedenfalls vertraute mir der Komponist noch gut gelaunt an: »Wie ich knapp nach dem letzten Weltkrieg mit 66 Jahren zum fünften Mal geheiratet hab, gaben mir viele Bekannte kein langes Leben mehr. Inzwischen hab ich sie alle überlebt.« Und dann erzählte er auch noch, dass er mit neunzig Jahren einen Zehnjahresvertrag mit der Plattenfirma »Ariola« abgeschlossen hatte.

Ein knappes Jahr später, wenige Tage nach seinem Begräbnis am 4. Juli 1975, empfing mich »Einzi« in ihrem Haus in der Wiener Himmelstraße. »Sechs Tage lag Robert im Berliner Franziskus-Krankenhaus«, berichtete sie. »Um elf Uhr hat er gesagt, dass er sich nicht wohlfühlt, um halb eins ist er gestorben. Ich war bis zum Schluss bei ihm und kann sagen, dass er einen schönen Tod hatte, keine Schmerzen, trotzdem war's eine Erlösung, weil er in den letzten Tagen schon sehr schwach war.«

Einzi hatte, als ich bei ihr war, viel zu tun. »Mich beschäftigen derzeit Tausende Kondolenzschreiben«, erklärte sie. »Ich beantworte jeden Brief. Post kam vom amerikanischen Präsidenten Gerald Ford, von Außenminister Henry Kissinger und vielen anderen Großen der Welt. Willi Forst schrieb: ›Mit ihm starb ein Teil meines Lebens.‹« Auch Kanzlerkandidat Karl Schleinzer drückte sein Beileid aus, »eine Woche später«, sagte Einzi, »musste ich seiner Witwe nach seinem tragischen Autounfall kondolieren«.

Wie professionell Frau Stolz damals schon organisiert war, zeigt eine kleine Episode. Paula Wessely, ihre Nachbarin in der Himmelstraße, erzählte sie, hätte ihr besonders berührende Worte des Trosts geschrieben. Ob sie mir den Brief zeigen könnte, fragte ich. Einzi Stolz rief daraufhin ihre Sekretärin und bat, das Schreiben der Wessely zu bringen. Als die Sekretärin ratlos fragte, wie sie den Brief angesichts Tausender Beileidsbekundungen finden sollte, antwortete Einzi bestimmt: »Schauen Sie nach in der Ablage unter ›T‹ wie Trauer, Untermappe ›W‹ wie Wessely.« Dermaßen funktionierte ihre Registratur bereits wenige Tage nach dem Begräbnis ihres Mannes.

Einzi erzählte mir auch, worüber Robert Stolz sein Leben lang nicht gesprochen hatte. »Er litt unter ständiger, panischer Angst. Er wusste nicht wovor, er hatte einfach Angst. Auch Klaustrophobie gehörte dazu. Die bedeutendsten Ärzte konnten ihm nicht helfen; er war bei Sigmund Freud und bei Julius Wagner-Jauregg, man vermutete, dass die Angst eine Folge einer schweren Krankheit war, die er als Kind hatte. Er litt als Sechsjähriger an Tuberkulose und einer Gehirnhautentzündung, man gab ihm kein langes Leben. Nur seine Mutter«, sagte Einzi, »glaubte an Robert. ›Du wirst überleben und den Namen Stolz als Einziger in die Welt hinaustragen‹, hatte sie ihrem zwölften und letzten Kind prophezeit.«

Als er an seinem Sterbetag die letzte Ölung empfing, sagte Robert Stolz mit schwacher Stimme, dass er sich darauf freue, seine Eltern wiederzusehen. Und Einzi erwiderte: »Deine Mama hat recht gehabt, du hast den Namen Stolz in die Welt hinausgetragen.«

»Ja, Mama und Papa sind stolz auf mich«, waren seine letzten Worte, die den fast 95-jährigen Mann zurück in die Kindheit führten. Dann soll er noch Einzi zugeflüstert haben: »Ich liebe dich« und entschlief.

In seinem Testament setzte Robert Stolz seine fünfte Frau als Universalerbin ein, und sie wusste zu diesem Zeitpunkt bereits, wie mit seinem künstlerischen Nachlass umzugehen sei: »Sein Werk braucht liebevolle und fachmännische Betreuung. Und dafür werde ich sorgen.« Das tat sie dann auch in den fast dreißig Jahren, die ihr noch blieben.

Ich kannte mehrere der »lästigen Witwen«, wie die Nachlassverwalterinnen ob ihrer Beharrlichkeit genannt wurden, aber keine war so nobel in ihrer Lästigkeit, hatte so viel Witz und Charme wie Einzi. Obwohl Robert Stolz einige der populärsten Melodien des 20. Jahrhunderts komponiert hatte, dürfte Geld in ihrem Bemühen um die ständige Präsenz seiner Musik nicht die bestimmende Rolle gespielt haben, die man bei ihr annahm.

»Denn Robert hat«, erklärte sie mir später einmal, »ehe wir uns kennenlernten, die Rechte seiner populärsten Lieder verkauft, weil er immer Geld brauchte« – darunter Evergreens wie »Im Prater blüh'n wieder die Bäume«, »Ob blond ob braun, ich liebe alle Frauen« oder »Die ganze Welt ist himmelblau«. Die Tantiemen streiften Musikverlage ein, erklärte die Witwe, wie immer mit einer Prise Humor: »Ich bin nicht so reich, wie die Leute glauben, aber auch nicht so arm, dass man sich Sorgen machen müsste.«

Wenige Wochen vor ihrem Tod im Jänner 2004 rief sie mich in ihre Wohnung, um mir von neuen Stolz-Projekten in China und Gott weiß wo noch überall zu berichten, sie hat bis zum Schluss an die »Vermarktung« ihres Robert gedacht. Burgtheaterdirektor Ernst Haeusserman hat sie vielleicht am besten charakterisiert, als er meinte: »Ja, wenn ich die Einzi zur Witwe hätt', könnt' ich auch beruhigt sterben.«

»Es gibt kein Kaffeehaus mehr«

Friedrich Torberg, der letzte Kaffeehausliterat

Ein Treffen mit Friedrich Torberg, dem letzten Kaffeehausliteraten. Da saß er also, der Kronzeuge einer untergegangenen Epoche, in der er keinen Geringeren als Karl Kraus, Franz Molnár, Anton Kuh und Egon Friedell nahestand. »Ich gehe nicht mehr ins Kaffeehaus«, erklärte Torberg, »denn es gibt kein Kaffeehaus mehr.«

»Es gibt kein Kaffeehaus?«, wagte ich leise Zweifel anzumelden, zumal unser Gespräch am 11. Mai 1976 an einem runden Marmortisch im Café Landtmann neben dem Burgtheater stattfand.

»Ja, ja, es gibt Lokale, in denen man Kaffee ausschenkt«, sagte Torberg, nahm einen Schluck vom Großen Braunen und zog fast gleichzeitig an seiner Zigarette. »Es gibt noch solche Lokale. Aber das, was ich einmal unter einem Kaffeehaus verstanden habe, das gibt es nicht mehr.«

Torberg sprach von der Spezies jener Literatencafés, die tatsächlich 1938, mit dem Einmarsch der Nationalsozialisten in Österreich, ihrer Stammgäste und damit auch ihrer Funktion beraubt worden waren. Er sprach vom Café Reichsrat, vom Colosseum, vom Herrenhof und dem Central. Von jenen Cafés, deren »Bewohner« (wie Alfred Polgar die darin tätigen Literaten nannte) zu den Hauptdarstellern seiner »Tante Jolesch« wurden. Torberg erzählte mir auch von dem Plan, seiner kürzlich veröffentlichten »Tante Jolesch« einen zweiten Band folgen zu lassen. »Die Erben der Tante Jolesch« sollte er heißen – und er ist dann auch tatsächlich unter diesem Titel erschienen. Denn als er die fertige »Tante Jolesch« in Händen hielt, erzählte Torberg, sei ihm immer wieder etwas eingefallen: »Um Gottes willen, damals hat ja der Friedell gesagt ...«

»Die Tante Jolesch« und auch deren »Erben« faszinierten mich dermaßen, dass ich begann, Geschichten zu notieren, die ich selbst erlebt hatte oder die mir erzählt wurden. Ich war ein immer noch junger Journalist, aber ich hatte bereits viele Große der Zeit kennengelernt, von denen mir nicht wenige zu Freunden geworden waren. Nie und nimmer konnte ich damit rechnen, jemals selbst ein Buch zu schreiben, das »Die Enkel der Tante Jolesch« heißen würde. Ich habe die Geschichten einfach gesammelt und aufgeschrieben.

Diese da zum Beispiel: Als Fritz Eckhardt mir einmal von einem seiner alljährlichen Urlaubsaufenthalte im tunesischen Badeparadies Djerba berichtete, merkte er zu guter Letzt noch an: »Das Publikum wird jedes Jahr schlechter. Heuer müssen überhaupt schon die vom nächsten Jahr dort gewesen sein!«

Das Treffen mit Torberg im Café Landtmann gab mir den Anstoß, die Geschichten von den »Enkeln« zu notieren.

»Herr Doktor Böhm ...

... wie war das mit der Steuer?«

Die Pfändung von Bargeld und Pelzen im Wert von mehreren Hunderttausend D-Mark durch Steuerfahnder in der Münchner Villa des Dirigenten Karl Böhm beherrschte im Sommer 1976 die Schlagzeilen. Grund genug für mich, nach Salzburg zu fahren, wo er Mozarts »Così fan tutte« dirigierte. Als ich vor dem von Böhm während der Festspielzeit gemieteten Haus einlangte, kamen mir gleich mehrere Journalistenkollegen entgegen, die mir zuraunten: »Keine Chance, er sagt kein Wort dazu.«

Ich hatte einen Termin bei dem 82-jährigen, als schwierig bekannten Dirigenten und seiner Frau. Ein dienstbarer Geist öffnete die Tür, das Ehepaar hieß mich willkommen, und wir setzten uns an einen Gartentisch. Jetzt darfst du über alles reden, dachte ich mir, nur nicht über die Steueraffäre, und so kamen wir auf künftige Konzerte, Böhms Erfolge bei den Festspielen, sein tägliches Fitnesstraining und den Salzburger Schnürlregen zu sprechen.

Geduldig antwortete er, bis es plötzlich ohne jede Vorwarnung aus ihm herausbrach: »Sie sehen ja, wie ich mit meiner Arbeit beschäftigt bin. Und dann wirft man mir vor, Steuern hinterzogen zu haben, das ist ja absurd. Was sagen Sie dazu?«

Ich sagte nichts und ließ ihn einfach weiterreden. »Ich habe keine Steuern hinterzogen, ich hab ein reines Gewissen.« Thea Böhm, seine

73-jährige Gattin, hatte in ihrem Münchner Heim einem Steuerexekutor einen Scheck in Höhe von 400 000 D-Mark und Pelze im Wert von 100 000 D-Mark ausgehändigt. »Meine Frau musste das tun, weil die sonst das ganze Haus gepfändet hätten. Ich selbst war zu diesem Zeitpunkt schon in Salzburg, konnte also gar nichts tun.«

Die Finanzbeamten einer eigens für ausländische Künstler gegründeten Sonderprüfstelle warfen Karl Böhm vor, in Baldham am Stadtrand von München seinen ordentlichen Wohnsitz zu haben, weshalb er sämtliche Einnahmen in Deutschland versteuern hätte müssen.

Der Dirigent sprach eine Dreiviertelstunde ohne Unterbrechung weiter: »Schauen Sie, ich habe drei Wohnungen. Eine in der Schweiz, eine in Wien und eine in München. Das bringt der Beruf mit sich, ich bin viel unterwegs. Niemand kann von mir verlangen, dass ich mein ganzes Leben in Hotelbetten übernachte.«

Unaufgeregt ging Karl Böhm auf die Vorwürfe der Steuerbehörde ein: »Ich habe nie die gesetzlich vorgeschriebene Grenze von drei Monaten überschritten, ich habe mich also nie länger als 78 Tage pro Jahr in meinem Münchner Haus aufgehalten.«

Die Vorwürfe des Finanzamts wies der promovierte Jurist heftig von sich. »Ich habe überall Steuern bezahlt – die Fremdensteuer in Deutschland, die Steuern in Österreich und in der Schweiz. Wenn Fehler begangen wurden, dann haben das Anwälte oder Steuerberater getan. Ich selbst habe mich nie so intensiv damit beschäftigt. Und dann kommen die Steuerfahnder ohne jede Vorwarnung einfach bei der Tür herein.«

Nun meldete sich Frau Böhm zu Wort: »Ich habe die Herren selbstverständlich hereingelassen, weil wir ja kein schlechtes Gewissen haben. Als sie beim Kleiderschrank meines Mannes vorbeikamen, haben sie gefragt: ›Wem gehören die Anzüge?‹ – Ich: ›Meinem Mann – ich hab doch kan Hausfreund.‹ – ›Aha‹, haben sie gesagt, ›also ständiger Wohnsitz.‹ – Dann habe ich die Finanzbeamten noch angefleht: ›Ich bitte Sie, lassen Sie mir wenigstens das Bett, damit ich irgendwo schlafen kann.‹«

Karl Böhm hatte, unmittelbar nachdem ihn seine Frau von der Exekution telefonisch informiert hatte, bei den Salzburger Festspielen eine Aufführung mit den Wiener Philharmonikern. »Da war ich natürlich sehr erregt, das können Sie sich vorstellen.« Er erzählte dann noch, dass er trotz seines Alters im nächsten Monat in den folgenden Städten dirigieren würde: »Luzern, Wien, Berlin, Köln, dann wieder Wien und anschließend geht es über Frankfurt nach San Francisco. Können Sie sich bei dieser Reisetätigkeit vorstellen, dass ich irgendwo einen ›ständigen Wohnsitz‹ habe?«

Während wir in ihrem Salzburger Garten saßen, schien die erste Aufregung bei dem Ehepaar verflogen zu sein. »Ich bitte Sie, schreiben Sie das so, wie wir es Ihnen jetzt erzählt haben«, sagte der Dirigent zum Abschied, »denn das allein ist die Wahrheit.«

Karl Böhm hatte mir – gerade weil ich ihn nicht danach gefragt hatte – als einzigem Journalisten ein Interview über seine Steuerprobleme gegeben.

Wie das Verfahren letztlich ausging, wurde nie öffentlich. Man wird sich wohl gütlich geeinigt haben.

*Zwischen Heiligenstadt und der Friedensbrücke ging **1976** Wiens erste U-Bahnlinie in Betrieb. In Stockholm heiratete die ehemalige deutsche Olympiahostess Silvia Sommerlath den schwedischen König Carl XVI. Gustaf. Franz Klammer gewann bei den Olympischen Winterspielen in Innsbruck die Abfahrt. Vierhundert Künstler besetzten die »Arena« im ehemaligen Schlachthof St. Marx. Der Industriellensohn Richard Oetker wurde entführt und gegen 21 Millionen D-Mark Lösegeldzahlung freigelassen. Es starben Chinas Parteivorsitzender Mao Tse-tung, die Schriftsteller Agatha Christie und Alexander Lernet-Holenia, der Komponist Friedrich Hollaender, der Regisseur Fritz Lang, der Schauspieler Jean Gabin und der Eiskunstläufer Karl Schäfer. Am 1. August 1976 erlitt Österreich einen doppelten Schock: Der regierende Formel-1-Weltmeister Niki Lauda zog sich bei einem Unfall am Nürburgring schwere Verletzungen zu und die Wiener Reichsbrücke stürzte ein.*

In der Österreichischen Nationalbibliothek fand ich einen Zeitungsartikel, der 44 Jahre vor der tatsächlichen Katastrophe mit der Schlagzeile »Reichsbrücke eingestürzt« erschienen war. Es handelte

»Reichsbrücke eingestürzt«: makabrer Aprilscherz, 44 Jahre vor der tatsächlichen Katastrophe

sich dabei um den makabren Aprilscherz einer am 1. April 1932 erschienenen Tageszeitung. Daneben sah man eine prophetisch anmutende Fotomontage des in die Fluten der Donau gestürzten Bauwerks.

*Jimmy Carter wurde **1977** US-Präsident. RAF-Terroristen ermordeten Generalbundesanwalt Siegfried Buback, Arbeitgeberpräsident Hanns Martin Schleyer und den Bankier Jürgen Ponto. Der Kaufmann Walter Palmers wurde gekidnappt und gegen Zahlung von 31 Millionen Schilling Lösegeld freigelassen. Es starben die Politiker Ludwig Erhard und Kurt Schuschnigg, der Schriftsteller Carl Zuckmayer, die Schauspieler Charles*

Chaplin, Bing Crosby, Joan Crawford, Groucho Marx, Alma Seidler und Ernst Waldbrunn, die Sängerin Maria Callas, der Musiker Elvis Presley und der Raumfahrtpionier Wernher von Braun. Ein Jahr nach seinem schweren Unfall wurde Niki Lauda zum zweiten Mal Formel-1-Weltmeister. Und die deutsche Schauspielerin Ingrid van Bergen tötete aus Eifersucht ihren Freund Klaus Knaths.

»ICH WILL NICHTS BESCHÖNIGEN«

Warum Ingrid van Bergen schoss

Ingrid van Bergen wurde wegen Totschlags verurteilt, kam nach fünf Jahren frei und setzte danach ihre Schauspielkarriere fort. In einem Interview, das ich nach ihrer Entlassung aus dem Gefängnis mit ihr führte, blickte sie noch einmal auf die Nacht zum 3. Februar 1977 zurück, in der sie im Garten ihrer Villa ihren um zwölf Jahre jüngeren Liebhaber – der auch eine Ehefrau und eine weitere Geliebte hatte – erschoss. »Ich bitte weder um Verzeihung«, sagte sie, »noch will ich beschönigen, ich sage nur, wie es war, ich schildere die Fakten.« Die da wären: »Ein verhängnisvoller Cocktail aus Alkohol, Valium und Eifersucht, der zur Folge hatte, dass ich abdrückte. Heute bin ich wieder ein freier Mensch, frei von Gitterstäben, aber nicht frei vom Urteil der Mitmenschen. Keiner traut sich mehr an eine Frau mit meiner Vergangenheit heran.«

Warum sie mit ihrer Lebensgeschichte an die Öffentlichkeit ging? »Ich hatte zwei Möglichkeiten, mit meiner Vergangenheit fertigzuwerden«, sagte sie, »entweder sie zu verdrängen oder ihr offen zu begegnen. Ich entschied mich für die Offenheit.« Zuletzt machte Ingrid van Bergen 2009 von sich reden, als sie in der RTL-Show »Ich bin ein Star – Holt mich hier raus!« zur Dschungelkönigin gewählt wurde.

MIT VERSPÄTUNG ZUR LOREN

Rendezvous mit dem Weltstar

Sophia Loren drehte im Frühjahr 1978 mit John Cassavetes, George Kennedy und Max von Sydow in Bayern den amerikanischen Kriegsfilm »Verstecktes Ziel«, doch der Weltstar aus Italien wohnte während der Dreharbeiten im grenznahen Hotel Seewirt in der oberösterreichischen Ortschaft Franking bei Braunau, wo ich ein »Rendezvous« mit der Loren hatte. »Ich will eine ganz normale Frau sein«, erklärte sie, »ich brauche keine Verrücktheiten, keine Extreme.« Nachsatz: »Soweit das in meinem Beruf möglich ist.«

Wie alle wirklich Großen war Sophia Loren weit davon entfernt, eingebildet zu sein, sie war unkompliziert, natürlich und bescheiden, etwa wenn sie auf ihren Mann Carlo Ponti zu sprechen kam, »dem ich alles verdanke, was ich bin«. Ich muss nicht weiter erwähnen, dass mir die Diva als beeindruckende Frau in Erinnerung geblieben ist. Jeder Schritt war der einer Grande Dame, jeder Augenaufschlag, jede Geste hatten Stil. Sie war, als ich sie beim Seewirt traf, 43 Jahre alt und immer noch mit jugendlicher Schönheit gesegnet. Und das, obwohl sie – wie mir das Hotelpersonal anvertraute – vorrangig Wiener Schnitzel mit Pommes frites und danach Schokoladenkuchen verzehrte.

Die Loren führte ein weitgehend skandalfreies Privatleben, auch wenn es immer wieder Gerüchte um eine Trennung von dem um 21 Jahre älteren Carlo Ponti gab, doch die Ehe hielt bis zu dessen Tod 2007 im Alter von 94 Jahren.

Und wieder war ein Interviewpartner – wie davor schon Karl Böhm – wegen Steuerhinterziehung in die Schlagzeilen geraten. Die italienischen Finanzbehörden ermittelten damals gegen Sophia Loren, die deshalb aus der Ponti-Villa in Marino bei Rom aus- und in eine Mietwohnung in Paris eingezogen war. »Ja, ich habe ein Problem«, sagte sie offen zu mir, »aber es wird ein Happy End geben. Ich freue mich, bald wieder in meiner Heimat Italien leben zu können.« Das konnte sie tatsächlich – wenn auch unter wenig erfreulichen Umständen: Zwei Jahre nach unserem Gespräch in Oberösterreich wurde sie wegen der ihr angelasteten Steuerdelikte verurteilt, und im Mai 1982 musste »La Loren« in der Haftanstalt von Caserta eine dreißigtägige Gefängnisstrafe absitzen. Ganz Italien war damals aus dem Häuschen.

Nie hätte ich zu träumen gewagt, dass mein Name in ihrer bald danach erscheinenden Biografie »Forever, Sophia, An Intimate Portrait« Erwähnung finden würde. Ich hatte den Autor des Buches, Alan Levy – damals Wien-Korrespondent des »New York Times Magazine« –, mit meinem Auto ins Innviertel mitgenommen, und unterwegs kamen wir darauf, dass wir am 12. März 1978 – auf den Tag genau vierzig Jahre nach Hitlers »Anschluss« – auf dem Weg in dessen Geburtsstadt Braunau waren. Wir führten das Interview mit der Loren dann gemeinsam – Alan für sein Buch und ich für meine Zeitung. Und es lag auf der Hand, dass wir im Lauf des Gesprächs auf das Datum und den Ort unseres Treffens zu sprechen kamen. Ich erinnere mich, dass die Loren in kluger und achtbarer Weise ihre Gedanken zu »dem Massenmörder Hitler«, dem Nationalsozialismus, dem Antisemitismus, dem Faschismus in ihrer Heimat Italien und zu Benito Mussolini darlegte. Mehr noch, man hatte den Eindruck, dass ihr die Darstellung ihrer politischen Sichtweise ein Anliegen war.

Das erwies sich als umso erstaunlicher, als ihre um vier Jahre jüngere Schwester Anna Maria Scicolone damals schon mit Romano Mussolini, dem Sohn des »Duce«, verheiratet war. Und dass deren gemeinsame Tochter Alessandra Mussolini Jahre später die neofaschistische Partei Italiens anführen sollte. So sensibel in Sachen Politik und Geschichte ich die Loren 1978 beim Seewirt erlebt hatte, so verschlossen gab sich »Tante Sophia« später dann. Sie hat, als die politische Karriere ihrer Nichte begann, nie mehr zu politischen Fragen Stellung bezogen. Sophia Lorens einzige Aussage zu diesem Thema lautete dann nur noch: »Ich interessiere mich nicht für Politik.«

Das war damals in Franking bei Braunau noch ganz anders gewesen.

In der Loren-Biografie stehe ich aber nicht nur wegen des Gesprächs, das Alan Levy und ich mit der Schauspielerin führten, sondern auch, weil mein Auto auf dem Weg ins Innviertel eine

Da interessierte sie sich noch für Politik: mit Sophia Loren, 1978 beim Seewirt im Innviertel

Reifenpanne hatte und wir deshalb um eine Stunde zu spät zur Loren kamen. Der Star hat die Wartezeit mit Geduld ertragen.

Ich war damals 27 Jahre alt und hätte mir wohl einen ganz anderen Grund als eine Reifenpanne gewünscht, um in einer Sophia-Loren-Biografie Erwähnung zu finden.

1978 ging als das »Jahr der drei Päpste« in die Kirchengeschichte ein. Nach dem Tod Pauls VI. wurde Albino Luciani zu seinem Nachfolger gewählt, doch Johannes Paul I. starb nach nur 33-tägigem Pontifikat. Danach wurde mit dem Polen Karol Wojtyła als Johannes Paul II. zum ersten Mal nach 455 Jahren ein Nichtitaliener Oberhaupt der katholischen Kirche. Die Österreicher entschieden sich in einer Volksabstimmung gegen die Inbetriebnahme des Kernkraftwerks Zwentendorf. Helmut Zilk heiratete Dagmar Koller. Gerd Bacher kehrte als Generalintendant in den ORF zurück. Hans Krankl erzielte bei der Fußball-WM in Cordoba das 3:2 gegen den Erzrivalen und bisherigen Weltmeister Deutschland. Der Politiker Aldo Moro wurde von der Terrorgruppe »Rote Brigaden« ermordet. Es starben der Chansonnier Jacques Brel sowie die Schauspieler Ewald Balser, Theo Lingen, O. E. Hasse und Peter Vogel.

»DAS KOMMT NICHT IN DIE TÜTE«

Wie ich Paul Hörbigers Ghostwriter wurde

1978 sollte wieder zum Schicksalsjahr für mein berufliches Fortkommen werden. Schuld war die von dem deutschen Regisseur Hans-Jürgen Syberberg gedrehte Dokumentation »Hitler, ein Film aus Deutschland«, in dem Aufstieg und Fall des Dritten Reichs geschildert werden. In dem siebenstündigen Drama gibt es eine Passage, die sich mit der sogenannten »Welteislehre« des Wiener Ingenieurs Hanns Hörbiger beschäftigt, einer seinerzeit aufsehenerregenden – später widerlegten – Theorie zur Entwicklungsgeschichte des Planetensystems. Hanns Hörbiger war der Ansicht, dass der Ursprung allen Lebens eine riesige Eisschicht sei, die mit heißen Elementen kollidierte. Die dabei entstandene Explosion hätte zur Bildung der Erde und der anderen Planeten geführt.

Paul Hörbiger, der Sohn des Forschers, war schrecklich aufgebracht darüber, dass die Lehre seines Vaters in dem Film mit Hitler in Zusammenhang gebracht wurde. Als im November 1978 aus Anlass der Filmpremiere ein »Club 2« unter dem Titel »Hitlers Wurzeln« vorgesehen war, rief der Volksschauspieler in der Redaktion an und bat, zu der Gesprächsrunde eingeladen zu werden. Der »Club 2«-Redaktion war das natürlich sehr recht, sicherte die Mitwirkung des Publikumslieblings doch zweifelsfrei eine höhere Quote. Ich sah den »Club 2« und bemerkte, wie wohl jeder andere Zuschauer auch, dass der 84-jährige Schauspieler nicht die richtigen Worte fand, um für seinen Vater Partei zu ergreifen. Ihm selbst war das wohl auch klar geworden, rief mich doch am Tag nach der Sendung Hörbigers Tochter Monica Tramitz an, um mich zu fragen, ob ich bereit wäre, ihren Vater zu interviewen, damit er klar zum Ausdruck bringen könnte, was er im Fernsehen hatte erklären wollen.

Ich sagte natürlich zu – Paul Hörbiger war bekannt dafür, nur sehr selten Interviews zu geben – und fuhr zu ihm nach Wieselburg. Der Schauspieler erzählte mir, dass er vor allem deshalb so aufgeregt gewesen sei, weil sein Herzschrittmacher unmittelbar vor Beginn der Live-Sendung einen Defekt anzeigte und er mit der Rettung ins

Spital gebracht werden musste, ehe er sich am Küniglberg einfand. »Dort war ich dann aufgrund der Umstände und wohl auch meines Alters sehr nervös«, sagte er. Nun wäre er aber wieder ganz »der Alte« und könnte mir alles in Ruhe erzählen.

Und er legte los: »Was hat mein Vater mit ›Hitlers Wurzeln‹ zu tun? Er ist 1931, zwei Jahre vor der Machtergreifung der Nazis gestorben, er hat Hitler nicht gekannt und war ein zutiefst christlicher Mensch.«

Tatsache ist allerdings, dass Hitler und im Besonderen der »Reichsführer SS« Heinrich Himmler glühende Verehrer der Hörbiger'schen »Welteislehre« waren, »aber das kann man meinem Vater doch nicht zum Vorwurf machen«.

Der einst im Widerstand gegen Hitler tätige Paul Hörbiger sah sich als »Vertreter der Anliegen meines Vaters, und es ist meine Pflicht, ihn vor derartigen Beleidigungen zu schützen«.

Ich befragte auch Herrn Syberberg, der ebenfalls an der Fernsehdiskussion teilgenommen hatte und Hörbigers Aufregung bedauerte. Sein Film sei eine »Fiktion«, und über den »Club 2«-Titel »Hitlers Wurzeln« war er selbst nicht glücklich.

Die Geschichte erschien dann unter dem Titel »Ich kämpfe um die Ehre meines Vaters« und Hörbiger dankte mir dafür, dass nun alles so dargestellt wurde, wie es seine Richtigkeit hätte.

Der legendäre Volksschauspieler war damals gerade dabei, einem bekannten deutschen Schriftsteller, der als »Ghostwriter« fungierte, sein Leben zu erzählen. Seit vielen Jahren hatten sich prominente Autoren und Verlage um die Veröffentlichung der Memoiren eines der letzten noch lebenden Filmstars im deutschen Sprachraum bemüht. Nach Jahrzehnten beharrlichen Schweigens zeigte sich der Liebling mehrerer Generationen endlich bereit, sein bewegtes Leben zu schildern. Doch die Sache ging nicht gut aus. Dem bekannten Autor kann man vielleicht gar keinen Vorwurf machen: Paul Hörbiger war – wie ich bald erfahren sollte – sicher kein einfacher Partner für ein solches Projekt. Es gab immer wieder Meinungsverschiedenheiten zwischen den beiden, zum endgültigen Zerwürfnis kam es aber erst, als der deutsche Autor dem Schauspieler die ersten Manuskriptseiten für das geplante Buch vorlegte.

Das Urbild des Wiener Charmeurs blätterte in seinen Erinnerungen und musste da im Originalton – Zitat Paul Hörbiger – den nicht unbedingt wienerischen Satz lesen: »Das kommt nicht in die Tüte!«

»Des gibt's net«, »Aber net mit mir«, »Das könnt's doch net machen« – das wären wohl seine Worte gewesen. Doch mit einer Tüte hatte ein Paul Hörbiger nichts, aber auch schon gar nichts im Sinn.

Er legte das Manuskriptfragment beiseite und bat den bekannten deutschen Schriftsteller um Verständnis, dass er unter diesen Umständen lieber gar keine Memoiren veröffentlichen würde.

Paul Hörbiger wollte durchaus sein Leben erzählen. Aber wem? Ein Wiener, das wusste er jetzt, sollte es sein, ein Deutscher kam sozusagen nicht mehr in die Tüte.

Nach dem Bruch mit seinem bisherigen Ghostwriter erinnerte sich Paul Hörbiger an das Interview, das ich mit ihm vor Kurzem geführt hatte, und er rief mich an, um mich zu fragen, ob ich bereit wäre, seine Lebenserinnerungen zu schreiben. Ich, der damals unbekannte 27-jährige Journalist, sagte klarerweise, ohne lange nachzudenken, Ja. Eine solche Chance, die Memoiren einer Legende aufzeichnen zu dürfen, kann man sich nicht entgehen lassen.

Das Jahr, in dem wir dann intensiv an dem Buch arbeiteten, wird für mich eines der großen Abenteuer meines Lebens bleiben. Die Probleme begannen damit, dass er zunächst wenig Interesse hatte, von seiner Karriere als Schauspieler zu berichten, sondern vielmehr seine Zeit als Soldat im Ersten Weltkrieg dokumentiert sehen wollte.

»Millionen Männer waren im Krieg«, unterbrach ich ihn, wenn er wieder allzu ausführlich über irgendeine Schlacht am Isonzo sprach, »aber eine Filmkarriere wie du hat sonst niemand gemacht.« Er sprach dann kurz über einen Film und kam bald wieder auf den Isonzo zu sprechen. Ich hatte rechte Mühe, ihn über seinen spannenden Berufsweg erzählen zu lassen. Doch er fand das alles nicht so bedeutsam wie die Katastrophe des Weltkrieges, der zum Zusammenbruch der alten Donaumonarchie führte. Das war wohl auch das große Trauma seiner Generation, und deshalb hatte ihn das Thema nicht losgelassen.

Der andere Autor kam dann nicht mehr »in die Tüte«: mit Paul Hörbiger, 1978 in seinem Haus in Wieselburg

Irgendwie ist es mir dann aber doch gelungen, dass er von seinem Leben außerhalb des Schützengrabens und vor allem von seinem Anteil an der Filmgeschichte zu erzählen begann. Und wie er erzählen konnte!

Der alte Mann, der fast siebzig Jahre Theater- und Filmgeschichte geschrieben hatte, berichtete über sein Elternhaus, über seine Kindheit in den letzten Jahren der österreichisch-ungarischen Monarchie, über seine Schauspielanfänge in der böhmischen Provinz und im Berlin der »Wilden Zwanzigerjahre«, über ein Schussattentat, das ein eifersüchtiger Nebenbuhler auf den jungen Schauspieler verübt und das Hörbiger fast nicht überlebt hatte, über seine Zusammenarbeit mit Max Reinhardt, über Dreharbeiten mit Marlene Dietrich, Zarah Leander, Hans Moser, Heinz Rühmann, Hans Albers, Willi Forst und vielen anderen, über seine mehrmaligen Verhaftungen durch die Gestapo, die späten Jahre am Burgtheater und natürlich auch über seinen Bruder Attila und seine Schwägerin Paula Wessely.

Wir führten die Gespräche fast immer in seinem bescheidenen Haus in einer Arbeitersiedlung in Wieselburg. Dass es in der Paul-Hörbiger-Gasse lag, war verständlich – die Gemeinde hatte ihren berühmtesten Sohn auf diese Weise schon zu seinen Lebzeiten geehrt. Dass aber der nahe gelegene Gasthof, in dem wir hin und wieder einkehrten, »Haus Moser« hieß, war reiner Zufall – der Wirt hieß wirklich so. Meist bereitete Paul Hörbiger, der leidenschaftlich gerne kochte, das Mittagessen für uns aber selbst zu. Er konnte stundenlang erzählen, während wir, begleitet von mindestens vier Hunden, über das Grundstück hinüber zu seinen Glashäusern spazierten, in denen der Hobbygärtner jede Menge Orchideen, Obst, Gemüse und Salate gepflanzt hatte.

Nun bereitete es Paul Hörbiger Vergnügen, in vielen Gesprächen einmal noch sein langes, reiches Leben Revue passieren zu lassen – auch wenn er nicht gerade im Schützengraben lag. Seine Töchter Christl und Monica sagten mir nach seinem Tod, das Erinnern und der anschließende Erfolg des Buches, das wir »Ich hab für euch gespielt« nannten, hätten ihm mindestens ein Jahr voller Freude geschenkt.

Das Wiener Kaufhaus Gerngroß wurde **1979** *durch einen Groß-brand fast völlig zerstört. Alois Mock löste Josef Taus als ÖVP-Chef ab. Mit Eröffnung der UNO-City wurde Wien neben New York und Genf zur dritten Metropole der Vereinten Nationen. Sowjetische Truppen besetzten Afghanistan. US-Präsident Jimmy Carter und Kremlchef Breschnjew unterschrieben in Wien das SALT-II-Abkommen zur Beschränkung der strategischen Rüstung. Margaret Thatcher wurde britische Premierministerin. Schah Reza Pahlevi flüchtete aus Persien, das von religiösen Fanatikern in eine blutige Revolution gestürzt und von Ajatollah Khomeini regiert wurde. Die Rocksängerin Nina Hagen sorgte im »Club 2« für einen Skandal, als sie vor laufenden Kameras »Nachhilfeunterricht in Selbstbefriedigung« erteilte. Es starben der Schriftsteller Friedrich Torberg, der Zeitungsherausgeber Ludwig Polsterer, der Showmaster Peter Frankenfeld und die Schauspieler John Wayne, Heinz Erhardt und Harry Meyen.*

»Trink ma noch an Kamillentee?«

Schicksalsschläge eines Komödianten

Es war auch 1979, als Maxi Böhm, dem ich so viel verdankte, von einem entsetzlichen Schicksalsschlag getroffen wurde. Seine 25-jährige Tochter Christine kam bei einem Unfall tragisch ums Leben. Die hoffnungsvolle Schauspielerin war mit Freunden ins Tessin, nahe des Lago Maggiore, gefahren und während einer Wanderung an einer mit Moos bewachsenen Stelle oberhalb eines Wasserfalls so unglücklich ausgerutscht, dass sie abstürzte und auf einem Felsen tot liegen blieb.

Wir hatten uns in letzter Zeit durch unsere beruflichen Verpflichtungen nicht so viel gesehen wie früher, waren aber immer noch eng befreundet. Und so erhielt ich am Tag nach dem Unglück noch eine Karte von Christine, die sie unmittelbar vor ihrem Unfall in Ponte Tresa aufgegeben hatte.

Maxi Böhm und ich waren zu diesem Zeitpunkt Nachbarn. Ich wohnte im Haus Josefstädter Straße 9, dritter Stock, schräg gegenüber vom Theater. Ungefähr zwei Jahre vor der Katastrophe hatte er sich von seiner Frau getrennt und war auf der Suche nach einer Wohnung gewesen. Als er mich fragte, ob ich eine wüsste, sagte ich, dass in dem ausgebauten Dachboden oberhalb meiner Wohnung gerade jemand ausgezogen sei. Er mietete das Appartement, und so sah ich ihn in dieser Zeit fast jeden Tag.

Maxi, der sich jetzt Max nannte, hatte in den Jahren, seit er vom Simpl weg war, eine Wandlung vom Kabarettisten zum großen Charakterschauspieler gemacht und gehörte nunmehr zum Ensemble des Theaters in der Josefstadt.

Spätabends, nach seinen Vorstellungen, läutete er oft an meiner Tür und fragte: »Trink ma noch an Kamillentee mitananda?« Sein ihn ein Leben lang quälendes Magenleiden hatte dieses Kraut zu seinem bevorzugten Getränk werden lassen. Wie immer in solchen Fällen hatte er ein Stück Weißbrot, etwas Käse und einen Joghurtbecher mitgebracht, ich steuerte Teesackerl und heißes Wasser bei.

Zwei Jahre lang konnte ich seine meist witzigen Erzählungen unbeschwert genießen. Doch am 5. August 1979 hatte er zwischen Nachmittags- und Abendvorstellung vom Tod seiner Tochter erfahren. Und stand dennoch eine Stunde später wie immer auf der Bühne der Kammerspiele. Er kam auch an diesem Abend zu mir, und wir sprachen über Christine.

Ein knappes Jahr später die nächste Katastrophe. Am 7. Mai 1980 nahm sich sein 31-jähriger Sohn Max junior, den tiefe Depressionen geplagt hatten, das Leben. Der Tod zweier Kinder – ein Schicksal, mit dem der Vater nicht fertig werden konnte. Und doch: Maxi Böhm spielte weiter. Kammerspiele, Josefstadt, Fernsehen. Tagsüber Proben, Rollen lernen, Aufzeichnung, abends Vorstellung. Das Theater wurde zur Flucht aus der schrecklichen Wirklichkeit. Er musste das Unglück von sich wegschieben.

Und so schien er wieder zu seinem heiteren Wesen zurückgefunden zu haben, erzählte diesen und jenen Witz aus seinem reichen Fundus. Aber ich hatte den Eindruck, dass er eine Rolle spielte. Die Rolle des stets gut gelaunten »Witzepräsidenten«, die man von ihm erwartete. Es war wohl seine große Sorge, dass das Publikum infolge seines tragischen Schicksals nicht mehr über ihn lachen würde. Damit wäre neben seiner privaten Tragödie auch sein Berufsleben zerstört gewesen. Und deshalb spielte er uns allen den Clown vor, obwohl ihm so gar nicht danach war.

Mitte Dezember 1982 stand er wieder vor meiner Tür. Sein jüngerer Sohn Michael, dessen Frau Uschi, die vier Enkelkinder waren ihm geblieben, und er hatte Freude an ihnen. Und doch: »Glaubst du«, fragte er, »dass ich noch einmal so werde, wie ich einmal war?« Für einen Augenblick ließ er ahnen, wie es tatsächlich in ihm aussah. Doch dann erzählte er wieder einen Witz.

Zwei Tage vor Weihnachten hatte er, gegenüber im Theater in der Josefstadt, Premiere. Er spielte den Striese im »Raub der Sabinerinnen«. Eine Bombenrolle – aber eine Rolle, für die sein Herz wohl zu schwach war. Vier Tage nach der Premiere war Maxi Böhm tot. In seinem Arbeitszimmer, genau über dem meinen, ist er 66-jährig leblos zusammengebrochen, ein Stück Kuchen in der Hand.

Als ich am 5. Jänner 1983 von seinem letzten Weg vom Wiener Zentralfriedhof heimkehrte, war das Haus voller Polizei. Man fragte mich, ob ich verdächtige Leute gesehen hätte, ich musste verneinen, da ich ja selbst bei der Beerdigung war. Maxi Böhms Wohnung war während der Trauerfeier aufgebrochen und geplündert worden, die Diebe hatten aus Zeitungsberichten erfahren, wann das Begräbnis sein würde. Seinem Sohn Michael ist dadurch nur wenig von seinem Vater geblieben. Die Einbrecher wurden im Zuge späterer Delikte gefasst, einer wurde auf der Flucht erschossen.

Maxi Böhm wollte uns immer nur zum Lachen bringen. Und auch er selbst hätte so gerne gelacht, doch das Schicksal hat es in seinen letzten Jahren nicht zugelassen.

Der Neubau des Wiener Allgemeinen Krankenhauses wurde **1980** *zum Korruptionsskandal. Kronprinzessin Beatrix trat die Nachfolge ihrer Mutter Juliana als Königin der Niederlande an. Indira Gandhi wurde Premierministerin von Indien. Der Erste Golfkrieg zwischen Irak und dem Iran brach aus. Vizekanzler Hannes Androsch verließ nach Auseinandersetzungen mit Kanzler Kreisky die Bundesregierung. Wiens neue Reichsbrücke wurde eröffnet. Annemarie Moser-Pröll holte bei den Olympischen Winterspielen in Lake Placid die Goldmedaille in der Abfahrt. In Polen wurde die unabhängige Gewerkschaft »Solidarność« gegründet. »Beatle« John Lennon wurde auf offener Straße in New York ermordet. Es starben Ex-Schah Reza Pahlevi, Jugoslawiens Staatschef Tito, der Regisseur Alfred Hitchcock, der Maler Oskar Kokoschka, der Schriftsteller Henry Miller, die Fußballer Ernst Ocwirk und Gerhard Hanappi, die Schauspieler Peter Sellers, Steve McQueen und Willi Forst.*

FÜR MICH WAR SIE EINE SEHENDE

Die blinde Schauspielerin Dorothea Neff

Im März 1980 empfing mich die Schauspielerin Dorothea Neff, die seit dreizehn Jahren blind war. »Ich kann Sie nicht sehen«, begrüßte mich die 77-jährige Grande Dame in ihrer Wohnung auf der Wieden, »aber ich erkenne mein Vis-à-vis besser als manch Sehender.« Und sie erklärte mir, dass sie ihr Dasein als »ungeheuer positiv« empfände. »Drei Jahre hat es gedauert, bis ich das ewige Dunkel verkraftet und mich an den Zustand gewöhnt habe. Aber dann ist es mir gelungen, die anderen Sinne verstärkt einzusetzen. Wenn ich die Stimme eines Menschen höre, arbeitet meine Phantasie. Ich spüre durch die Feinheit der Akustik, was für einen Menschen ich vor mir habe.«

Zu ihrer Lebenspartnerin, der Schauspielerin Eva Zilcher, die sich rührend ihrer annahm, sagte Dorothea Neff einmal nach der Begegnung mit einer Besucherin: »Die ist zu dick, sie sollte etwas dagegen tun.«

Ja, die Phantasie spielte bei Dorothea Neff eine bestimmende Rolle. »Und wenn die Phantasie günstiger ist als die Wirklichkeit, kann ich nur froh sein.« Und sie fügte noch hinzu: »Na, ist das nicht raffiniert?«

Andererseits bestand ihr Leben natürlich aus Problemen, die ein Sehender nicht erahnen kann. »Probieren Sie einmal nur zehn Minuten lang, mit einem Tuch vor den Augen die einfachsten Handgriffe zu tätigen. Die Schwierigkeiten liegen in den kleinen Dingen des Alltags. Von der Türe zu meinem Schreibtisch zu gehen, verlangt ungeheure Konzentration. Wenn mir der Kleiderbügel herunterfällt, ich ihn suche und nicht gleich finde, dann ärgere ich mich wahnsinnig. Aber ich freue mich wie ein Kind, wenn ich die Türklingel beim ersten Mal hingreifen finde.«

Dorothea Neff meisterte ihr Schicksal in bewundernswerter Weise. Sie trat, soweit es ihr möglich war, immer noch im Fernsehen und am Wiener Volkstheater auf, gab Schauspielunterricht und vertiefte sich in die Blindenbibliothek. Die Schauspielerin jammerte keinen Augenblick – für mich war sie eine Sehende.

Wenige Wochen vor unserem Gespräch war Dorothea Neff im Mittelpunkt einer feierlichen Zeremonie im Akademietheater gestanden. Die israelische Gedenk-Organisation »Yad Vashem« hatte sie, weil sie während der Nazizeit eine jüdische Kostümbildnerin als »U-Boot« in ihrer Wohnung versteckt und ihr so das Leben gerettet hatte, als »Gerechte unter den Völkern« geehrt.

ATTILA STATT PAUL

Bei Robert Lembke in »Was bin ich?«

Nach Erscheinen der Memoiren von Paul Hörbiger verfilmten wir das Buch für ORF und ZDF, wir drehten in Wien und fuhren zu weiteren Stätten seiner Karriere nach Berlin, Reichenberg und Prag. Es war das erste Mal, dass ich – abgesehen von meinem Zeichenauftritt als Kind – für das Fernsehen tätig war. Im Prager Restaurant »Opera Grill« hatten wir nach Drehschluss beim Abendessen ein berührendes Erlebnis. Wie so oft, wenn der große Mann mit dem schlohweißen Haar ein Lokal betrat, applaudierten die Gäste spontan. Der Pianist unterbrach seine Musik, spielte eine andere Melodie, und Hörbiger rannen plötzlich dicke Tränen über die Wangen. Als das Lied verklungen war, stand er auf und umarmte den Klavierspieler.

Was war geschehen? Der Musiker Arnošt Vrána hatte jenes tschechische Volkslied »Ta naše písnička česká« von Karel Hašler intoniert, das 1940 Anlass für Hörbigers erste Verhaftung durch die Gestapo gewesen war. Er hatte es damals, ebenfalls in Prag, öffentlich gesungen, obwohl das Lied von den Nazis infolge der jüdischen Herkunft des Komponisten verboten war. Und jetzt, vierzig Jahre später, spielte derselbe Pianist, als er Hörbiger erkannte, dieses Lied noch einmal. Und beide lagen einander weinend in den Armen.

Paul Hörbiger wurde nach Erscheinen seiner Memoiren auch in deutsche »Talkshows« (die damals freilich noch nicht so hießen) eingeladen, in denen er aus seinem Leben erzählte. Infolge seines hohen Alters wurde er auf seinen Reisen in die Studios – ob nach Berlin, Mainz oder München – von Mitarbeitern des Langen Müller Verlages begleitet, manchmal auch von mir.

So war ich dabei, als er am 1. Juli 1980 im Bayerischen Rundfunk in Robert Lembkes heiterem Beruferaten »Was bin ich?« als Ehrengast auftrat. Wie erinnerlich, musste das Rateteam am Ende jeder Sendung mit verbundenen Augen den Namen einer prominenten Persönlichkeit herausfinden. Doch unmittelbar vor Beginn der Aufzeichnung passierte es: In der Garderobe kamen uns, wohl infolge eines Missgeschicks, Anette von Aretin, Hans Sachs, Guido Baumann und Marianne Koch entgegen und begrüßten Paul Hörbiger, dessen Namen sie kurz danach »erraten« sollten, freundlich. Geholfen hat die unvorhergesehene Begegnung nicht viel. Zwar tippte das Rateteam, was nicht weiter verwunderlich war, vorerst richtig auf »einen Schauspieler aus Wien«. Doch als Robert Lembke zur nächsten Frage überleitete, vermutete Guido Baumann: »Attila Hörbiger«.

»SCHWEJK« UND »KÖPENICK«

Auf einen Kaffee mit Heinz Rühmann

Für die Verfilmung der Paul-Hörbiger-Memoiren ließen Regisseur Erwin Fischer und ich auch einige Schauspielkollegen zu Wort kommen, wobei die für mich berührendste Begegnung die mit Heinz Rühmann in München war. Der große, sonst kamerascheue Künstler erklärte sich sofort bereit, über seinen Wiener Freund und Filmpartner zu sprechen. Zierlich und bescheiden kam er uns in den Münchner Bavaria-Studios entgegen. Rühmann verlangte kein Honorar, ORF und ZDF mussten sich nur verpflichten, ihm einen Friseur zur Verfügung zu stellen, der sein Toupet für den Auftritt in Ordnung brachte.

Paul Hörbiger schätzte er besonders als Wienerlied-Interpreten. »Zuletzt sah und hörte ich ihn«, sagte Rühmann, »wie er in einer Fernsehsendung das Fiakerlied sang. Ich habe das Fiakerlied in meinem Leben schon sehr oft gehört, aber so schön und ergreifend wie Paul mit seinen 84 Jahren die letzte Strophe gesungen hat, habe ich es nie gehört und werde es wohl auch nie wieder hören.«

Nach den Dreharbeiten saßen wir noch eine Weile in der Kantine bei einer Schale Kaffee beisammen und kamen auf Rühmanns Filme zu sprechen, wobei er meinte, dass ihm der »Schwejk« der liebste sei, »und zwar deshalb, weil das mein schwierigster Film war. Wir drehten in Wien, und dort laufen die echten Schwejks nur so 'rum. Sie können alle perfekt böhmakeln, während ich es mir erst schwer erarbeiten musste.«

»In Wien laufen die echten Schwejks nur so 'rum«: Heinz Rühmann

Auch zum »Hauptmann von Köpenick« hatte Rühmann ein besonderes Verhältnis. »Ursprünglich sollten Curd Jürgens oder Hans Albers diese Rolle spielen«, verriet er, »mich hat man vorerst abgelehnt. Dann hat man mich doch genommen und einige Monate danach wurde ich mit dem Köpenick in San Francisco zum Schauspieler des Jahres gewählt ... Das sind schon schöne Erinnerungen.«

Übrigens auch für den Berichterstatter.

DER SCHATZ, DEN KEINER KANNTE

Hans Mosers Nachlass

Die Paul-Hörbiger-Biografie war infolge der einzigartigen Popularität des Schauspielers ein großer Erfolg. Nun war mein erstes Buch erschienen, und die Verlagsgruppe Langen Müller Herbig Amalthea bot mir an, ein weiteres zu schreiben. Das Thema ergab sich wie von selbst: 1980 wäre Hörbigers kongenialer Filmpartner Hans Moser hundert Jahre alt geworden. Ich hatte das Glück, noch viele Zeitzeugen für die Moser-Biografie befragen zu können.

Allen voran Paul Hörbiger, der mir von den Extempores erzählte, mit denen sie ihre Filmrollen bis zur Unkenntlichkeit veränderten, aber auch von der tiefen Menschlichkeit, die Moser außerhalb des Studios zeigte, und er erzählte mir Anekdoten des als sparsam bekannten großen Nuschlers, wie diese etwa: »Jemand hatte während der Premierenfeier eines Moser-Films beobachtet, dass der Hauptdarsteller schon zum dritten Mal das gratis zur Verfügung stehende Buffet stürmte. Seine Kollegin Marte Harell sprach ihn offen darauf an: ›Sag, Hans, ist es dir nicht peinlich, dreimal Essen zu holen?‹

Darauf Moser: ›Überhaupt nicht! Ich sag den Leuten jedes Mal, ich hol's für die Frau Harell!‹«

Als wir bei Heinz Rühmann gedreht hatten, befragte ich natürlich auch diesen über Moser, mit dem er in einer ganzen Reihe von Filmen gemeinsam gewirkt hatte. »Wir haben uns wunderbar verstanden, der Hans und ich. Dass wir befreundet waren, kann man nicht sagen. Eine echte Freundschaft, das lag uns vielleicht beiden nicht so sehr. Und außerdem ist er ja, kaum waren die Dreharbeiten zu Ende, immer gleich nach Haus zu seiner Blanca gelaufen.«

Neun Jahre nachdem die Moser-Biografie unter dem Titel »Ich trag im Herzen drin ein Stück vom alten Wien« erschienen war, kam Hans Moser noch einmal auf mich zu. Im Herbst 1989 wurde nämlich, ohne dass irgendjemand bis dahin von dessen Existenz wusste, der künstlerische Nachlass des Volksschauspielers entdeckt. Und mir wurde die Ehre zuteil, mit seiner Veröffentlichung betraut zu werden.

Im Herbst 1989 wurde Hans Mosers künstlerischer Nachlass entdeckt: Foto aus dem Film »Ober zahlen!«

Hans Moser war am 19. Juni 1964 im Alter von 83 Jahren gestorben, seine Witwe überlebte ihn um zehn Jahre. Seit ihrer Hochzeit im Jahre 1911 hatte Blanca Moser alles gesammelt, das ihn betraf: Tausende Bühnen-, Film- und Privatfotos, Briefe, Rollenbücher und Manuskripte – darunter auch seine Originalhandschrift des berühmten »Dienstmann«-Sketches aus dem Jahre 1923 –, die Programmhefte seiner langen Karriere, Filmplakate und Theaterzettel. Blanca Moser behielt aber auch die Verträge und Abrechnungen seiner Film- und Bühnenengagements, ebenso wie Reisepapiere, Bahn- und Flugbillets, ein Arztrezept von 1928 und sogar ein »Polizeiliches Führungszeugnis«, das Hans Moser attestierte, »weder Bettler noch Mitglied einer nationalsozialistischen Organisation« gewesen zu sein.

Nach dem Tod der Witwe Moser am 20. Mai 1974 im Wiener Pensionistenheim »Föhrenhof« fand man den umfangreichen Schatz in ihrem Appartement, wobei der Großteil des Nachlasses vollkommen ungeordnet war. Als ich ihn das erste Mal besichtigen konnte, fielen mir etwa der 1931 abgeschlossene Kaufvertrag der Moser-Villa in der Hietzinger Auhofstraße in die Hände (Kaufsumme 100 000 Schilling), weiters Mosers Burgtheatervertrag (17 000 Schilling brutto pro Monat) und mehrere Honorarnoten seiner Film-Engagements (für »Hallo Dienstmann« erhielt er 1951 als Gage 200 000 Schilling).

Das Ehepaar Moser besaß neben der Hietzinger Villa auch mehrere Zinshäuser, darunter eines in der Hahngasse 22 auf dem Wiener Alsergrund. Vorerst wusste man nicht recht, wohin mit den in sechs Jahrzehnten angesammelten zahllosen Fotos und Schriftstücken, denn das Appartement im »Föhrenhof« musste geräumt werden. Bald kam man auf die Idee, die Unikate in Kisten zu verpacken und in eine leer stehende Moser-Wohnung in der Hahngasse zu bringen. Dort lagerten die Bilder und Dokumente wieder jahrelang, vollkommen ungenützt.

Erst 1988 trat eine glückliche Wendung ein. Zwar war zu diesem Zeitpunkt ein Erbrechtsstreit zwischen der »Hans-und Blanca-Moser-Stiftung zur Unterstützung alter, alleinstehender Menschen« und der Tochter des Ehepaares noch immer nicht beendet, doch stand durch Gerichtsentscheid bereits fest, dass die »Stiftung« Erbe des Nachlasses und damit der aufgefundenen Dokumente war.

Die Vertreter der »Stiftung« boten Mosers Originalfotos und Handschriften der Stadt Wien zum Kauf an. Die Wiener Stadt- und Landesbibliothek* – in der sich auch die Nachlässe von Franz Grillparzer, Ferdinand Raimund, Johann Nestroy, Karl Kraus und Helmut Qualtinger befinden – erwarb dieses wertvolle Stück österreichischer Theater- und Filmgeschichte und schlug mir als Moser-Biografen vor, den unvergleichlichen Schatz aus dem Archiv des bedeutendsten österreichischen Komödianten in Buchform zu veröffentlichen. So konnte ich, 25 Jahre nach dem Tod des Schauspielers, den Bild- und Dokumentationsband »Hans Moser. Der Nachlass« herausgeben.

Da lagen sie also vor mir, die riesigen, prall gefüllten schwarzen Kartons, und ich konnte nicht fassen, was Österreichs großer Volksschauspieler neben seinen Filmen noch alles hinterlassen hatte. »Wie nehm' ma'n denn« stand da in verwinkelter Kurrentschrift auf einem

---

* Heute: Wien Bibliothek.

vergilbten Blatt Papier – zwischen Filmplakaten und alten Rechnungen steckte Mosers eigenhändig verfasstes Manuskript des »Dienstmannes«, der berühmten Szene, die er sich selbst auf den Leib geschrieben hatte.

In einer anderen Kiste fand ich einen dramatischen (damals noch unbekannten) Brief an Hitler, in dem Moser in verzweifelten Worten für seine jüdische Frau intervenierte und den »Führer« anflehte, in ihrem Fall »die für Juden geltenden Sonderbestimmungen gnadenweise zu erlassen«. Doch Hitler kannte kein Erbarmen – Blanca Moser musste flüchten und lebte mehrere Jahre von ihrem Mann getrennt in Budapest, zuletzt als »U-Boot«.

Hans Mosers Leben stellte sich mir anhand von Abertausenden Bildern und Dokumenten dar. Vor allem erstaunte, wie lange es gedauert hat, bis man die wahre Größe dieses Mannes erkannt hatte. Es war ein schmerzlicher Weg, der ihn erst in reifen Jahren zum Erfolg und damit zu den Rollen führte, die er so unnachahmlich spielte.

Als seine Frau nach dem Krieg aus der Emigration heimkehrte, schien das Glück perfekt, nur Tochter Gretl lebte – das beeinträchtigte die Idylle – in Südamerika. Sie hatte sich mit ihrer Mutter total zerstritten und wurde von ihr, nach Hans Mosers Tod, enterbt. Wie groß der Hass auf die Mutter war, zeigt ein Brief, den mir Grete Hasdeu im April 1980, als ich an meinem ersten Moser-Buch schrieb, aus Buenos Aires schickte: »Ihn habe ich sehr geliebt. Schade, dass Männer nicht ohne Frauen Kinder bekommen können.«

```
Ihn habe ich sehr geliebt. Schade, daß Männer
nicht ohne Frauen Kinder bekommen können.
```

lid herz liche Grüße

Grete Hasdeu

```
                    Gretl Hasdeu geb. Moser
                    Buenos Aires, 12. April 1980
```

Unglaubliche Aussage: aus einem Brief, in dem Gretl Hasdeu das Verhältnis zu ihren verstorbenen Eltern Blanca und Hans Moser schilderte

Grete Hasdeu hatte viele Jahre in ärmlichen Verhältnissen in Argentinien leben müssen. Nach einem jahrzehntelang in Österreich geführten Gerichtsstreit wurde ihr endlich der Pflichtteil – rund zwölf Millionen Schilling – nach dem Erbe ihres Vaters zuerkannt. Doch sie konnte sich der Hinterlassenschaft nicht mehr erfreuen, da sie kurz nach dem Ende der endlosen Prozessflut starb.

Ägyptens Präsident Anwar as-Sadat und der Wiener Stadtrat Heinz Nittel fielen 1981 Mordanschlägen zum Opfer. Schwer verletzt wurden bei Attentaten Papst Johannes Paul II. und der neue US-Präsident Ronald Reagan. François Mitterrand wurde französischer Staatspräsident. Der Österreicher Elias Canetti erhielt den Literaturnobelpreis. Wiens Donauinsel wurde als Erholungsareal eröffnet. In ganz Europa nahmen Millionen Menschen an Kundgebungen für Frieden, Umweltschutz und gegen Atomkraft teil. Hubert Neuper gewann die Vierschanzentournee. Die Schauspielerin Natalie Wood ertrank bei einem Bootsausflug. Als man Ex-Verteidigungsminister Karl Lütgendorf in seinem Auto tot auffand, gingen die Behörden von Selbstmord aus. Es starben der Boxer Joe Louis, die Schauspieler William Holden, Zarah Leander, Rudolf Prack, Paul Hörbiger und der Dirigent Karl Böhm.

Der Tod eines Ehepaares

Karl und Thea Böhm

Nur acht Wochen nach Karl Böhm starb seine Frau Thea. War das Zusammenfallen der beiden Todesfälle Schicksal, Zufall oder schien der Witwe ein Weiterleben ohne den geliebten Partner nicht erträglich? Als ich zu einem späteren Zeitpunkt Gelegenheit dazu hatte, fragte ich Karlheinz Böhm, den Sohn des Ehepaares, wie er sich erklären könne, dass seine Eltern so knapp hintereinander gestorben seien.

»Ja, diese Frage habe ich mir oft gestellt«, sagte der Schauspieler,

»und ich habe mich mit diesem Phänomen intensiv auseinandergesetzt. Wie konnte es passieren, dass meine bis dahin gesunde Mutter unmittelbar nach meinem Vater starb? Sie hatte zwanzig Jahre davor eine Krebsoperation überstanden und war danach vollkommen genesen. Als es im Sommer 1981 mit meinem Vater zu Ende ging, klagte sie plötzlich über Schmerzen.«

Karl Böhm starb am 14. August, seine Frau am 10. Oktober 1981 – und das nach 53 Ehejahren. Der Sohn »konsultierte mehrere Ärzte und Psychologen, um eine Antwort zu finden. Die Experten erklärten mir, dass die Abwehrmechanismen im Körper eines Menschen als Folge der Trauer im Extremfall vollends dahinschwinden können. So muss es wohl bei meiner Mutter gewesen sein. Sie hat ihren Mann so sehr geliebt, dass sie ohne ihn nicht weiterleben konnte.«

Karl Böhm war 86, seine Frau Thea 78 Jahre alt geworden.

DOMINGO ENTSCHULDIGT SICH ...

... für seinen Auftritt

Es war bei den Salzburger Festspielen 1981, ich hatte mit viel Mühe zwei Karten ergattert. Mit wie viel Mühe, kann man sich vorstellen, wenn man weiß, dass Placido Domingo die Titelpartie in »Hoffmanns Erzählungen« gab. Die lange davor reservierten Karten wurden an der Hotelrezeption hinterlegt, waren aber, als ich sie abholen wollte, nicht da. Es war, wie mir später klar wurde, naiv anzunehmen, dass Karten für eine Domingo-Aufführung nicht »verloren« gehen würden. Jemand hatte sich die heiß begehrten Tickets unter den Nagel gerissen.

Wir waren eigens von Wien nach Salzburg gereist, hatten bereits Abendkleidung angelegt, standen aber ohne Karten da. In meiner Niedergeschlagenheit rief ich einen befreundeten Kammersänger an, der uns der Obhut eines Inspizienten überließ. Dieser schleuste uns auf dunklen Pfaden durch das Große Festspielhaus und wies uns zwei Sitzplätze zu. Es war vollkommen finster, und wir sahen nicht, wo wir uns befanden.

Nach einigen Minuten der Gewöhnung an die totale Dunkelheit erspähte ich links vor mir einen schmalen Lichtspalt, der das untere Ende eines geschlossenen Vorhangs erkennen ließ. »Ich glaube«, sagte ich zu meiner Frau, »wir sitzen auf der Bühne.« Es dauerte nicht lange, bis sich mein Verdacht bestätigte. Denn als plötzlich das Licht anging, hatten wir die Gewissheit, uns auf der Seitenbühne zu befinden. Wäre ich mit meinem Sessel nur ein paar Zentimeter nach vorne gerutscht, hätte ich schon »mitgespielt«.

Noch ehe die Vorstellung begonnen hatte, kam ein zweiter Inspizient und erklärte, dass wir während der Aufführung auf den beiden Notsesseln verbleiben könnten, dass ich aber am Beginn des dritten Akts kurz aufstehen müsste, weil er dann auf einem der beiden Sitze ein Trinkglas deponieren würde, das für Herrn Domingo bestimmt sei, der an dieser Stelle immer einen Schluck Wasser zu sich nehme.

Wir erlebten von der Seitenbühne aus eine hinreißende Vorstellung. Dann kam der dritte Akt. Hinter mir tauchte der Star auf. Ich war, wie man es von mir verlangt hatte, aufgestanden, und auf meinem Sessel stand ein Glas Wasser. Herr Domingo grüßte höflich, nippte kurz, stellte das Glas beiseite und flüsterte mir zu: »Entschuldigen Sie vielmals!« Dann enteilte er in Richtung Bühne.

Placido Domingo hatte sich bei mir entschuldigt, weil er auftreten musste! Dass er zu den größten Sängern unserer Zeit zählt, hatte ich lange vor dieser Vorstellung gewusst. Dass er ein Mensch ohne jegliche Allüren ist, erfuhr ich an diesem Abend.

DER MANN MIT DEN TAUSEND GESICHTERN

Parodien für Heinz Holecek

Der im vorigen Kapitel erwähnte Kammersänger war Heinz Holecek, mit dem ich, ebenso wie mit seiner Frau Bärbel, seit einigen Jahren schon bekannt und befreundet war. Sein gesangliches und sein komödiantisches Talent waren früh, als Papageno in der »Zauberflöte«, entdeckt worden. Später gab er an der Wiener Staatsoper auch den Leporello, den Bartolo, den Gianni Schicchi und viele andere Partien. Unschlagbar war das Universaltalent aber auch als Parodist. Und das Fernsehen wusste diese Begabung viele Jahre lang zu nützen.

»Honzo«, wie alle Welt ihn nannte, hatte schon einige Sendungen mit dem Titel »Fremde Federn« aufgenommen, war aber mit den Drehbüchern nicht immer glücklich. Und so fragte er mich eines Tages, ob ich Lust hätte, für ihn Parodiensendungen zu schreiben.

Damit ging es bei mir jetzt doch noch ein Stück in Richtung Kabarett. Also lieferte ich über viele Jahre die Texte, die »der Mann mit den tausend Gesichtern« in unzähligen Masken in grandioser Weise umsetzte: als Luciano Pavarotti, Frank Sinatra, als »Inspektor Columbo« Peter Falk, Bruno Kreisky, Hugo Portisch, Günther Nenning, Helmut Zilk, Otto Koenig, Peter Alexander, Fritz Eckhardt, Harald Juhnke, Marcel Prawy u. v. a.

Die Identität einer anderen Person anzunehmen, bedarf intensiver Vorbereitungen. Heinz studierte, sobald ich den Text verfasst hatte, im Schnitt acht Stunden auf Videozuspielungen Charakter und Eigentümlichkeiten der zu parodierenden Persönlichkeiten, er konzentrierte sich auf Stimme, Tonfall, jede Bewegung und selbst die winzigste Geste. In den Tagen vor der Aufzeichnung ging und sprach er dann rund um die Uhr wie seine »Opfer«. Er vertiefte sich so lange in eine Figur, bis man ihn von dieser nicht unterscheiden konnte. War dieses Stadium erreicht, ging er in die Maske, wo sein Gesicht von erfahrenen Schminkmeistern mit Silikon, Latex und anderen Materialien drei bis vier Stunden lang bearbeitet wurde.

Heinz Holeceks auf diesem Gebiet grenzenlose Ausdauer und Geduld machten sich bezahlt. Ich war selbst dabei, wie er einmal während einer Drehpause – als »Opernführer« geschminkt – die weitläufigen Gänge des ORF-Zentrums am Küniglberg durchquerte und von allen Seiten als »Doktor Prawy« begrüßt wurde. Der Knalleffekt trat aber erst ein, als der echte Prawy des Weges kam und seinem Spiegelbild gegenüberstand. Alle lachten herzhaft darüber, zweimal Prawy erleben zu dürfen.

Die Prawy-Parodie führte zu einer weiteren skurrilen Situation. Forscher aus aller Welt trafen zu einem Musiksymposion in Salzburg zusammen. Zum Ausklang des Kongresses wurde den Experten die

Anwesenheit des berühmten »Opernführers« Marcel Prawy angekündigt. Einer der Veranstalter trat am letzten Tag ans Podium und kündigte an, dass die Gäste zur Einstimmung erfahren sollten, in welch einzigartiger Weise Herr Prawy den Österreichern durch seine Fernsehsendungen die Welt der Oper erklärte. Deshalb sollte zuerst das Videoband einer Prawy-Sendung vorgeführt werden. Und danach würde man – zur Zerstreuung der Gäste und ebenfalls auf Video – eine Parodie des nicht minder berühmten Kammersängers Heinz Holecek auf den Dr. Prawy zeigen.

Der Redner verließ das Podium, und ein Techniker legte Videoband Nr. 1 ein.

Leider hatte dieser die angekündigte Reihenfolge missachtet. Also lief zuerst Heinz Holeceks von mir geschriebene Parodie. Und erst dann wurde das Band mit dem echten Marcel Prawy eingelegt.

Die aus Japan, Amerika, aus China, Taiwan und anderen fernen Ländern angereisten Musikforscher schauten interessiert zu. Zuerst dem Heinz Holecek, bei dessen Darbietung sie keine Miene verzogen. Und danach dem Doktor Prawy. Ein kleines Kichern da und dort, dann ein Lächeln und ein heftigeres Lachen. Zu guter Letzt

Zweimal Marcel Prawy: Heinz Holecek in Maske (links) und das Original

brüllten die Leute lauthals und klopften sich vor Begeisterung auf die Schenkel.

Dieser Prawy, dachten sie, kann diesen Holecek wirklich gut nachahmen. Es war die kuriose Situation eingetreten, dass die Zuseher – die ja weder den einen noch den anderen kannten – Holecek für den »Opernführer« und Prawy für dessen Imitator hielten.

Kaum einer von ihnen verstand auch nur ein Wort von dem, was hier gesprochen wurde, doch sie erkannten, dass der Letztere dem Ersteren in Aussehen, Sprache und Gestik sehr ähnlich war.

Professor Marcel Prawy, fanden sie, ist ein prachtvoller Parodist des Heinz Holecek.

Zu »Honzos« Meisterleistungen zählte seine Parodie auf Marcel Reich-Ranicki. Ich schlug vor, den Literaturpapst das Amtliche Wiener Telefonbuch rezensieren zu lassen. Seine Stimme, sein Akzent, jede Bewegung und die Maske waren perfekt, Honzo saß als Reich-Ranicki in der Kulisse des »Literarischen Quartetts« und nörgelte über das Telefonbuch. Hier ein kurzer Auszug aus meinem Text:

»Nun, meine Damen und Herren, so begrüßenswert die Herausgabe eines Telefonbuches auch sein mag, so mangelhaft ist die Durchführung. Hier wird praktisch nichts erzählt. Ich habe noch nie ein Werk in Händen gehalten, das auf 4532 Seiten so wenig Literatur zu bieten hat … Wer ist überhaupt der Autor dieses Buches? Warum wird uns sein Name verschwiegen? Es gehört zur Perfidie dieses an und für sich talentierten Schriftstellers, dass er sich hinter seiner Anonymität verbirgt. Aber wir wollen nicht ungerecht sein. Es gibt eine Idee, eine einzige Idee in diesen vier Bänden. Wir finden sie im Band I–K, Seite 341, erste Spalte. Hier steht es: ›Krankenkasse, Wiener Gebiets-‹. Das ist schon von der Wortstellung her sehr modern, interessant, großartig. Diese Institution, diese ›Krankenkasse, Wiener Gebiets-‹ verfügt über eine ganze Reihe wirklich origineller Rufnummern. So zum Beispiel 601 22 0. Das macht die Geschichte spannend, da zeigt der Autor, dass er Phantasie hat … Doch das ist die rühmliche Ausnahme in diesem Werk, das ich ansonsten für künstlerisch unerheblich halte … Aber bitte, ich

»So begrüßenswert die Herausgabe eines Telefonbuches auch sein mag«: Heinz Holecek in der Maske des Literaturpapstes Marcel Reich-Ranicki

habe sogar Verständnis für die mangelnde Sensibilität des Autors. Man kann ja gar nicht wirklich sensibel und kreativ sein, wenn man pragmatisierter Beamter des österreichischen Staates ist – Grillparzer vielleicht ausgenommen …«

Der Mann mit den vierzehn Berufen

Peter Ustinov im Interview

Meist kam ein Stargast in die Holecek-Shows, im Frühjahr 1981 war es Peter Ustinov. Der Weltstar war natürlich mit den handelsüblichen Gagen, die der ORF zu zahlen in der Lage ist, nicht zu ködern, also verzichtete Ustinov »als Kompromiss« auf jegliches Honorar, was dem ORF klarerweise sehr recht war. Im Gegenzug war Ustinov allerdings nicht bereit, auch nur eine Zeile Text zu lernen. »We will do it somehow«, sagte er und ging mit »Honzo« ins Studio, um mit ihm eine vortreffliche Blödelei zu improvisieren. Kein Wort war vereinbart, es gab weder Absprache noch Probe, aber die beiden lieferten eine köstliche Opernparodie und starben zu guter letzt Hand in Hand den typischen Operntod.

Ich nützte das Treffen mit Ustinov für ein Interview. Und das sah so aus:

»Herr Ustinov, was sind Sie eigentlich von Beruf?«

»Ich bin Engländer und gehöre mit meinen Berufen vierzehn Gewerkschaften an. Ich weiß also gar nicht, ob ich gerade streike oder ob ich arbeiten darf.«

»Könnten Sie die vierzehn Berufe, in denen Sie tätig sind, näher definieren?«

»Ja gerne. Ich bin Dramatiker, Schauspieler, Film-, Opern- und Theaterregisseur, Romancier, Journalist, Showmaster, bildender Künstler. Warten Sie, was bin ich noch, ach ja, Jurist, Weinbauer, Fotograf, Musiker …«

»Sagen Sie mir lieber, was Sie nicht können, das lässt sich einfacher schreiben.«

»Ich kann kein Wirtschaftsforscher sein.«

»Das ist alles? Wie wären Sie als Arzt?«

»Sehr gut. Außer Chirurg. Ich kann kein Blut sehen.«

»Sonst können Sie alles?«

»In den täglichen Dingen des Lebens bin ich ungeschickt. Ich kaufe einen Wecker, stelle ihn aufs Nachtkästchen, und er kocht Eier. Weil ich die Anleitung nicht lesen kann. Mir wird bei dieser Art von Literatur übel.«

»Als Handwerker sind Sie also ungeeignet?«

»Sagen Sie das nicht. Mein Auto ist kaputt – ich öffne die Motorhaube, und es geht schon wieder.«

»Wie steht's mit Ihrer Arbeit fürs Fernsehen?«

»Gefällt mir sehr gut. Ich bin auch ein begeisterter Fernsehteilnehmer. Ich drehe beispielsweise die Nachrichten auf, da kündigt der Sprecher an: ›Der Papst ist auf Welttournee.‹ Dazu wird das Bild von einem Pferderennen eingeblendet, plötzlich läutet am Tisch des Moderators das Telefon, eine Stimme sagt: ›Falsch verbunden.‹ Und dann kommt ein Interview mit Lech Wałesa, der mit dem Insert ›Kurt Waldheim, österreichischer Bundeskanzler‹ vorgestellt wird. Ich liebe es, vom Fernsehen umfassend informiert zu werden.«

»Daneben haben Sie noch Zeit für Ihre vielen Berufe? Wie schaffen Sie das? Sie können doch nicht ununterbrochen streiken?«

»Ich weiß gar nicht, ob ich gerade streike oder arbeiten darf«: mit Peter Ustinov, 1981

»Ich tu nur so, als ob ich fleißig wär. Das ist auch anstrengend. Aber ich finde alles sehr interessant. Allerdings erst, seit ich die Schule verlassen habe. Bis dahin fand ich gar nichts interessant.«

»Kann man das als Kritik am britischen Schulsystem verstehen?«

»Ganz im Gegenteil. Die britische Schulausbildung ist die beste der Welt. Falls man sie überlebt.«

Der letzte Auftritt seines Lebens

Eine Autofahrt mit Curd Jürgens

Die Leser der österreichischen Zeitschrift »Hörzu« vergaben in jenen Jahren – wie die der deutschen Ausgabe – eine eigene »Goldene Kamera«. 1982 erhielt sie Curd Jürgens. Für jeden Preisträger wurde ein Redakteur abgestellt, der sich um den jeweiligen Ehrengast zu kümmern hatte. Mir kam in diesem Jahr die Aufgabe zu, mich um Curd Jürgens zu kümmern.

Als ich ihn am 29. März 1982 vom Flughafen Schwechat abholte, erwartete ich den kraftvollen »normannischen Kleiderschrank«. Doch mir kam ein Mann im Rollstuhl entgegen. Die langen Beine baumelten herunter. Die Schultern schmal, das Gesicht eingefallen. Curd Jürgens war alt. Aber nicht mehr der Alte.

Mühsam erhob er sich aus dem Rollstuhl und stieg in meinen Wagen ein, an seiner Seite seine Frau Margie. Wir fuhren zu seinem Haus nach Enzesfeld. Unterwegs erzählte er, dass er im Garten seines Chalets in Gstaad ausgerutscht war und sich dabei den Fuß verletzt hatte. Aber ich erkannte, dass das nicht alles war. Nur ein Wunder konnte diesen Mann retten.

Doch das Wunder trat nicht ein. Curd Jürgens starb am 18. Juni 1982 in der Wiener Rudolfstiftung. Herzversagen mit 66 Jahren. »Die Sünden eines ganzen Lebens«, war der Kommentar seines Arztes Anton Neumayr. Curd Jürgens wusste, dass die Intensität seines Lebens zu einem frühen Ende führen würde. Aber er konnte nicht

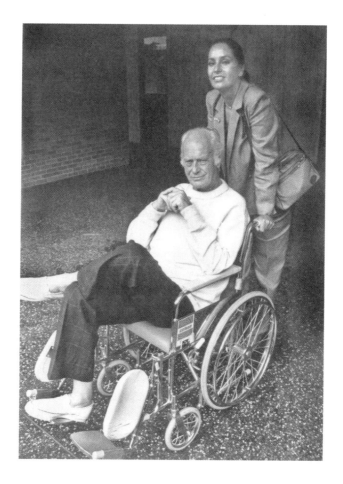

Ankunft im Rollstuhl: Curd Jürgens mit Ehefrau Margie in seinem letzten Lebensjahr, 1982

anders, genoss jedes Glas Whisky und jede Zigarette bis zuletzt in vollen Zügen, obwohl sein Leben nach einer schweren Herzoperation an einem seidenen Faden hing.

»Ich bin viel zu selten in Wien«, sagte er während der Autofahrt mit schwacher Stimme und ließ die niederösterreichischen Ortschaften, die wir passierten, an sich vorüberziehen. Er wollte über den neuen Tratsch aus Wien informiert werden. Erzählte von künftigen Filmprojekten und dass er noch ein Buch schreiben wollte, sein drittes.

Ende der Autofahrt, Enzesfeld. Curd Jürgens stieg aus. Margie stützte ihn. Vier Tage später: das Fest der »Goldenen Kamera« im Palais Pallavicini. Er blieb bis nach Mitternacht, bestellte ein Glas Whisky oder zwei, rauchte wie eh und je. Genoss es, im Mittelpunkt zu stehen. »Das war ein Erlebnis, ein wirklich schöner Abend«, sagte er.

Es war der letzte Auftritt seines Lebens.

1982 starben auch die Schauspieler Romy Schneider, Henry Fonda, Ingrid Bergman, Dieter Borsche, Hermann Thimig und Maxi Böhm, Opernstar Maria Jeritza, der Pianist Arthur Rubinstein, die Regisseure Lee Strasberg und Rainer Werner Fassbinder sowie Kremlchef Leonid Breschnjew. Fürstin Gracia Patricia kam bei einem Autounfall ums Leben. Ex-Kaiserin Zita durfte – ohne auf ihren Thronanspruch zu verzichten – nach Österreich einreisen. 1,3 Millionen Österreicher unterschrieben ein Volksbegehren gegen die Errichtung eines Konferenzzentrums in der UNO-City – es wurde dennoch gebaut. István Szabós Film »Mephisto« mit Klaus Maria Brandauer erhielt den Oscar für den besten fremdsprachigen Film. In Österreich wurde das erste Retortenbaby geboren. Helmut Kohl trat nach Platzen der sozialliberalen Koalition die Nachfolge von Helmut Schmidt als deutscher Bundeskanzler an.

»HIERMIT ERKLÄRE ICH AN EIDES STATT«

Des Kaisers geheime Ehe

Als ich 1982 daranging, eine Katharina-Schratt-Biografie zu schreiben, konnte ich noch etliche Zeitzeugen treffen, die der Hofschauspielerin begegnet waren, allen voran ihrer damals neunzigjährigen Nichte Katharina Hryntschak geb. Schratt, die viele Jahre mit ihrer Tante in gemeinsamem Haushalt gelebt und deren Alltag als Seelenfreundin des Kaisers aus nächster Nähe beobachtet hatte. »Nur wenige Menschen werden verstehen, warum Kaiser Franz Joseph meine Tante zu seiner engsten Vertrauten erwählt hat«, begannen die Erzählungen der Nichte. »Es war in erster Linie wohl ihre wunderbare Gabe, ihm in legerem Plauderton zu berichten, was draußen in der Welt, am Theater, in der Wiener Gesellschaft oder ›im Volk‹ vor sich ging. Der Kaiser war an jeder Form von Tratsch interessiert. Zudem hatte sie einen köstlichen Humor. Seine Majestät konnte nur bei ihr lachen. Der Mann, der von früh bis spät Unangenehmes über sich ergehen lassen musste, fand bei ihr Stunden des Ausgleichs. Die Tante Kathi war für ihn das Fenster, durch das er in die Welt hinausschauen konnte.«

Ich hatte in dem Schratt-Buch aber auch mit einer kleinen Sensation aufzuwarten. Gerade in den Tagen, als ich mich mit der Freundin des Kaisers näher zu beschäftigen begann, sprach mich bei einer Veranstaltung der bekannte Politologe Norbert Leser an und erzählte mir, dass er vor Jahren schon von seinem Lehrer August Maria Knoll eine Information erhalten hätte, die mich interessieren könnte. Knoll – ein prominenter Sozialreformer und in der Ersten Republik Privatsekretär des Bundeskanzlers Ignaz Seipel – hatte Norbert Leser mitgeteilt, dass er 1934 Trauzeuge einer »Gewissenshochzeit«[*] gewesen sei, die im Erzbischöflichen Palais zu Wien geschlossen wurde.

---

[*] Die Gewissensehe (matrimonium conscientiae) ist laut katholischem Kirchenrecht »die Ehe, die wohl in der ordentlichen Form, aber ohne Verkündigung geschlossen und geheim gehalten wird«.

Der Wiener Medizinstudent Otto Wagner – er wurde später Primarius des St.-Josef-Spitals – heiratete damals Edeltraut Dobrucka-Dobruty-Doliwa, eine Tochter polnischer Aristokraten. Beider Eltern durften von der Eheschließung nichts erfahren, da Otto Wagner sein Studium noch nicht abgeschlossen hatte. In der damaligen Zeit galt man in streng konservativen Familien in solchen Fällen als noch nicht »reif« für die Ehe.

Die geheim gehaltene Hochzeit zwischen Otto Wagner und Edeltraut Dobrucka fand am 30. Juni 1934 in der Andreaskapelle des Erzbischöflichen Palais statt. Bevor der Priester die Trauung vornahm, legte er das Trauungsbuch auf den Tisch der Sakristei, in das Gewissensehen eingetragen wurden. Dann verließ der Priester für einige Minuten den Raum. Die drei Anwesenden – das Brautpaar und der Trauzeuge – sahen sich das Buch an und entdeckten eine aufsehenerregende Eintragung. Hier stand schwarz auf weiß, worüber man in Österreich seit Jahrzehnten gemunkelt hatte, was aber niemand beweisen konnte: Kaiser Franz Joseph und Katharina Schratt waren verheiratet. Die Eintragung mit den eigenhändigen Unterschriften lautete auf die Namen »Franz Joseph von Habsburg-Lothringen und Katharina Kiss de Ittebe, geb. Schratt«.

Die Gewissensehe wird »vor Gott geschlossen, nicht jedoch vor der Menschheit«, war in der damaligen Zeit jedoch voll rechtsgültig. Der Eintrag einer solchen Ehe hat in einem besonderen, im Geheimarchiv der bischöflichen Kurie aufbewahrten Buch stattzufinden. Und da es äußerst selten zu Gewissenshochzeiten kommt, ist es glaubhaft, dass die letzte Eintragung vor der des Jahres 1934 noch in der Monarchie datierte.

Das Buch lag also am 30. Juni 1934 aufgeschlagen vor Otto Wagner, Edeltraut Dobrucka und dem Trauzeugen August Maria Knoll. Sie konnten die Eintragung – jeder für sich und unabhängig voneinander, wie sie später mehrfach bezeugten – klar und deutlich lesen.

Alle drei Zeugen dieser Eintragung waren zu dem Zeitpunkt, als ich das Schratt-Buch schrieb, bereits tot. Doch sie hatten zu ihren Lebzeiten gegenüber mehreren, ihnen nahe stehenden Personen von ihrer Beobachtung berichtet: August Maria Knoll seinen Söhnen Reinhold, Norbert und Wolfgang und seinem Schüler Norbert Leser,

114

der mir gegenüber erklärte: »Für mich gibt es an der Glaubwürdigkeit der Angaben meines Lehrers August Maria Knoll keine Zweifel, es sind ihm aus dieser Behauptung niemals irgendwelche Vorteile erwachsen, er hat in der Öffentlichkeit nie Verwendung davon gemacht. Ich bin sicher, dass Kaiser Franz Joseph und Frau Schratt tatsächlich verheiratet waren.«

Der Historiker Reinhold Knoll ist, ebenfalls von seinem Vater informiert, von dieser Eheschließung nicht weniger überzeugt: »Auch meinen Brüdern und mir hat unser Vater mehrmals von seiner Wahrnehmung im Trauungsbuch in der Andreaskapelle erzählt. Es gab für ihn keinen Zweifel, dass Kaiser Franz Joseph und Katharina Schratt verheiratet waren.«

Der Ehe Otto Wagner–Edeltraut Dobrucka entsprangen drei Kinder: Otto Wagner jun. war Oberarzt der Ersten Chirurgischen Universitätsklinik in Wien, seine Schwester Edeltraud Lothaller ist als Zahnärztin in Wien tätig und Barbara Binder-Krieglstein ist Gymnasialprofessorin. Die Recherchen führten mich auch zu ihnen.

UNIV. PROF.
DR. OTTO WAGNER
FACHARZT FÜR CHIRURGIE
A-1130 WIEN, WATTMANNGASSE 8
TEL. 82 51 10

WIEN, 26. April 82

EIDESSTATTLICHE ERKLÄRUNG

Hiermit erkläre ich an Eides statt, daß sowohl meine Mutter Edeltraut Wagner geb. Dobrucka-Dobruty-Doliwa als auch mein Vater Primarius Dr. Otto Wagner mir gegenüber mehrmals erwähnten, daß sie beide und auch ihr Trauzeuge Professor Dr. August Maria Knoll anläßlich ihrer Verehelichung am 30. Juni 1934 (sie gingen eine Gewissensehe ein) im Trauungsbuch für Gewissensehen eine Eintragung sahen, aus der deutlich hervorging, daß Kaiser Franz Joseph I. und Frau Katharina Schratt-Kiss ebenfalls in der Andreaskapelle des Erzbischöflichen Ordinariats geheiratet haben. Bei den Unterschriften handelte es sich um die unmittelbar vorhergehende Eintragung, woraus zu schließen ist, daß in der Zwischenzeit keine andere Gewissensehe geschlossen wurde.

Prof. Dr. Otto Wagner

Eine der Eidesstattlichen Erklärungen, die bezeugen, dass Kaiser Franz Joseph und Katharina Schratt verheiratet waren.

Sie bestätigten: »Ihre Information ist richtig. Unsere Eltern haben am Tag ihrer Eheschließung die Eintragung im Trauungsbuch gesehen. Sowohl unser Vater als auch unsere Mutter haben mehrmals davon gesprochen und empfanden es als begrüßenswerten Zug des Kaisers, Frau Schratt geheiratet zu haben.«

Vier der hier zitierten Personen – die Universitätsprofessoren Dr. Norbert Leser, Dr. Reinhold Knoll, Dr. Otto Wagner sowie Frau Dr. Edeltraud Lothaller – bestätigten ihre Aussagen in Eidesstattlichen Erklärungen, die in meinem Besitz sind und die ich in dem Schratt-Buch als Faksimile abdruckte.

Das Trauungsbuch für Gewissensehen existiert nicht mehr. Als die Nationalsozialisten 1938 in Österreich einmarschierten, wurde ein Teil der Dokumente des Geheimarchivs vernichtet, weil man im Erzbischöflichen Ordinariat Angst vor indiskreten Veröffentlichungen durch die Gestapo hatte. Monsignore Johannes Nedbal, der langjährige Ehereferent des Wiener Erzbischofs, wurde von mir mit den obigen Zeugenaussagen und Erklärungen konfrontiert. Und er erklärte: »Im Erzbischöflichen Ordinariat Wien wird aufgrund der Aussagen von priesterlichen Gewährsleuten vermutet, dass diese Hochzeit tatsächlich stattgefunden hat.«

Nun muss man trotz der Indizien den geschilderten Fakten keinen Glauben schenken, und das Trauungsbuch für Gewissensehen wird vermutlich nie wieder auftauchen. Dennoch kann festgestellt werden, dass die Eidesstattlichen Erklärungen der – durchwegs honorigen – Zeugen äußerst glaubwürdig sind. Dazu kommt, dass weitere historische Unterlagen für eine Ehe Kaiser–Schauspielerin sprechen: So hat Kaiserin Elisabeth mehrmals – zuletzt in Bad Kissingen, kurz vor ihrem Tod – davon gesprochen, dass ihr Mann, falls sie vor ihm sterben würde, Frau Schratt in zweiter Ehe heiraten sollte. Klar lässt sich das aus den Tagebüchern der Erzherzogin Marie Valerie – der jüngsten Tochter des Kaiserpaares – ersehen. Bereits am 28. Mai 1890, also acht Jahre vor der Ermordung ihrer Mutter, notierte Marie Valerie, dass sie von Elisabeth aufgefordert wurde, »falls sie stürbe … Papa zuzureden, Schratt zu heiraten«.

Und nach Elisabeths Tod vermerkte Marie Valerie – datiert mit 11. Juli 1899: »Lossagen wird er sich nie und nimmer von ihr (Frau

Schratt, Anm.) und heiraten kann er sie ja leider nicht, denn sie ist ja ganz rechtmäßig verheiratet.«

Dieses »Ehe-Hindernis« änderte sich am 21. Mai 1909, als der rechtmäßige Ehemann der Schratt, Nikolaus von Kiss, einem Herzschlag erlag. Die Hochzeit zwischen Kaiser und Schauspielerin könnte also theoretisch – nach Verstreichen eines Trauerjahres – in den Jahren von 1910 bis 1916, dem Todesjahr Franz Josephs, stattgefunden haben.

Das Erscheinen meiner Schratt-Biografie löste einen Medienwirbel aus, mit dem ich in dieser Vehemenz nicht gerechnet hatte. Der »Kurier« brachte einen mehrteiligen Vorabdruck, was zur Folge hatte, dass die »Kronen Zeitung« eine Woche lang täglich gegen die Möglichkeit einer Geheimehe anschrieb. Zu guter Letzt meldete sich die neunzigjährige Kaiserin Zita zu Wort und erklärte, dass »Kaiser Franz Joseph natürlich nicht mit Katharina Schratt verheiratet« gewesen sei. Ich war niedergeschlagen, hatte ich doch ein Buch geschrieben, gegen dessen Inhalt eine echte Kaiserin in die Schlacht zog. Bald fand ich jedoch heraus, dass dem Buch nichts Besseres hätte widerfahren können, denn die Aufregung sorgte dafür, dass es in der Öffentlichkeit erst richtig bekannt wurde, was zur Folge hatte, dass eine Auflage nach der anderen in Druck ging.

Schließlich war die Stimmung so aufgeheizt, dass sich der ORF entschloss, von der Frankfurter Buchmesse einen »Club 2« zum Thema »Katharina Schratt und Kaiser Franz Joseph« zu übertragen. In der Sendung saßen am 7. Oktober 1982 neben mir auf der Ledercouch u. a. der Psychiater Erwin Ringel, der Schratt-Großneffe und Burgschauspieler Peter Schratt und die Historikerin Brigitte Hamann. Sie schlug sich in der stürmischen Debatte auf die Seite derer, die an der Geheimehe zweifelten, wobei ihr als wichtigste Aussage die der Kaiserin Zita diente. Ich erwiderte, dass man wohl kaum eine Geheimehe einginge, um sie siebzig Jahre später von der eigenen Verwandtschaft verraten zu lassen. Im Übrigen war ich der Auffassung, dass der Kaiser – so die Hochzeit tatsächlich stattgefunden haben sollte – niemandem davon erzählt hätte, auch nicht seiner angeheirateten Großnichte Zita.

Ein halbes Jahr später sah die Welt ganz anders aus: Ex-Kaiserin Zita erklärte in einem Interview, dass Kronprinz Rudolf in Mayerling

Ging Katharina Schratt eine Geheimehe mit dem Kaiser ein?

nicht Selbstmord begangen hätte, sondern von dunklen ausländischen Mächten getötet worden sei. Daraufhin begann die seriöse Geschichtsforschung auch andere Aussagen Zitas infrage zu stellen. Selbst Brigitte Hamann erklärte jetzt in einem Interview: »Wenn die Enthüllungen der Kaiserin so weitergehen, wie sie jetzt sind, wird das nur eine Seifenblase sein. Das ist schade, denn von einer Zeugin der Geschichte könnte man ein wahrhaftiges Zeugnis erwarten. Wir wären glücklich, wenn wir durch Zita an neue Quellen kämen, aber das, was die ehemalige Kaiserin berichtet, ist keine Quelle, das ist Tratscherei. Auch eine Ex-Kaiserin muss sich gefallen lassen, dass man eine Art Quellenkritik mit ihr betreibt.«

Aus Zitas »Mordtheorie von Mayerling« ergab sich, dass ihre Behauptung, Kaiser Franz Joseph sei »natürlich nicht mit Katharina Schratt verheiratet« gewesen, ebenso in Zweifel zu ziehen war. Außerdem erklärte der von mir mit den Fakten und den Eidesstattlichen Erklärungen konfrontierte Historiker Adam Wandruszka – damals Österreichs profundester Habsburg-Kenner – »sicher zu sein, dass Kaiser Franz Joseph mit der Schratt verheiratet war«.

Die zweite viel diskutierte Frage nach Erscheinen der Schratt-Biografie war, ob die Beziehung des Kaisers zu der Schauspielerin platonisch gewesen sei oder nicht. Das Auffinden bis dahin zum Teil unbekannter Korrespondenz ließ mich zu dem Schluss kommen, dass das mehr als dreißig Jahre lang befreundete Paar wohl doch eher ein Verhältnis gehabt hatte, was etwa durch diesen Briefauszug belegt wird: »Dieses ist mein letzter Brief vor dem ersehnten, endlichen Widersehen«, schreibt der Kaiser an die Schratt. »Da ich am 19. ungefähr um 6 Uhr Früh in Schönbrunn eintreffen werde, so werde ich mir erlauben, um 8 Uhr in der Gloriette Gasse* zu erscheinen mit der Hoffnung, Sie, den Zeitumständen entsprechend, endlich wieder einmal zu Bett zu finden, was Sie mir auch halb und halb versprochen haben.« Andere Briefe zierte Franz Joseph mit den Worten »Ich bete Sie an« und vielfach unterzeichnete er als »Ihr Sie über alles liebender Franz Joseph«. Interessant ist in diesem Zusammenhang auch, dass der Kaiser gerade zu dem Zeitpunkt, als seine Briefe an die Schratt »intim« zu werden begannen, die nachgewiesene sexuelle Beziehung zu seiner Geliebten Anna Nahowski beendet hatte. Noch einmal Professor Wandruszka: »Ich lege meine Hand dafür ins Feuer, dass die Freundschaft zwischen dem Kaiser und Frau Schratt keine platonische war. Aufgrund des vorliegenden Materials geht eindeutig hervor, dass hier ein intimes Verhältnis bestand. Natürlich wurde bisher von allen möglichen Seiten versucht, diese Tatsache zu vertuschen, aber es besteht – selbst bei aller wissenschaftlich gegebenen Vorsicht – überhaupt kein Zweifel daran.«

Viele Jahre später entdeckte ich bei Recherchen für meine »Kurier«-Kolumne, dass Katharina Schratt neben der Romanze mit dem Kaiser zumindest drei weitere Affären hatte – und zwar zeitgleich: mit dem Grafen Hans Wilczek, mit ihrem Schauspielkollegen Viktor Kutschera und mit König Ferdinand I. von Bulgarien (einem gebürtigen Wiener aus der Dynastie von Sachsen-Coburg): Alle drei Beziehungen sind durch Korrespondenzen belegt.

Hinzuzufügen ist noch, dass die Historikerin Katrin Unterreiner für ihr 2011 erschienenes Buch »Die Habsburger. Mythos und Wahrheit« eine Verfügung Kaiser Franz Josephs aus dem Jahr 1899 entdeckt hat, der zufolge nach seinem Tod »der Hofschauspielerin Katharina v. Kiss geborene Schratt« 2,5 Millionen Kronen** zu über-

---

* In der Gloriettegasse 9 befindet sich die Villa der Katharina Schratt, die der Kaiser ihr 1889 schenkte.

** Entspricht laut »Statistik Austria« im Jahre 2015 einem Betrag von rund 11 Millionen Euro.

weisen seien. »In Anbetracht der Größenordnung der ihr vermachten Schenkung und finanziellen Zuwendung bzw. Absicherung«, schließt Katrin Untereiner, »ist es kaum vorstellbar, dass es sich um ein rein freundschaftliches Verhältnis gehandelt hat.«

Zurück ins Heute. Die Schauspielerin Vilma Degischer und Großneffe Peter Schratt lasen bei der Präsentation aus meinem Buch, zu deren Gästen Helmut Qualtinger zählte. Ihn sollte ich bei dieser Gelegenheit einmal mehr als skurrilen Zeitgenossen erleben. Er erschien in den historischen Räumen im ersten Stock des Amalthea Verlages am Wiener Heumarkt, hob während der Lesung einen schweren silbernen Kerzenleuchter vom Kamin, warf ihn beim Fenster hinaus. Und verließ dann seelenruhig die Veranstaltung. Nicht auszudenken, wenn in diesem Moment jemand an dem Haus vorbeigegangen wäre, den Kerzenleuchter hätte niemand überlebt.

Im gleichen Augenblick flog der Kerzenleuchter aus dem Fenster: Helmut Qualtinger bei der Präsentation meines Schratt-Buches

HINTER DEN KULISSEN

Kreisky erzählt vom Staatsvertrag

Das Schratt-Buch hatte einen solchen Wirbel ausgelöst, dass mich Bruno Kreisky bei einem seiner Pressefoyers nach dem Ministerrat darauf ansprach, »was da jetzt wirklich war mit dem Kaiser und der Schratt«. Ich sandte dem offensichtlich am Thema interessierten Bundeskanzler ein Exemplar des Buches, worauf er mir zurückschrieb: »Lieber Herr Markus! Besten Dank für die Zusendung Ihres Buches, in dem ich in der Tat gelegentlich einige Kapitel lese. Ein gutes Buch mit vielen Details, die auch einem Altösterreicher wie ich es bin, unbekannt waren. Zudem kommt, dass es in einer sympathischen Weise geschrieben ist. Mit besten Grüßen, Ihr Bruno Kreisky«.

Ich hatte davor und danach mehrere Begegnungen mit dem Zeitzeugen Bruno Kreisky, und er fragte mich bei jeder dieser Gelegenheiten, wie es meiner Großmutter ging, die ja – wie seine Mutter – aus Trebitsch in Mähren stammte, wo die beiden Damen vor Urzeiten miteinander befreundet gewesen waren.

Bei einer der Begegnungen ließ ich mir von Kreisky erzählen, wie er die Unterzeichnung des Staatsvertrags erlebt hatte. Dieses Gespräch führte mich zu meiner eigenen allerersten Kindheitserinnerung: Die Karolinengasse, in der ich aufgewachsen bin, mündet genau dort in die Prinz-Eugen-Straße, wo sich das Belvedere befindet, von dem aus die Außenminister der begeisterten österreichischen Bevölkerung den eben unterzeichneten Staatsvertrag präsentierten. Die riesige Menschenmenge, die am 15. Mai 1955 vor dem Schloss stand, ist das erste Bild, das ich aus meiner Kindheit noch vor mir sehe. Ich war vier Jahre alt und ging mit meinen Eltern zu einer in der Nachbarschaft wohnenden Familie, deren Fenster in der Prinz-Eugen-Straße direkt zum Belvedere gerichtet waren. Ich erinnere mich an die Tausenden Schaulustigen, die sich im Schlosspark vom Schwarzenbergplatz bis hinauf zum Südbahnhof drängten, um dieser historischen Stunde beiwohnen zu können. Und ich habe den Jubel noch im Ohr, der von den Menschen ausging. Ich sehe auch den Bal-

121

kon vor mir, auf dem einige Herren in dunklen Anzügen standen und den Menschen zuwinkten. Einer von ihnen hielt ein dickes Buch in Händen, das er der Menge zeigte – das waren Leopold Figl und der Staatsvertrag, wie ich heute weiß.

Fast auf den Tag genau dreißig Jahre später, im Mai 1985, stand mir der letzte lebende Zeuge aus dem Verhandlungsteam gegenüber und erklärte mir, was ich seinerzeit nicht hatte verstehen können. »Wir von der österreichischen Regierungsdelegation«, begann Kreisky, »trafen als Erste im Marmorsaal des Belvedere ein, um die alliierten Außenminister begrüßen zu können. Danach nahmen die Außenminister an einem langen Tisch platz, während ich etwas abseits dahinter stehen blieb. Nun wurde den Außenministern der in vier Sprachen aufgesetzte Vertrag vorgelegt. Einer nach dem anderen unterschrieb, zuerst die Alliierten, dann Leopold Figl. Als alle unterzeichnet hatten, öffneten sich die Flügeltüren zum Balkon und die fünf Außenminister traten ins Freie. In ganz Österreich läuteten die Kirchenglocken und die Menschen im Park jubelten mit einer Begeisterung, wie ich sie nie wieder erlebt habe«.

Kreisky kam auch auf die Vorbereitungen zum Vertrag zu sprechen, »an deren Erfolg Kremlchef Chruschtschow wesentlich beteiligt war, weil er den Mut hatte, den Stalinismus zu beenden und in der Außenpolitik ein konkretes Beispiel brauchte, mit dem er das den Westmächten gegenüber beweisen konnte«.

Bei den vielen Besprechungen, die hinter den Verhandlern lagen, seien die Österreicher »über alle Parteigrenzen hinweg als echtes Team aufgetreten«, erinnerte sich Kreisky. Dass die heimischen Politiker, wie gerne kolportiert, die Sowjets mittels Charme, Wiener Schmäh und Unmengen an Alkohol zur Unterzeichnung überrumpelt hätten, sei »ein Unsinn«, die Verhandlungen hätten vielmehr in sehr sachlicher Atmosphäre stattgefunden.

Zum ersten Mal optimistisch zeigte sich der Staatssekretär im Außenministerium erst, als er mit seinen 44 Jahren als Jüngster der österreichischen Delegation am 11. April 1955 in Moskau landete und dort einen »Großen Bahnhof« vorfand. »Eine Musikkapelle spielte ohne Noten und fast fehlerfrei die österreichische Bundeshymne – was damals selbst bei uns kaum ein Orchester konnte – und

»Die lassen uns nicht sang- und klanglos wieder abreisen«: mit Bruno Kreisky

die sowjetischen Spitzenfunktionäre waren fast geschlossen auf den Flughafen gekommen, um uns zu empfangen. Da hab ich zum Vizekanzler Schärf gesagt: ›Adolf, wenn die uns mit so viel Sang und Klang empfangen, werden sie uns nicht sang- und klanglos wieder abreisen lassen.‹« Und so war's dann auch.

Kreisky hätte im Mai 1955 schon optimistisch in die Zukunft geblickt und an den Aufschwung des Landes geglaubt. »Ich war überzeugt, dass man aus Österreich eine zweite Schweiz machen kann – politisch und wirtschaftlich. Das ist in großen Zügen gelungen, vielleicht net ganz so, wie sich's a Bankdirektor vorstellt, aber wir können, glaub ich, zufrieden sein.«

Es war berührend für mich, der als kleiner Bub am Tag des Staatsvertrags neben dem Belvedere gestanden war, in reiferen Jahren von einem Mann aus erster Hand zu erfahren, was sich hinter den Kulissen abgespielt hatte.

LAS VEGAS IN BAD GASTEIN

Silvester mit Liza Minnelli

Das Grand Hotel de l'Europe in Bad Gastein ist ein ehrwürdiger alter Kasten, der im Verlauf seiner gut hundertjährigen Geschichte Staatsoberhäupter, Prinzessinnen und prominente Künstler beherbergte. Anfang der 1980er-Jahre drohte die Schließung des überdimensionierten Nobelquartiers, schon weil dessen Erhaltung kaum finanzierbar war. Da fand sich ein wagemutiger Geschäftsmann, der 170 Millionen Schilling in die Renovierung der damaligen Ruine steckte. Kaum fertig geworden, sollte die Luxusherberge mit einem Fest der Superlative wiedereröffnet werden. Wen aber engagiert man für ein solches Ereignis? Es fand sich ein wahrhaftiger Weltstar: Liza Minnelli.

Normalerweise hat man auch als Journalist ein Anrecht darauf, wenigstens den Silvesterabend im privaten Kreis zu verbringen. Doch für diesen »Dienst«, zu dem man mich in der Neujahrsnacht 1982/83 eingeteilt hatte, war ich gerne bereit. Ich sollte nach Gastein fahren, um über Liza Minnelli und ihre Silvestergala zu berichten. Ihre Gage betrug 300 000 Dollar, damals rund 5 Millionen Schilling, eine Kleinigkeit, wenn man an die Umbaukosten des Hotels denkt.

Für eine Nacht war die 5400 Einwohner zählende Gemeinde im Pongau mehr Las Vegas als Bad Gastein. Ich war schon bei der ersten Probe dabei – die sich als blankes Chaos erweisen sollte. Nichts funktionierte, die Technik war überfordert und die Minnelli hatte ständig Textprobleme. Die meisten Anwesenden rechneten damit, dass die Show abgesagt werden müsste. Doch dann kam die von Michael Pfleghar inszenierte und von mehreren Fernsehstationen live übertragene Vorstellung, die zum Ereignis wurde. Die Minnelli raste über die Bühne und spulte stimmgewaltig von »Cabaret« bis »New York, New York« alle ihre großen Songs ab. Punkt Mitternacht sollte sie fertig sein, damit Hotelbesucher und TV-Zuschauer zum Donauwalzer ins neue Jahr tanzen konnten.

Sie schaffte es auf die Sekunde. Nach eineinhalb Stunden Körpereinsatz am Ende ihrer Kräfte, wurde die Minnelli von ihren Body-

»Where is Austria?«
Silvester 1982/83 in Bad Gastein mit Liza Minnelli

guards in die Garderobe mehr getragen als geführt. Und doch hauchte sie bei ihrem Abgang: »Ich hab mich schon lang nicht mehr so wohl gefühlt wie in diesem Moment.«

Das war's auch schon, dachte man. Doch plötzlich war sie wieder da. Um 1 Uhr 35 stand Liza Minnelli im schwarzen Abendkleid mit Nerzcape vor dem Teil des Publikums, das durchgehalten hatte, und rief: »Thank you so much, it was a wonderful night!«

Liza wirkte auch im kleinen Kreis sympathisch, natürlich, offen, kontaktfreudig. Sie erzählte, dass sie anfangs gar nicht wusste, wo »Austria«, geschweige denn »Bad Gastein« überhaupt sei. Als man ihr dann aber Fotos zeigte, hätte sie spontan zugesagt.

In der Bar des Grand Hotel feierte sie dann bis sieben Uhr früh weiter. Zwei ihrer Musiker improvisierten, die Minnelli sang. Das war das eigentliche Ereignis dieser Silvesternacht.

Das Grand Hotel de l'Europe konnte ihr Auftritt allerdings nicht retten.

*Nach dreizehnjähriger Regentschaft endete die Ära Kreisky **1983** mit dem Verlust der absoluten Mehrheit für die SPÖ, Fred Sinowatz wurde Bundeskanzler. Papst Johannes Paul II. besuchte Österreich. Die Zeitschrift »Stern« veröffentlichte »Hitlers Tagebücher«, die sich als plumpe Fälschung erweisen* *sollten. Mit Temperaturen bis zu 39,7 Grad erlebte Österreich den heißesten Sommer seit 124 Jahren. Polens Gewerkschaftsführer Lech Wałesa erhielt den Friedensnobelpreis. Die Reagan-Vertraute Helene von Damm kehrte als US-Botschafterin nach Österreich zurück. Es starben der Architekt Clemens Holzmeister, der Schriftsteller Tennessee Williams, der Fernsehmoderator Dieter Seefranz, der Clown Charlie Rivel, die Schauspieler David Niven, Louis de Funès und Erik Ode.*

WAS OBERST REDL VERRATEN HAT

Die Klärung des Spionagefalls

Im Jänner 1984 fuhr ich nach Budapest, um die Dreharbeiten von István Szabós Film »Oberst Redl« mit Klaus Maria Brandauer zu beobachten. »Sicherlich ist dieser Film die schwierigste Aufgabe, die ich bisher hatte«, erklärte der Hauptdarsteller am Set. »Weil nämlich der Redl sehr viele Punkte in seinem Charakter hat, die mir fremd sind.«

»Umso mehr müssen Sie die Figur spielen?«, vermutete ich.

»Spielen?« Brandauer machte eine abwehrende Handbewegung. »Ich spiele keine Rolle. Ich bin. Ich spiele auch den Redl nicht. Ich bin der Redl. Spielen ist, so tun als ob. Das ist es aber nicht, was mich an der Schauspielerei interessiert. Ich möchte es sein.« Und dann sagte er noch einen Satz, der mir zu denken gab: »Ob Alfred Redl so war, wie ich ihn darstelle, wissen wir nicht. Unser Film ist eine Konstruktion, eine Fiktion.«

Konstruktion? Fiktion? Aber wie war es wirklich? Wenn ein internationaler Film in prominenter Besetzung gedreht wird, werden sich viele Menschen fragen, wie sich die Geschichte tatsächlich abgespielt hat. Wäre das nicht ein Buchthema?

Den richtigen Zeitpunkt zu finden, war mir immer wichtig. Wenn ich heute ohne zwingenden Grund eine Kolumne über die Geschichte der Wiener Hofburg schreibe, dann wird das die Leser nur bedingt interessieren. Schreibe ich sie aber am Tag, nachdem Teile der kaiserlichen Residenz abgebrannt sind – wie das im November 1992 der Fall war –, dann interessiert das jeden.

Und so war's auch bei Redl. Ein Film mit fiktivem Inhalt würde sicher die Frage nach den wahren Hintergründen aufwerfen. Deshalb beschloss ich ein auf Fakten basierendes Redl-Buch zu schreiben, das zeitgleich mit der Uraufführung des Brandauer-Films erscheinen sollte.

Tatsächlich gelang es – mithilfe von Peter Broucek, dem allwissenden Historiker des Wiener Kriegsarchivs –, unbekanntes Material zutage zu fördern. Immerhin war das bislang letzte Buch über Österreichs größte Spionageaffäre 1924, also sechzig Jahre davor, erschienen. Verfasst vom »rasenden Reporter« Egon Erwin Kisch, der den Fall, eigenen Angaben zufolge, aufgedeckt haben wollte. Seither gab es nur Spekulation, Romane und Romanverfilmungen.

Nach einem Besuch der Dreharbeiten des Films »Oberst Redl« mit Klaus Maria Brandauer im Jahr 1984 beschloss ich, ein Buch über den Spion zu schreiben.

Die wichtigste Erkenntnis aus den mir aus Wiener und Moskauer Archiven zugespielten Unterlagen war, dass Redl die alles entscheidenden Aufmarschpläne der k. u. k. Armee verkauft hatte. Verkauft an Russland vor allem, aber auch an Frankreich und Italien – an die Feindmächte von morgen also, denn Europa stand unmittelbar vor Ausbruch des Ersten Weltkrieges. Der Offizier soll für seine Spionagetätigkeit insgesamt 500 000 Kronen* erhalten haben. Redl benötigte das Geld, weil er homosexuell veranlagt war und stets junge Männer aushielt. Als er am 24. Mai 1913 enttarnt wurde, zwangen ihn seine Kollegen von der Spionageabwehr im Hotel Klomser in der Wiener Herrengasse zum Selbstmord.

Als ich gegen Ende meiner Recherchen die komplette, damals verfügbare Redl-Akte in Händen hielt und damit das wahre Ausmaß des Verrats sah, wollte ich auch noch auf die menschliche Komponente eingehen. Ich suchte daher nach möglichen Zeugen, die Redl noch gekannt hatten, mit ihm verwandt oder bekannt waren. Ein Unterfangen, das mehr als siebzig Jahre nach seinem Tod nicht ganz einfach war.

Ich traf eine sehr betagte Bewohnerin des Hauses in der Wiener Wickenburggasse, in dem Redl lange gelebt hatte, und die mir ein wenig aus ihrer Erinnerung erzählen konnte. Vor allem erfuhr ich aber auch, dass Redls Brüder – ein Offizier und ein hoher Ministerialbeamter – nach Auffliegen des Spionageskandals ihre Namen amtlich auf »Renolt« ändern ließen.

Ich nahm das Wiener Telefonbuch zur Hand und fand dort Frau Hedy Renolt, Wien I., Opernring 6. Ja, sagte sie, ihr verstorbener Mann sei Redls Neffe gewesen. Sie selbst hätte dies erst nach dreißigjähriger Ehe erfahren: »Als ich einmal zu Hause ein Dokument suchte, fiel mir die Geburtsurkunde meines Mannes in die Hände. Und darauf stand ›Redl‹. Mein Mann erklärte mir nun, dass sich die ganze Familie 1913 infolge der Schande, mit dem Verräter verwandt zu sein, umbenannt hatte. Die Schmach war so groß, dass mir mein Mann seine eigene Herkunft erst nach so langer Zeit gestanden hatte. Und auch nur, weil ich durch Zufall auf seinen wahren Namen gestoßen war.«

Einige Tage später sollte ich Frau Renolt treffen. Sie wollte mir noch die eine oder andere Episode, die sie von ihrem mittlerweile verstorbenen Mann über Redl erfahren hatte, erzählen. Ich stand zur vereinbarten Stunde an ihrer Tür und läutete. Niemand öffnete. Ich

---

* Entspricht laut »Statistik Austria« im Jahre 2015 einem Betrag von rund 1,3 Millionen Euro.

klopfte bei der Nachbarin, fragte, ob sie wüsste, wo Frau Renolt sei …

»Ach, die Frau Renolt«, bedauerte eine sichtlich unter Schock stehende Dame, »da haben S' ein Pech, die ist heut früh vor dem Haus von der Tramway zusammengeführt worden. Sie war auf der Stelle tot.«

Mehr als siebzig Jahre waren seit Bekanntwerden des Spionagefalls vergangen. Und gerade an dem Tag, da die letzte Familienangehörige vielleicht noch etwas Licht ins Dunkel zur Person Alfred Redl hätte bringen können, war diese tragisch verunglückt.

*Indiens Premierministerin Indira Gandhi wurde **1984** von Mitgliedern ihrer Leibgarde erschossen. Richard von Weizsäcker wurde deutscher Bundespräsident. In der Stopfenreuther Au bei Hainburg wurde nach gewaltigen Protesten die Errichtung eines Kraftwerksbaus an der Donau verhindert. Helmut Zilk wurde Wiener Bürgermeister. Lorin Maazel trat als Direktor der Wiener Staatsoper zurück. Niki Lauda wurde zum dritten Mal Formel-1-Weltmeister. Die deutsche Boxsportlegende Gustav »Bubi« Scholz erschoss seine Frau Helga im Alkoholrausch und wurde zu einer dreijährigen Haftstrafe verurteilt. Es starben die Schriftsteller Truman Capote, Manès Sperber, die Schauspieler Richard Burton, Peter Lawford, Johnny Weissmüller, Oskar Werner sowie der langjährige Burgtheater- und Josefstadtdirektor Ernst Haeusserman.*

DER ZWEITLÄSTIGSTE TAPEZIERER

Wiens Theaterstammtisch

Ernst Haeusserman war nicht nur als Theaterdirektor legendär gewesen, sondern auch weil er im Lauf seines Lebens eine ganze Reihe von Künstlerstammtischen begründet hatte, an denen sich die Wiener Theaterprominenz Tag für Tag traf. Einige Zeit nach Haeussermans Tod bat ich seine ehemaligen Gäste an seinen letzten Stammtisch im Restaurant Grünwald, um ein wenig von der Atmosphäre dieses Künstlertreffs einzufangen. Und sie kamen auch, die Schauspieler Guido Wieland, Marianne Nentwich, Heinz Marecek, Sonja Sutter sowie Haeussermans Witwe Susi Nicoletti und Margie Jürgens, die Witwe von Curd. Auch ich hatte die einzigartige Stimmung der Haeusserman-Treffs das eine oder andere Mal noch miterlebt.

Erster Anziehungspunkt für die illustre Tischgesellschaft war Haeusserman selbst, dessen Pointen immer ins Schwarze trafen. Berühmt dafür, dass er seinen Freunden stets mit Rat und Tat zur Seite stand, wurde Haeusserman einmal am Stammtisch von einem Schauspieler gefragt, ob er seiner Frau gestehen sollte, dass er eine Geliebte hätte. Haeusserman dachte kurz nach und sagte dann: »Lieber Freund! Im Leben eines jeden Mannes kommt einmal die Stunde der Wahrheit. Und dann heißt's lügen, lügen, lügen!«

Als der betagte Schauspieler Fred Hennings 1960, nach fast vierzigjähriger Zugehörigkeit zum Burgtheater, bei einer Generalprobe zum ersten Mal in seinem Leben einen »Texthänger« hatte, eilte er schnurstracks in die Direktion und suchte bei Ernst Haeusserman um seine sofortige Pensionierung an. Der Direktor schaute ihn verständnislos an und lehnte das Ansinnen mit den Worten ab: »Mein lieber Hennings, wenn jeder, der einmal hängen bleibt, in Pension gehen würde, müsste ich das Burgtheater zusperren.«

Haeussermans Wortwitz konnte auch verletzend bis beleidigend sein. Als Calderóns »Das Leben ein Traum« aufgeführt wurde, spielte Josef Meinrad einen Bettler und eine bekannte Schauspielerin – wir wollen sie Maria Moralt nennen – war in der Rolle der »Welt« zu sehen. Haeusserman, dem ihre Darstellung ganz und gar nicht gefiel, kommentierte ihren Auftritt: »Also, die Welt ist schon schlecht. Aber *so* schlecht wie die Moralt ist sie auch wieder nicht!«

Eine der größten Enttäuschungen seines Lebens war es, als Haeusserman im Alter von 52 Jahren die Direktion des Burgtheaters an den 66-jährigen Kammerschauspieler Paul Hoffmann abgeben musste. Haeusserman tat seinen Abgang auf seine Weise kund: »Ich habe mich entschlossen, mein Amt in ältere Hände zu legen!«

Zwei Jahre später Direktor des Theaters in der Josefstadt, ist ihm sein spöttischer Witz nicht abhanden gekommen. Einer war Marianne Nentwich gewidmet, mit der er Hermann Bahrs »Konzert« pro-

130

bierte. Alle warteten auf die Schauspielerin, als der Bühnenportier verkündete: »Die Frau Nentwich lässt sich entschuldigen, sie kommt ein bisserl später zur Probe, weil sie zu Haus die Stiegen hinuntergeflogen ist.«

»Das versteh' ich nicht«, reagierte Haeusserman, »da müsste sie doch eigentlich ein bisserl früher kommen.«

Mit dem »Konzert« unternahm die Josefstadt 1975 eine Tournee durch die USA, wo Haeusserman, der »frische Luft hasste«, schrecklich unter den Klimaanlagen litt, die dort in allen Theatern installiert sind. Verzweifelt saß er mit Hut und aufgestelltem Mantelkragen im Zuschauerraum und brummte: »Das Einzige, was in Amerika nicht zieht – ist unser Stück!«

Heinz Marecek erinnerte sich einer weiteren Haeusserman-Pointe. Er inszenierte damals das Raimund-Stück »Die gefesselte Phantasie« und schlug Michaela Rosen für die weibliche Hauptrolle vor. Da sie in dem Zaubermärchen auch einige Couplets vortragen sollte, wurde die Schauspielerin zum Vorsingen gebeten. Von einem Pianisten begleitet, versuchte sie sich gleich mit »Maybe This Time« aus dem Liza-Minnelli-Filmmusical »Cabaret«. Als Haeusserman die ersten Takte gehört hatte, flüsterte er Marecek ins Ohr: »A leise Minnelli!«

Sein schwarzer Humor trat auch zutage, als der Papst im Mai 1981 bei einem Attentat am Petersplatz in Rom schwer verletzt wurde. Es wurde bekannt, dass Johannes Paul II. vorübergehend ein künstlicher Darmausgang eingesetzt werden musste. Da verkündete Haeusserman: »Jetzt hat der Papst Probleme mit dem Heiligen Stuhl!«

Selbst sein eigener Tod bot Haeusserman Anlass für einen launigen Ausspruch, der sich nur allzu bald als bittere Wahrheit erweisen sollte. Als nämlich beim Begräbnis des Salzburger Festspielpräsidenten Josef Kaut der Priester die Trauergemeinde dazu aufrief, »auch für denjenigen zu beten, den Gott als Nächsten zu sich berufen werde«, erzählte dies Haeusserman am selben Abend noch am Stammtisch. Nicht ohne hinzuzufügen: »Und bei diesen Worten hat mich der Pfarrer so eigenartig angeschaut.«

Es war nur eine seiner vielen Pointen, doch ein Jahr später war Ernst Haeusserman tot. Er war tatsächlich »als Nächster« abberufen worden.

*Als Michail Gorbatschow **1985** Generalsekretär der KPdSU wurde, ahnte niemand, dass er das Ende des kommunistischen »Ostblocks« einleiten würde. Vier Tote und dreißig Verletzte forderte ein Terroranschlag am Flughafen Wien-Schwechat. Durch Beimengung des Frostschutzmittels Glykol kam es zu Österreichs »Weinskandal«, der für weltweite Schlagzeilen und einen vorübergehenden Exportstopp sorgte. In Wien wurde das Hundertwasserhaus eröffnet. Es starben der Maler Marc Chagall, der Schriftsteller Heinrich Böll, der Bildhauer Fritz Wotruba, der Verleger Axel Springer, die Schauspieler Yul Brynner, Orson Welles, Luise Ullrich, der Opernsänger George London, die Musiker Nelson Riddle und Anton Karas. Hollywoodstar Rock Hudson erlag seiner Aids-Erkrankung.*

UM LEBEN UND TOD

Ein Treffen mit Ray Charles

Es war im Sommer 1985, als mich mein Freund Friedrich Hacker zu einem Konzert von Ray Charles in die Kurhalle Oberlaa mitnahm. In Österreich wie in den USA als Psychiater, Terror- und Aggressionsforscher bekannt, wurde Professor Hacker in spektakulären Fällen als Berater zugezogen. So war er an der Aufklärung des Mordes an der Schauspielerin Sharon Tate im August 1969 in Hollywood beteiligt, er wurde nach dem Terroranschlag bei den Olympischen Spielen in München 1972 konsultiert und ein Jahr später von der österreichischen Regierung, um mit jenen Terroristen zu verhandeln, die in Marchegg die Passagiere eines Eisenbahnzuges als Geiseln genommen hatten. Und beim aufsehenerregenden Kidnapping der amerikanischen Verlegertochter Patricia Hearst im Februar 1974 war Hacker als Konsulent sowohl für das FBI als auch für die Familie Hearst tätig.

Viele Stars aus Hollywood vertrauten sich der in Los Angeles befindlichen Klinik des 1938 aus Wien geflüchteten Arztes an, darunter Judy Garland und Robert Mitchum, die mit ihren Alkohol- und

Drogenproblemen seiner Behandlung bedurften. Und auch Ray Charles gehörte dazu.

Wir waren hingerissen von dem Ray-Charles-Abend, an dem der Weltstar seine großen Hits – von »I Can't Stop Loving You« bis »Georgia on My Mind« – vortrug. Nach der Show meinte Hacker, ich sollte mit ihm hinter die Bühne kommen, weil er Ray Charles »Hallo« sagen wollte. Erstaunt folgte ich ihm, und wir zwängten uns durch die Menschenmassen in Richtung Künstlergarderobe, deren Zugang jedoch von baumlangen Leibwächtern verriegelt war, an denen kein Weg vorbeizuführen schien.

Trotz des aussichtslos anmutenden Ansinnens bat Hacker einen der Männer, Ray Charles auszurichten, dass er ihn sprechen wollte. Minuten später hörte ich schon das signifikante Organ des Sängers: »Yeah, let Doc Hacker come in!«

Und da öffnete einer der gerade noch abweisenden Bodyguards auch schon die Tür und vor uns stand leibhaftig und in seiner ganzen Größe: Mr. Ray Charles.

Was sich nun in dessen Garderobe abspielte, ist kaum zu beschreiben. Der Entertainer führte mit Hacker einen regelrechten Veitstanz auf, umarmte und küsste ihn. Und weinte wie ein kleines Kind.

Als wir die Garderobe nach einiger Zeit verlassen hatten, erzählte mir Hacker die Vorgeschichte der stürmischen Begrüßung: Ray Charles war 1964 mit seiner Privatmaschine am Flughafen von Boston gelandet. Kaum war er im Hotel, fiel ihm ein, dass er seine im Flugzeug versteckte Tagesdosis Heroin vergessen hatte. Der damals 34-jährige Musiker ließ sich zurück zum Flughafen chauffieren, um den »Stoff« zu holen. Seit seinem sechsten Lebensjahr erblindet, bestieg der König des Soul allein die Maschine – und bemerkte nicht, dass er von Sicherheitsbeamten verfolgt wurde. Sie nahmen ihn, als er das Rauschgift aus dem Jet schaffen wollte, auf der Stelle fest.

Was den genialen Künstler nunmehr erwartete, war das sichere Ende seiner Karriere, vor allem aber fünfzehn bis zwanzig Jahre Freiheitsentzug, denn das Einführen von Rauschgift – die Maschine war aus England gekommen – zählt zu den schwersten Verbrechen in den USA.

Ein Heer von Anwälten wurde für Ray Charles in Bewegung gesetzt, die sechs namhafte Psychiater als Gutachter nominierten.

Einer von ihnen sollte dem Prozess als Sachverständiger beiwohnen. Ray Charles sprach mit allen sechs Ärzten – und entschied sich für Dr. Hacker.

Am 22. November 1964 – dem ersten Jahrestag der Ermordung John F. Kennedys – begann in Boston der Sensationsprozess gegen Ray Charles.

Professor Hacker vertrat in einem vierstündigen Hearing die Ansicht, »dass man diesem Mann eine Chance geben müsste. Er ist nicht nur ein außergewöhnlicher Mensch, dem unter besonderen Bedingungen eine unglaubliche Karriere gelang, er ist auch ein Symbol für die Befreiung der Schwarzen, ein Idol der Jugend, das sich durch eiserne Disziplin aus den schmutzigsten Slums in die erste Reihe der amerikanischen Musikszene gearbeitet hat.«

Hacker gelang es, durch seine Argumentation das Gericht zu überzeugen, und Richter Sweeny beschloss, den Prozess, wie von Hacker vorgeschlagen, für ein Jahr auszusetzen. Die Voraussetzung dafür war, dass sich Ray Charles einer Entziehungskur unterziehen und nach Ablauf des Jahres »clean« sein müsste.

Der damals schon weltberühmte Sänger wurde in die von Hacker geleitete psychiatrische Abteilung des St. Francis-Hospitals in Los Angeles aufgenommen, er blieb fünf Monate in stationärer Behandlung und musste im Anschluss daran noch längere Zeit ambulant betreut werden. Zweimal wurde er von FBI-Beamten ohne vorherige Ankündigung untersucht, einmal im Spital, ein weiteres Mal – bereits entlassen – bei einem Konzert. Hätte man bei ihm auch nur die geringste Menge einer Droge gefunden, wäre er sofort ins Gefängnis zurückgekehrt.

Auf den Tag genau ein Jahr nach dem ersten Prozess begann der zweite, wieder am nationalen Trauertag der USA. Ray Charles hatte gute Aussichten, freigesprochen zu werden. »Denn er war«, so Friedrich Hacker, »in diesem Jahr von den Drogen losgekommen.«

Doch im Gerichtssaal gab es ein böses Erwachen. Richter Sweeny war kurz vor der neuerlichen Verhandlung verstorben, ein jüngerer Kollege übernahm den Fall – und beschloss, den Prozess neu aufzurollen. Wieder beschworen Hacker und die Anwälte das Gericht, Ray Charles die Freiheit zu schenken – überhaupt jetzt, da er geheilt war. Doch der neue Richter sah dafür keine Möglichkeit und meinte:

134

»Der Mann, der mein Leben gerettet hat«: Ray Charles und Friedrich Hacker, 1985 in der Kurhalle Wien-Oberlaa

»Trotz aller Milderungsgründe wird Mr. Ray Charles eine langjährige Gefängnisstrafe antreten müssen.«

Wenige Minuten vor der Urteilsverkündung eskalierte die Anspannung im Gerichtssaal, als ein Polizeibeamter dem Vorsitzenden ein verschlossenes Kuvert überreichte, das den letzten Willen des verstorbenen Richters Sweeny enthielt. »Zutiefst gerührt verlas der Richter die Zeilen«, erzählte Hacker. »Sweeny bat seinen Nachfolger um Gnade für Ray Charles: Sollte er von den Drogen losgekommen sein, würde er für einen Freispruch plädieren, andernfalls sei er zu verurteilen.«

Was in dieser Situation niemand mehr für möglich hielt, trat ein: Der Richter bezeichnete die Worte seines verstorbenen Kollegen als eine Art Vermächtnis, an das er sich gebunden fühlte – und setzte die Strafe für weitere fünf Jahre aus. Ray Charles konnte den Gerichtssaal als freier Mann verlassen und seine Karriere fortsetzen!

Fast zwei Jahrzehnte waren seither vergangen, als ich neben den beiden Männern in der Kurhalle Oberlaa stand. Ich werde nie vergessen, wie Ray Charles den Psychiater minutenlang gar nicht loslassen wollte und den umstehenden Mitgliedern seiner Band immer wieder zurief: »That's the man who saved my life!«

»Letztlich war der Prozess ein heilsamer Schock für ihn«, sagte Hacker, nachdem wir die Garderobe des Entertainers verlassen und er mir den Hintergrund der Affäre erzählt hatte. »Denn er hätte wahrscheinlich nicht mehr lange zu leben gehabt, zu sehr hatten ihm die harten Drogen bereits zugesetzt.«

Am Beginn des Jahres 2005 kam der Film »Ray«, der die Lebensgeschichte der Soul-Legende Ray Charles erzählt, ins Kino. Der Musiker hatte selbst noch am Drehbuch mitgearbeitet, war aber kurz vor der Fertigstellung gestorben. In einer äußerst dramatischen Szene des Films sieht man, wie ein Arzt namens Dr. Hacker seinen berühmten Patienten von seiner Heroinsucht zu befreien versucht.

Als ich das Kino verließ, ging mir durch den Kopf, wie ich Jahre davor den Hintergrund dieser Geschichte erfahren hatte. Wahrlich aus erster Hand – nach einem Besuch in der Garderobe von Ray Charles.

»Es war ein schwerer Fehler«

Paula Wessely über den Film »Heimkehr«

Elfriede Jelineks Skandalstück »Burgtheater« feierte im November 1985 in Bonn seine Uraufführung. Es wurde zur Abrechnung mit der Familie Hörbiger, insbesondere mit Paula Wessely, die in der Zeit des Nationalsozialismus in dem Propagandafilm »Heimkehr« aufgetreten war. Vierzig Jahre hatte die Wessely geschwiegen, doch aus Anlass der Premiere des Jelinek-Stücks war sie bereit, in einem Interview mit mir dazu Stellung zu beziehen.

Ich hatte bereits das eine oder andere Gespräch mit ihr geführt und sie auch privat getroffen. Aus Erfahrung wusste sie, dass ich sie fair behandeln, also korrekt zitieren würde. Das war wohl auch der Grund, warum sie die von vielen Journalisten erhoffte Stellungnahme zu dem viel diskutierten Jelinek-Stück mir gegenüber abgab.

Sie empfing mich im Wohnzimmer ihrer Villa in der Himmelstraße – an der ich als Kind mit meinen Eltern ehrfürchtig vorbeispaziert war – und sagte, dass ihr der Schritt, an die Öffentlichkeit zu gehen, nicht leicht fiele, doch der Medienwirbel, der in den letzten Wochen entstanden sei, mache es nötig.

Ich nahm in der weißen Sitzgarnitur neben der 78-jährigen Paula Wessely Platz, und sie eröffnete das Gespräch mit den Worten: »Ich will nichts beschönigen, mir liegt nur daran, dass am Ende unseres Lebens nicht das von uns übrig bleibt, was da jetzt in den Zeitungen steht.«

Wenn sie »am Ende unseres Lebens« sagte, meinte sie ihr eigenes und das ihres Mannes, der weit weniger im Zentrum der Angriffe stand, da er in »Heimkehr« eine wesentlich kleinere Rolle gespielt hatte. Der 88-jährige Attila Hörbiger blieb während unseres Gesprächs im Nebenzimmer, zumal er von den Aufregungen ferngehalten werden sollte.

Die gegen sie praktisch in der gesamten deutschsprachigen Presse gerichteten Attacken hatten Paula Wessely sichtlich hergenommen. Die Grande Dame des Burgtheaters erklärte, dass sie die antisemitische Tendenz des Films »Heimkehr« nicht rechtzeitig erkennen konnte, »da das Buch ja während der Dreharbeiten geändert wurde«. Doch schon als sie das sagte, erkannte sie, dass diese Aussage nicht genügen würde. Es gab nur einen Weg: sich zu distanzieren.

Und sie war bereit dazu. »Ja, es war ein Fehler«, sagte sie, »ein schwerer Fehler, dass ich nicht den Mut aufgebracht habe, abzulehnen. Es tut mir leid, dass ich die Dreharbeiten nicht abgebrochen habe – welche Konsequenzen für mich und meine Familie das auch immer gehabt hätte.«

Ihre Mitwirkung an dem Film konnte mit der Stellungnahme nicht ungeschehen gemacht werden, aber es war immerhin ein erstes, klares Wort.

Paula Wessely konnte nicht fassen, immer wieder mit den Nationalsozialisten in Zusammenhang gebracht zu werden, »wo doch meine Einstellung schon aufgrund meiner Erziehung entgegengesetzt ist«.

Sie kramte in einer Schreibtischlade und zeigte mir Unterlagen, »die ich noch keinem gezeigt habe«, darunter eine Eidesstattliche Erklärung des jüdischen Ehemannes ihrer langjährigen Sekretärin: Alexander Ehrenstein hatte am 21. Juni 1946 festgehalten, dass Paula Wessely und Attila Hörbiger seine Frau die ganze Nazizeit über beschäftigten, obwohl dem Schauspieler-Ehepaar von den Behörden nahegelegt worden war, seine Frau »wegen jüdischer Versippung« zu entlassen. Durch eine Intervention Paula Wesselys bei der Stadt Wien konnte er außerdem zwischen 1938 und 1945 in seiner Wohnung bleiben.

Die Wessely hielt die Erklärung und andere Entlastungspapiere in Händen, aber es war ihr nicht wohl dabei. »Wie bedeutungslos ist das alles«, sagte sie, »im Vergleich zu dem, was geschehen ist.«

Vierzig Jahre lang hatte Paula Wessely mit dem Schuldgefühl gelebt, »Heimkehr« gedreht zu haben, nun hatte sie eine erste Stellungnahme abgegeben. Neben mir saß in diesem Moment nicht die große Schauspielerin, sondern eine alte Dame, die zu erklären versuchte.

Als ich elf Jahre später das Buch »Die Hörbigers« schrieb, verfügte ich über wesentlich ausführlicheres Material. Einerseits konnte ich dann zum ersten Mal den wirklich entsetzlichen (und zur öffentlichen Vorführung gesperrten) Film »Heimkehr« sehen, andererseits gelangte ich an weitere, inzwischen freigegebene Aussagen und Dokumente im Zusammenhang mit der Familie Hörbiger.

André Heller erzählte mir, dass die Wessely ihm gegenüber in ihrer Distanzierung noch weiter gegangen war – wohl weil dieses »Geständnis« privat und nicht für die Öffentlichkeit bestimmt war.

»Es war eine merkwürdige Lebensbeichte, die sie mir gegenüber 1976 im Restaurant Stadtkrug ablegte«, erklärte Heller. »Sie sagte damals: ›Es war das Schrecklichste, das ich in meinem Leben getan habe, ich geniere mich in Grund und Boden dafür und bereue nichts mehr als das. Es wäre mir doch wahrscheinlich nichts Ernstes passiert, wenn ich es abgelehnt hätte, dort mitzumachen, das Höchste wäre gewesen, ein paar Jahre keinen Film zu drehen. Man hat ja ohnehin damit gerechnet, dass die Hitlerzeit vorbeigeht, und so uninformiert war ich auch wieder nicht, wie man das jetzt gerne haben möchte, dass ich es gewesen bin. Es gibt keine Ausrede. Der Film ›Heimkehr‹ war etwas Schreckliches, und es war eine uferlos opportunistische Tat, darin aufzutreten. Was ich getan habe, ist unverantwortlich, und ich schäme mich dafür, wie dumm Schauspieler sein können, die davon leben, mit Mächtigen gut auszukommen, die ihnen Vorteile bringen. So kriegt man eine Rolle, so wird man besetzt.‹«

Die Wessely sei während des Gesprächs »vollkommen aufgelöst« gewesen, erinnerte sich Heller, der sie zwischendurch mehrmals fragte, warum sie in dieser Form nie in der Öffentlichkeit gesprochen hätte. Nein, das könnte sie nicht, hat sie geantwortet, sie hätte ohnehin den Torberg und den Weigel eingeweiht – das waren so ihre jüdischen Instanzen. Es war wohl«, so André Heller weiter, »der große Fehler ihres Lebens, nicht offen und ehrlich Stellung zu beziehen. Sie hätte sich damit diese ganze verständliche Aggression von den Jelineks dieser Erde erspart, mehr noch, ein solcher Schritt wäre als mutig empfunden worden, aber sie hat es nicht zusammengebracht, obwohl sie – solange sie lebte – schrecklich darunter gelitten hat.«

Auf die Recherchen für mein 2006 erschienenes Buch »Die Hörbigers« werde ich noch zu sprechen kommen. Es waren dies großteils entlastende Papiere, meist Zeugenaussagen jüdischer Freunde und Kollegen, denen das Ehepaar zur Ausreise verholfen und ihnen damit möglicherweise das Leben gerettet hatte.

DIE ERSTE VON DREITAUSEND KOLUMNEN

Ein nicht sehr origineller Start

Das Wessely-Interview war eines der letzten, das ich für die Österreich-Ausgabe der Zeitschrift »Hörzu« geführt habe, da diese Ende des Jahres 1985 ihr Erscheinen einstellte. Ob das eine besonders kluge Entscheidung war, sei dahingestellt, zumal gerade zu diesem Zeitpunkt das Aufkommen des Kabelfernsehens in Österreich die Verwendung einer TV-Zeitung erst sinnvoll erscheinen ließ – für die bisherigen beiden ORF-Programme allein musste man keine haben.

Da ich bereits mehrere Bücher herausgebracht hatte, fragten mich jetzt Hans Dichand und Chefredakteur Friedrich Dragon, ob ich in der »Kronen Zeitung« eine Kolumne schreiben wollte, die historische Themen zum Inhalt haben sollte. Wir nannten sie »Zwischen gestern und heute«, und sie erschien siebzehn Jahre lang zwei Mal in der Woche. Da die erste Kolumne zufällig für den 6. Februar 1986, den

Tag des Opernballs, eingeplant war, handelte meine erste Doppelseite nicht ausgesprochen originell von der Geschichte der Wiener Staatsoper. Als sie erschienen war, dachte ich mir, ein zweites Thema werde ich für diese Kolumne aber nicht finden. Es sind bis heute – ab Juli 2003 dann im »Kurier« – mehr als dreitausend geworden, und ich hoffe, dass noch viele dazukommen.

> *Kurt Waldheim wurde **1986** nach einem in seiner Härte nie da gewesenen Wahlkampf zum Bundespräsidenten gewählt. Hans Hermann Groër löste Kardinal Franz König als Erzbischof von Wien ab. Der schwedische Ministerpräsident Olof Palme wurde ermordet. Im Kernkraftwerk der ukrainischen Stadt Tschernobyl kam es zum schwersten Unglück in der Geschichte der Nutzung der Atomkraft. Prinzessin Diana und Prinz Charles hielten sich zu einem dreitägigen Besuch in Wien auf. Teddy Podgorski wurde Generalintendant des ORF. Reinhold Messner erstieg als erster Mensch alle 14 Achttausender. Es starben der Schriftsteller Fritz Hochwälder, der Regisseur Otto Preminger, der Musiker Benny Goodman, der Sänger Rudolf Schock, der Showmaster Lou van Burg, der designierte Josefstadt-Direktor Boy Gobert, der Kabarettist Peter Wehle, die Schauspieler Cary Grant, Elisabeth Bergner, Lilli Palmer, Dorothea Neff, Ernst Meister und die Legenden Heinz Conrads und Helmut Qualtinger.*

DAS ENDE EINER ÄRA

Bronner über Qualtinger

Nach Qualtingers Tod befragte ich Gerhard Bronner über die gemeinsame Kabarett-Ära und wie es zu ihrem Ende gekommen sei. Bronner, der mit mir mittlerweile nicht mehr auf Götz-Zitat-Ebene verkehrte, erinnerte sich an eine Vorstellung im Theater am Kärntnertor im Jahre 1959, »da kam der Regisseur Oskar Fritz Schuh hinter die Bühne und fragte den Qualtinger, ob er bei ihm nicht Shakespeares ›Richard III.‹ spielen wollte. Qualtinger sagte sofort zu, doch das Interessante daran war«, so Bronner, »dass Qualtinger seither alle möglichen Theaterrollen gespielt hat. Aber niemals ›Richard III.‹«

Mit der Zusammenarbeit Bronner–Qualtinger war's freilich endgültig vorbei. »Einen Anteil daran hatte Qualtingers damalige Frau Leomare, die entsetzlich ehrgeizig war und immer das Gefühl hatte, dass ihr Helmut am Kabarett missbraucht würde. Als er dann seinen Erfolg mit dem ›Herrn Karl‹ hatte, war er überhaupt nicht mehr zum Derreiten. Dazu kam auch sein Problem mit dem Alkohol.«

Bronner bedauerte den Zerfall des Kabaretts im Jahr 1961. »Ich hätte gerne einen Qualtinger erlebt, mit dem man so arbeiten konnte wie früher, aber das war nicht mehr möglich, er lebte nur noch in der Vergangenheit.«

Der Ursprung allen Übels war wohl das Aufeinanderprallen mehrerer sehr starker Persönlichkeiten. »Und ob du's glaubst oder nicht«, meinte Bronner, »wir wollten alle miteinander kein Kabarett mehr machen. Jeder hatte ganz andere Ambitionen. Der Carl Merz wollte Romane schreiben, der Georg Kreisler wollte Opern und ich wollte Musicals komponieren. Und der Qualtinger wollte alles werden.«

Und keiner hat erreicht, was er erreichen wollte. »Kreisler hatte keinen Erfolg als Opernkomponist, ich hab nicht die Art von Musicals gemacht, die ich machen wollte, no und der Qualtinger ist auch nicht alles geworden.«

Aber doch sehr viel.

TOD DURCH EINEN SCHEINWERFER

»Die Stimme« Ernst Meister

Qualtinger und Ernst Meister waren seit vielen Jahren eng miteinander befreundet – die beiden Schauspieler hatten lange Zeit Tür an Tür in der Sieveringer Daringergasse, dem heutigen »Helmut-Qualtinger-Hof«, gewohnt. Ernst Meister war lange Zeit fast ausschließlich wegen seiner charakteristischen Sprechstimme bekannt, er litt geradezu darunter, dass »die Stimme« viel berühmter war als er selbst. Viele wunderten sich, wenn sie hörten, dass Meister »auch« Theater spielte. Denn wirklich populär war er durch Tausende Radio- und Fernsehsendungen, in denen man ihn hören, aber niemals sehen konnte, allen voran durch die Dokumentarreihe »Der Fenster- gucker«. Erst in seinen späteren Jahren wurde Ernst Meister mit der »Lieben Familie« auf dem Bildschirm bekannt. Und, etwas langsa- mer, als Ensemblemitglied des Volkstheaters. Dort passierte auch das Malheur.

Ernst Meister ging am 15. September 1986 wie an jedem Tag zur Probe. Während seines Auftritts knallte ein schwerer Scheinwerfer zu Boden und blieb, nur wenige Zentimeter von ihm entfernt, auf der Bühne liegen. Der Schauspieler regte sich über das Missgeschick des Beleuchters dermaßen auf, dass er ins Lainzer Krankenhaus eingelie- fert werden musste. Die Ärzte stellten einen Herzinfarkt fest, dem der sechzigjährige Mime wenige Tage danach erlag. »Die Stimme« Österreichs war verklungen.

Die innige Freundschaft mit Helmut Qualtinger sollte noch einen tragischen Schlusspunkt erfahren: »Quasi« starb 48 Stunden nach sei- nem Weggefährten.

»BITTE MACHEN SIE ES NICHT ZU GUT«

Peter Alexander zum Sechziger

Nach dem Ende von »Hörzu«-Österreich lud mich der Axel-Sprin- ger-Konzern ein, neben meiner neuen Tätigkeit als »Kronen Zeitung«-Kolumnist weiterhin Künstlerporträts für die deutsche Aus- gabe zu schreiben, was ich noch eine Zeit lang tat. So verfasste ich im Juni 1986 eine Serie zum sechzigsten Geburtstag von Peter Alexan- der, der mir ausführlich aus seinem Leben erzählte. Etwa von seinem Vater, der entsetzt ausrief »Du wirst noch am Galgen enden«, als er ihm gestand, dass er Schauspieler werden wollte.

Und Peter Alexander erzählte von dem Tag im Jahr 1950, an dem er seine wahre Mission erkannte: »Ich hatte eine Eintrittskarte für ein Konzert mit Frank Sinatra im Londoner Palladium ergattert. Ich war hingerissen und sagte mir: So etwas wie der, das musst du werden!« Zwei Jahre später saß er im Vorzimmer eines Wiener Theateragenten neben der Schauspielerin Hilde Haagen, »die genauso wie ich dort war, weil sie dringend ein Engagement suchte«. Vier Monate nach dem Kennenlernen haben sie geheiratet.

Im Zuge der Serie fuhr ich mit Peter Alexander und einer Fotografin in das Gymnasium in der Wiener Gymnasiumstraße, das er einst besucht hatte. Der Schulwart führte uns, erfreut über den hohen Besuch, in das ehemalige Klassenzimmer des Publikumslieblings, in dem dieser ein Stück Kreide zur Hand nahm und die Worte »Hier schlief Peter Alexander von 1936–1941« auf die Tafel kritzelte.

Weniger Humor zeigte ein eben eintreffender Lehrer, der den berühmten Schüler, mich und die Fotografin »wegen unerlaubten Betretens« des Hauses verwies.

»Hier schlief Peter Alexander«: der Publikumsliebling in seinem ehemaligen Klassenzimmer, kurz bevor er des Hauses verwiesen wurde

»Peter der Große« konnte auch darüber lachen. Ja, der Mann hatte viel Witz, und er stellte ihn im kleinen Kreis gern unter Beweis, wenn er Schnurren aus seinem Leben erzählte. Etwa die Geschichte über

Géza von Cziffra, der ihn für den Film entdeckt hatte: »Ich war immer ein Perfektionist«, hob Alexander an, »aber wenn Cziffra Regie führte, musste aus Kostengründen alles ganz schnell gehen.«

Sie gerieten einander schon bei ihrem ersten Film, »Musikparade«, in die Haare, als Alexander eine bereits drei Mal gedrehte Szene ein viertes Mal aufnehmen wollte. Er wandte sich an den Regisseur: »Herr von Cziffra, können wir die Szene noch einmal drehen?«

»Können Sie es besser?«

»Ich will's probieren.«

»Bitte schön! Auf Wunsch von Herrn Alexander noch einmal.« Und ehe die Kamera lief, sagte der Regisseur noch: »Aber bitte, Herr Alexander, machen Sie es nicht zu gut. Sonst passt's nicht zu dem anderen, was Sie bis jetzt gedreht haben.«

Wie mächtig Peter Alexanders Position im Fernsehen war, zeigte mir ein Brief, in den ich zufällig Einblick nehmen konnte. Ich hatte einen Termin beim damaligen Unterhaltungschef des ORF und musste ein paar Minuten in seinem Vorzimmer warten. Auf dem Tisch, an dem ich saß, lag ein Schreiben von Peters Manager-Gattin Hilde Alexander. Ich war natürlich neugierig und schielte auf den Inhalt. »Betreff: Die nächste Peter-Alexander-Show«. Und da stand dann schwarz auf weiß, welche Filme im anderen Programm laufen durften! Ich kann mich nicht mehr erinnern, wie sie hießen, aber es waren natürlich C- und D-Movies. Einen Spitzenfilm als Kontrastprogramm am Samstagabend hätte Hilde Alexander niemals zugelassen. Auch das machte die Quote »Peter des Großen« aus.

Der erste Bundespräsident i. R.

Besuch bei Rudolf Kirchschläger

Er war ab 9. Juli 1986 »Privatmann«, drei Wochen danach besuchte ich den Bundespräsidenten i. R. Rudolf Kirchschläger und seine Frau Herma in ihrem Reihenhaus in Wien-Dornbach. Der Besuch war insofern etwas Außergewöhnliches, als es bis dahin noch kein pensioniertes Staatsoberhaupt gegeben hatte, alle seine Vorgänger in der Zweiten Republik – Renner, Körner, Schärf und Jonas – waren in ihrer Amtszeit verstorben.

Die Tür des schlichten Reihenhauses wurde geöffnet, nicht etwa von einem Dienstboten, sondern von jenem Herrn, der gerade noch der erste Mann im Staat gewesen war. »Bitte kommen Sie weiter«, sagte Rudolf Kirchschläger, den ich zum ersten Mal in Hemdsärmeln sah. Die Wohnung war bürgerlich eingerichtet, über der Sitzgarnitur des hellen Wohnzimmers eine Christusfigur, daneben Marienbilder.

»Na, wie gefällt's Ihnen bei uns?«, fragte die ehemalige First Lady. Aus ihr sprach sichtbar der Stolz einer Hausfrau, die zwölf Jahre niemanden in ihren eigenen vier Wänden empfangen konnte. Sondern immer nur in der Amtsvilla.

Keiner hat's gewusst: Sieben Jahre vor Antritt seines Ruhestandes hat Rudolf Kirchschläger das Reihenhaus am Stadtrand erworben. Von außen gefiel es ihm selber nicht. »In dem Betonklotz«, wie er sagte, war gerade noch eine Wohneinheit frei, die hat er genommen. Man hätte ihm sicher auch Prunkvolleres zukommen lassen, aber der Mann, der sich dafür stark machte, »die sauren Wiesen trockenzulegen«, wollte in seinem Privatleben bewusst auf Privilegien und Protektion verzichten.

»Ich war nicht so vermessen, zu glauben, dass ich das Ende meiner beiden Amtsperioden erleben würde, ich wollte nur sichergehen, dass meine Frau, wenn mir was passiert, sofort aus der Amtsvilla auf der Hohen Warte ausziehen kann, ohne auf Wohnungssuche gehen zu müssen. Da hat es ja eine leidvolle Erfahrung der Frau Jonas gegeben, der niemand eine Wohnung besorgen konnte, als ihr Mann starb. Das wollte ich meiner Frau ersparen.«

Ob er nicht Entzugserscheinungen habe, fragte ich Kirchschläger, nach all den Jahren der Macht, des Prunks, der Repräsentation, des Zusammentreffens mit den führenden und wohl auch interessantesten Menschen dieser Welt?

»Also, Sie können es mir glauben, mir fehlt wirklich nichts. Ich empfinde es eher als Befreiung, als dass ich das Gefühl hätte, mir wäre irgendetwas genommen worden. Die Intensität, mit der ich das Amt ausgeübt habe, kann man zwölf Jahre durchhalten, länger nicht. Das ist einfach körperlich nicht möglich.«

Und als ich die unausbleibliche Frage stellte, ob er nicht doch so etwas wie einen Pensionsschock verspürt hätte: »Ich habe eine Zeit-lang auf ihn gewartet. Aber er ist nicht gekommen«, sagte Kirchschlä-ger und sprach dann noch von den Vorzügen, nicht mehr Sklave des Kalenders zu sein: »Ich kann mich um die Dinge des Alltags küm-mern, um die sich bisher meine Frau gekümmert hat.« Neulich hätte er Freizeitkleidung für sich gekauft, »so was habe ich ja praktisch bis-her nicht besessen«. Und er war hoch erfreut, wie freundlich die Leute auf der Straße und in den Geschäften auf ihn zugingen.

Die Angriffe, die aus aller Welt gegen seinen Nachfolger Kurt Waldheim laut wurden, wollte er nicht kommentieren. »Ich habe mir für die nächsten sechs Monate eine Stillhaltephase auferlegt. In die-ser Zeit werde ich keinen offiziellen Termin wahrnehmen, um mei-nem Nachfolger die Möglichkeit zu geben, sich ohne Einfluss meiner Person etablieren zu können.«

Im Keller seines Hauses standen 34 Kisten voll mit Büchern und Unterlagen, die sich im Laufe seines langen Berufslebens angesam-melt hatten. »Irgendwann könnte ein Buch draus werden«, sagte er – doch das Buch ist nie erschienen.

Als ich mich von dem Ehepaar verabschiedete, trat es nach Jahr-zehnten eine seiner ersten privaten Reisen an – in die Steiermark. Rudolf Kirchschläger holte einen alten Volvo aus der Garage, ver-staute die Koffer und fuhr mit seiner Frau ab. Ohne Chauffeur, ohne Protokoll, ohne irgendwo seine Adresse zu hinterlassen.

Unser erster Präsident in Pension eben.

Postskriptum: So robust Rudolf Kirchschläger sowohl in seiner Amts-zeit als Bundespräsident als auch bei dem als »Privatmann« geführten Interview gewirkt hatte, so wenig war er es. Erst nach seinem Tod im März 2000 verriet mir seine Witwe Herma, dass er »sein ganzes Leben lang krank war. Mein Mann hatte seit seiner Geburt einen schweren Herzfehler und mit 38 Jahren schon den ersten Herzinfarkt. Früher hat er oft zu mir gesagt, dass er nicht damit rechne, älter als sechzig Jahre zu werden. Dennoch hat er sich als Bundespräsident nicht geschont und oft bis nach Mitternacht gearbeitet.« Dass er zwei volle Amtszeiten überstand und schließlich 85 Jahre alt werden sollte, konnte seine Witwe nur auf »Bestimmung und Gottes Segen« zurückführen.

DER REGIE-SIR

Bei Billy Wilder am Rodeo Drive

Wenn man so alt ist wie ich«, schoss er gleich los, »kann man lügen, so viel man will. Es lebt sowieso kein Mensch mehr, der das Gegenteil behaupten könnte.« Jede Pointe saß, als hätte er sie für einen Dialog zwischen Jack Lemmon und Walter Matthau geschrieben. Ich hatte mich, als ich im Oktober 1986 in Los Angeles war, um einen Interviewtermin bei Billy Wilder bemüht – und wie durch ein Wunder auch bekommen. Der in Wien aufgewachsene Regie-Großmeister hatte die amerikanische Filmmetropole mit Filmen wie »Zeugin der Anklage«, »Manche mögen's heiß« und »Irma La Douce« geprägt. Am Erfolg seiner Filme wurden alle anderen gemessen.

»Einerseits heißt es, Hollywood ist tot«, setzte ich zu meiner ersten Frage an, »auf der anderen Seite …«

»… hört man jedes Jahr vom erfolgreichsten Film aller Zeiten. Da kann doch was nicht stimmen, meinen Sie.«

Als gelernter Journalist, der Mitte der 1920er-Jahre für die Wiener Zeitung »Die Stunde« an einem Tag Sigmund Freud, Richard Strauss und Arthur Schnitzler interviewt hatte, kannte er meine Fragen ebenso gut wie seine Antworten.

Reporter und Gesprächspartner in Personalunion führte Mr. Wilder das Interview in seinem Büro Ecke Santa Monica Boulevard/ Rodeo Drive praktisch im Alleingang weiter.

»Beides ist wahr«, sagte er. »Hollywood ist tot, und es werden die erfolgreichsten Filme aller Zeiten gedreht. Hier ist nichts mehr so, wie es einmal war. Da waren einmal die mächtigen Produktionsfirmen wie Paramount, die hundert Schriftsteller unter Vertrag hatten, bei MGM waren Clark Gable, Spencer Tracy, Joan Crawford fix engagiert und haben jedes Jahr drei Filme gedreht. Heute machen Leute wie Sylvester Stallone und Robert Redford alles selber, sie schreiben, produzieren, inszenieren, schneiden ihre Filme.«

»Die heutigen Stars sind also …«

»… gescheiter, weil sie alles allein schaffen? Keine Spur. Sie

147

machen sich nur noch mehr wichtig als die früheren Stars. Und sie wollen das ganze Geld selber einstreifen.«

Meine nächste *nicht* gestellte Frage: »Mr. Wilder, Sie haben praktisch mit allen Großen gedreht, von Audrey Hepburn über Maurice Chevalier bis Shirley MacLaine. Können Sie die Faszination erklären, die solche Persönlichkeiten auf das Publikum ausüben?«

»Nein«, sagte er, »man sieht ein interessantes Gesicht, dreht einen Film und hat keine Ahnung, ob's ankommt. Erst auf der Leinwand erkennt man: Der ist phänomenal oder er ist eine Null. Nur so viel steht fest: Der Film, ich meine das Material, muss ihn lieben.«

»Andere Kriterien gibt es nicht?«, nützte ich die Zehntelsekunde, in der er sich eine dicke Zigarre anzündete. Wilder paffte und sprach: »Schauen Sie, früher einmal, da mussten die Stars schöne Menschen sein, aber das ist vorbei. Ist ein Schauspieler heute 1,80 groß und gerade gebaut, dann lebt er in der falschen Zeit. Ein Buckliger kann viel eher ein Star werden. Er muss nur irgendwas haben. Wie Robert De Niro oder Dustin Hoffman – im Moment sind die Zwerge modern.«

»Woran liegt das?«, stellte er sich die nächste Frage wieder selbst. »Na ja, damit wird dem Publikum suggeriert, wenn der nicht schön ist, muss er etwas Interessantes haben. Wann erscheint das Interview?«

»Nächste Woche.«

»Da kann es schon wieder ganz anders sein.«

Wie in seinen Filmen ließ der achtzigjährige Billy Wilder auch hier, in Beverly Hills, dem Nobelbezirk von Los Angeles, nur wenige Meilen vom alten Hollywood entfernt, keinen Augenblick ungenützt vergehen. So hob er, während er erzählte, den Telefonhörer ab, wählte irgendwelche Nummern, legte wieder auf, holte ein Buch aus der Bibliothek, setzte sich wieder nieder, fragte, was es in Wien Neues gäbe, putzte seine sechs Oscars, die im Regal standen, mit einem Staubwedel, sprach von geplanten Filmprojekten, über die man noch nicht sprechen könnte. Und das alles auf Deutschamerikanisch mit Josefstädter Einschlag.

»Das Glück von Hollywood«, kam er wieder zur Sache, »ist die Sprache. Sie können heute der größte Poet der Welt sein, wenn Ihre

»Ihr Anzugstoff war sicher nicht billig«: mit Regie-Großmeister Billy Wilder in Los Angeles, Oktober 1986

Muttersprache Bulgarisch ist, bekommen Sie den Oscar mit 93 oder wahrscheinlich gar nicht.«

»Warum gerade Hollywood?«

»Dieses Dorf übt auf die Europäer immer noch die größte Faszination aus, es interessiert sie, was für Eisschränke, Möbel, Hüte die Amerikaner haben. Damit hat Hollywood nicht nur den Film, sondern ganz Amerika Ansehen und Reichtum gebracht. Aber das erkennen die in Washington nicht. Die glauben, dass wir vom Film zu viel Geld verdienen und das Monopol besitzen, mit schönen Mädchen zu schlafen. Das stimmt ja auch, aber aus denen spricht der pure Neid, sie hätten's selber gern.«

Während er kurz Luft holte, hakte ich ein: »Der jetzige Präsident kommt doch selbst aus Hollywood.«

»Reagan? Was hat denn der mit Hollywood zu tun? Er war dritte Garnitur. Wenn man John Wayne, Glenn Ford und William Holden nicht bekam, dann hat man Ronald Reagan genommen. Er war hier einer von Tausenden Schauspielern, über die man sich keine besonderen Gedanken gemacht hat. Wer hätte gedacht, dass er einmal Präsident der Vereinigten Staaten wird? Kein Mensch.«

Und dann aus dem Blickwinkel des Regisseurs: »Reagan lässt sich gut fotografieren, Sie verstehen, was ich meine ...«

149

»Ich verstehe«, wollte ich gerade noch einwerfen, aber da hatte er sich schon die nächste Frage gestellt: »Ob Hollywood Zukunft hat? Aber sicher! Die Filmindustrie lebt weiter. Es heißt immer, das Fernsehen macht alles kaputt. Das stimmt überhaupt nicht. Klopapier zum Beispiel wird es trotz Fernsehen immer geben. Kennen Sie die Buchfeldgasse in Wien? Dort bin ich zur Schule gegangen. Ihr Anzugstoff war sicher nicht billig. Wie ich Journalist war in Wien, hätt' ich mir den nicht leisten können. Freut mich, dass sich die Zeiten in Österreich geändert haben. Ich muss jetzt zum Zahnarzt, der kommt eigens für mich angeflogen, aus San Diego. Auf Wiedersehen.«

»Auf …« Weg war er.

Es war wie im Kino. Buch und Regie: Billy Wilder.

Katholische Organisationen protestierten **1987** *gegen die Ernennung Kurt Krenns zum Wiener Weihbischof. Der Kärntner Landeshauptmann Leopold Wagner wurde bei einem Schussattentat lebensgefährlich verletzt. Der Opernball wurde erstmals durch Demonstrationen gestört. Thomas Gottschalk moderierte zum ersten Mal »Wetten, dass …?« Die Steirerin Ulla Weigerstorfer wurde »Miss World«. Der Pilot Mathias Rust landete mit einer Cessna auf dem Roten Platz in Moskau. Josef Hickersberger wurde Chef der österreichischen Fußball-Nationalelf. Die Tennisspielerin Steffi Graf gelangte auf Platz eins der Weltrangliste. Hitlers Stellvertreter Rudolf Hess beging in der Haftanstalt Berlin-Spandau Selbstmord. Es starben der Schriftsteller Jean Anouilh, der Tierfilmer Bernhard Grzimek, Quizmaster Hans Rosenthal, Pop-Art-Künstler Andy Warhol, die Opernsängerin Rita Streich sowie die Schauspieler Fred Astaire, Danny Kaye, Rita Hayworth, Gustav Knuth, Gustav Fröhlich, Adrienne Gessner und Attila Hörbiger.*

DER LETZTE BÜHNENGIGANT

Nachruf auf Attila Hörbiger

Wie so oft lag es an mir, den Nachruf auf einen großen Schauspieler zu schreiben. Ich hatte mit Attila Hörbiger ein Jahr davor, als er neunzig war, das letzte Interview seines Lebens geführt. Er war mir auf einen Stock gestützt, ein wenig zerbrechlich, entgegengekommen, aber erzählen konnte der alte Herr immer noch wie kein anderer. Nun folgte der Abschied. »Unser Land ist immer noch reich an großen Schauspielern«, schrieb ich. »Doch Attila Hörbiger war der letzte vielleicht, dessen Auftreten uns verzaubern konnte, dessen Bühnenpersönlichkeit genügte, den Zuschauer einen kalten Schauer spüren zu lassen, bevor er noch ein Wort gesagt hatte. Der letzte, den man in einem Atemzug mit Werner Krauß, Albin Skoda, Ewald Balser nennen konnte.«

Und ich erinnerte mich an das Gespräch im Jahr davor: »Ich bin Schauspieler geworden«, hatte er ganz offen gesagt, »weil ich gesehen hab, dass man damit schnell Geld verdienen kann.« Gesehen hatte er das bei seinem um zwei Jahre älteren Bruder Paul, dem nach dem Ersten Weltkrieg innerhalb kürzester Zeit eine vielversprechende Bühnenkarriere gelungen war.

Im Jahr 1935 heiratete Attila Hörbiger die damals schon prominente Paula Wessely. »Was ich bin und was ich habe«, meinte er zum Neunzigsten, »verdanke ich meiner Frau.« Paula Wessely, zwischen uns sitzend, wollte das freilich nicht gelten lassen: »Aber geh, Vater«, unterbrach sie ihn, »was ich für dich getan habe, war nur etwas Ordnung in dein Leben zu bringen. Du hättest es dir vielleicht ein bisschen zu leicht gemacht.«

»Ja«, gestand er, »ich habe diese Arbeit, das Theaterspielen, nie ganz ernst genommen. Sie war es, die mir den Ernst des Berufs vermittelt hat.«

Jahrzehntelang war Attila Hörbiger der kraftstrotzende »Naturbursch« gewesen, hatte durch seine unvergleichliche Vielfalt als Petruccio, als Knieriem, als Nathan begeistert – und das, obwohl er nie eine Schauspielschule absolviert hatte.

»Ich habe das Theaterspielen nie ganz ernst genommen«: Attila Hörbiger als »Nathan«

Seinen letzten Auftritt hatte Attila Hörbiger im Alter von 88 Jahren als Kammerdiener Firs in Tschechows »Kirschgarten«. Seinen Humor hatte er sich auch mit neunzig noch erhalten: »Es hat mich nicht gestört, dass ich als alter Mann in den Stücken, in denen ich früher in Hauptrollen zu sehen war, ganz kleine Rollen spielte. Meine Rolle als Winter im ›Diamant des Geisterkönigs‹ war so klein«, lachte er, »dass, wenn jemandem bei meinem Auftritt das Programmheft heruntergefallen ist und er sich gebückt hat, um es aufzuheben, dann war ich schon weg, wenn er wieder oben gewesen ist.«

Mit Attila Hörbigers Tod beendete auch Paula Wessely ihre Theaterkarriere. »Meine Mutter ist«, erzählte mir deren jüngste Tochter Maresa Hörbiger Jahre später, »als mein Vater gestorben war, nicht mehr aufgetreten. Ich bin überzeugt davon, dass diese lange Ehe auch durch ein bestimmtes Konkurrenzverhältnis aufrecht bleiben konnte. Als er nicht mehr da war und sie es ihm nicht mehr zeigen, nicht mehr mit ihm darüber diskutieren konnte, hat sie das Theaterspielen nicht mehr interessiert. Das war, glaube ich, der wahre Grund, warum sie aufgehört hat.«

Als am Morgen nach Attila Hörbigers Tod der Leichenbeschauer in die Himmelstraße kam, öffnete Christiane Hörbigers Lebenspartner Gerhard Tötschinger die Tür des Hauses. Der Arzt trat ein, wusste gleich um die historische Bedeutung seiner Mission und fragte, noch ehe er seines Amtes waltete: »Entschuldigen, ich hätt' nur a Frage, gibt's Karten fürs Begräbnis?«

Einer der letzten Großen des Burgtheaters war dahingegangen.

Eine kleine Episode in diesem Zusammenhang zeigt, wie Zeitungen mitunter entstehen. Ich rief Chefredakteur Friedrich »Bibi« Dragon am Abend des 27. April 1987 an, als ich vom Tod Attila Hörbigers erfahren hatte. Dragon machte für die Morgenausgabe eine Doppelseite für den Nachruf frei und ich schlug vor, ein Foto des großen Schauspielers auf Seite eins zu bringen. Dragon sagte Nein, es würde seiner Meinung nach nicht mehr so viele Menschen geben, die Attila Hörbiger noch gekannt hätten, seine Karriere sei ja doch schon vor Jahren zu Ende gegangen.

Ich machte mich also daran, den Nachruf zu schreiben – da rief der Chefredakteur nach ein paar Minuten noch einmal an und sagte: »Ich hab grade mit der Inge (Dragons Frau, Anm.) gesprochen. Sie meint, wir sollten das Bild doch auf Seite eins bringen.« Und so geschah's dann auch.

Just an dem Tag, an dem Attila Hörbiger starb, wurde der amtierende Bundespräsident Kurt Waldheim wegen möglicher Mitwisserschaft an Kriegsverbrechen auf die US-amerikanische »Watchlist« gesetzt. Die von der »Krone« geführte Waldheim-Kampagne war mir als Kolumnist der Zeitung alles andere als angenehm. Als mir Hans Dichand eines Tages vorschlug, mich mit einem Beitrag an der Waldheim-Berichterstattung zu beteiligen, lehnte ich ab – was mit Waldheim weniger zu tun hatte als mit der Art und Weise, wie er verteidigt wurde.

Meine Verweigerung hat mir im Übrigen keine Probleme eingebracht.

»IN FÜNFZIG JAHREN KOMME ICH WIEDER«

Vladimir Horowitz in Wien

Pressekonferenz im Hotel Imperial. Alles wartete gespannt auf das Eintreffen des »verrückten Genies«, wie Vladimir Horowitz genannt wurde, auf »das senile Wunderkind« (»Der Spiegel«), den »Hypochonder« (»New York Times«) und überhaupt »merkwürdigen Musiker« (»Stern«). Der Welt bedeutendster Pianist, dem nachgesagt wurde, mindestens so viele Stunden auf der Psychiatercouch wie auf dem Klavierstockerl verbracht zu haben, sollte jeden Moment eintreffen. Und tatsächlich, die Flügeltüren des Hotelsalons öffneten sich, und herein trat ein, wie sich bald zeigen sollte, skurriler, aber keineswegs verrückter Herr von 83 Jahren, begleitet von seiner Frau Wanda.

Vladimir Horowitz war nach Wien gekommen, um am 31. Mai 1987 ein Konzert im Großen Musikvereinssaal zu geben, nachmittags natürlich, »denn abends spiele ich prinzipiell nicht«. Es war das teuerste Konzert, das es je in dieser Stadt gegeben hat. Rund 4,5 Millionen Schilling wurden dem Meister, das hatte sich noch vor der Pressekonferenz herumgesprochen, für seinen Zweistundenauftritt bezahlt. Horowitz-Fans, die nicht bereit waren, bis zu 3000 Schilling für die Eintrittskarten auszugeben, tröstete er gleich beim Eintreffen: »In fünfzig Jahren komme ich sowieso wieder.« So viel Zeit war auch zwischen seinem ersten und seinem zweiten Wien-Gastspiel vergangen.

Der in Kiew geborene »liebe Gott unter den Klavierspielern« hatte seinen Steinway-Flügel nach Wien einfliegen lassen, zu dem er dann auf dem Podium des Musikvereins »wie ein Pinguin watschelte und zum Spielen so weit davor Platz nahm, als machte ihm das Instrument Angst«, beschrieb ein Kritiker den Auftritt.

Mit gefälschten Papieren vor den Kommunisten aus der Sowjetunion geflüchtet, war das Wunderkind in die USA ausgewandert, wo Horowitz 1932 die Begegnung seines Lebens hatte: Arturo Toscanini nahm mit ihm Tschaikowskis Klavierkonzert in b-Moll auf, machte ihn zu seinem Lieblingssolisten und – zum Schwiegersohn.

Vladimir heiratete Wanda Toscanini, die jetzt im Wiener Imperial neben ihm saß. Fragen an den Maestro waren zugelassen. Jemand wollte wissen, wie es möglich sei, dass er von internationalen Medien als »verrücktes Genie« beschrieben würde, er hier in Wien aber ganz normal wirkte. Doch nicht er antwortete, sondern Wanda: »Er gilt als verrückt, weil er nur Huhn und Seezunge isst, spätnachts zu Bett geht und dann bis mittags in einem verdunkelten Raum schläft.« Vladimir lachte weise, zupfte an seinem Mascherl und sagte in englisch-deutschem Kauderwelsch mit russischem Akzent: »Es ist besser, sie schreiben, man ist verrückt, als sie schreiben gar nichts.«

Zu seinem Image als schlimmes Kind, das so gerne Eiscreme schlecken würde, aber von seiner strengen Ehefrau daran gehindert werde, hat das Original selbst einiges beigetragen: Nach ausgedehnten Konzerttourneen legte er immer wieder Erholungspausen ein, deren längste 25 Jahre dauerte. Wo immer er hinkam, führte er eine Maschine zur Desinfektion des Trinkwassers mit, oft reiste er auch mit eigenem Koch an, »aber der Wiener Küche vertraue ich«.

»Wie lange üben Sie pro Tag?«, wurde Horowitz gefragt.

»Meistens gar nicht«, antwortete er. »Wissen Sie, wenn man in den letzten fünfzig Jahren so viel Klavier gespielt hat wie ich, kann man's schon.«

Zwei Tage später dann im bis zum letzten Platz gefüllten Musikvereinssaal. Mozart, Schubert, Liszt, Schumann, Chopin standen auf dem Programm. Der alte Mann spielte mit leidenschaftlicher Hingabe und scheinbarer Leichtigkeit, als wäre er von ganz oben gelenkt.

Wie hatte Horowitz uns doch eben noch erklärt? »Nichts ist einfacher als Klavierspielen.«

DAS HOTEL, IN DEM DIE KAISERIN STARB

Ein Besuch im Genfer Beau-Rivage

Aus Anlass des 150. Geburtstags der Kaiserin Elisabeth im Dezember 1987 besuchte ich das Genfer Hotel Beau-Rivage, in dem sie nach einem Mordanschlag 1898 gestorben war. Wie es das Schicksal wollte, war kurz vor meinem Besuch der Politiker Uwe Barschel in demselben Hotel auf mysteriöse Weise ums Leben gekommen.

Das Beau-Rivage, an der Uferpromenade des Genfer Sees gelegen, ist ein prachtvoller alter Bau. Ein Hotelpalast, in dessen Gästebuch sich die Prominenz aus mehr als hundert Jahren findet. Ein Dutzend gekrönter Häupter, der Herzog von Windsor mit seiner Wallis Simpson, Charles de Gaulle und Edward Kennedy, aber auch Richard Wagner, Charlie Chaplin und Clark Gable logierten hier. Zwei Gäste brachten das Hotel freilich in die internationalen Schlagzeilen: Kaiserin Elisabeth von Österreich und der Ministerpräsident von Schleswig-Holstein, Uwe Barschel. Beide sollten ihre Zimmer im Beau-Rivage nicht lebend verlassen.

Elisabeth war am 9. September 1898 in Genf angekommen, wo sie sich unter dem Pseudonym »Gräfin von Hohenembs« einquartierte. Eine Schweizer Zeitung lüftete das Inkognito und verriet tragischerweise, dass sie im Beau-Rivage abgestiegen war. Als der 25-jährige Luigi Lucheni das las, sah er seine große Stunde gekommen. Seit Monaten wollte der Anarchist »irgendein Attentat« verüben, doch konnte er den Plan mangels einer geeigneten, in Genf weilenden prominenten Persönlichkeit nicht verwirklichen.

Tags darauf, als Elisabeth um 13.38 Uhr mit ihrer Hofdame Irma Gräfin Sztáray, nur ein paar Schritte vom Beau-Rivage entfernt, am Kai das Linienschiff nach Montreux besteigen wollte, stach Lucheni mit einer spitzen Feile zu. »Die Kaiserin sank zur Erde«, gab Gräfin Sztáray der Genfer Polizei zu Protokoll, »da erst kam mir der Gedanke, dass das Scheusal Ihre Majestät geschlagen haben musste.«

Trotz ihrer schweren Verletzung konnte die Kaiserin noch bis zum Schiff gehen, auf dem sie dann ein zweites Mal zusammenbrach. »Was ist denn mit mir geschehen?«, waren Elisabeths letzte Worte, ehe man sie in bewusstlosem Zustand zum Beau-Rivage zurückbrachte.

Das Hotel wurde damals von Charles-Albert und Fanni Mayer, den Großeltern der heutigen Besitzerin Catherine Mayer geführt. Catherine zeigte mir das Appartement 119/120, in dem »Sisi« starb, und erklärte, dass sie sich noch gut an die Erzählungen ihrer Großmutter erinnern könnte: »Sie stand in der Halle, als die schwer verletzte Kaiserin auf einer Bahre im Haus ankam, worauf sofort der Hotelarzt Dr. Golay gerufen wurde.«

Großmama Fanni Mayer hinterließ ein paar dicht beschriebene Bogen Papier, auf denen sie die Ereignisse schilderte. Ihre Enkelin Catherine zeigte mir das bisher unveröffentlichte Dokument: »Sechs Damen und sechs Herren trugen die schwer verletzte Kaiserin in das Hotel. Ich verfolgte diesen traurigen Zug bis hinauf in den ersten Stock zum Appartement, das die Kaiserin bewohnte. Dr. Golay sagte, er könne nicht mehr helfen, der Blutverlust sei zu groß. Ihren letzten Atemzug tat Elisabeth zwanzig Minuten nach ihrer Ankunft im Hotel.«

Einige Zeit weilte die Kaiserin unter demselben Dach wie ihr Mörder, ist Fanni Mayers Aufzeichnungen zu entnehmen: »Passanten verfolgten den Attentäter und hielten ihn fest, bis ihn ein Gendarm verhaften und in unser Hotel bringen konnte. Nach einer kurzen Einvernahme im Hotel wurde der Gefangene zum Polizeirevier befördert.« Zu diesem Zeitpunkt war Kaiserin Elisabeth bereits tot.

Knapp neunzig Jahre später ereignete sich zwei Stockwerke höher eine ganz andere Tragödie. Der wegen einer Politaffäre seines Amtes enthobene Ministerpräsident Uwe Barschel nahm sich am 10. Oktober 1987 in der Badewanne im Zimmer 317 im Beau-Rivage das Leben. Wirklich geklärt konnte sein Tod nie werden, und auch die Hotelchronik schweigt. So gerne die Direktion Fragen über »Sisis« Hinscheiden beantwortete, so wenig wollte man über Barschel sprechen. Der so weit zurückliegende Fall war wohl ein Anziehungspunkt für Touristen, der andere ganz und gar nicht.

Abgesehen von »Sisi« und Barschel, erfuhr ich, ist noch der Herzog von Braunschweig im Beau-Rivage verschieden. »Eines natürlichen Todes«, beeilte sich die Hotelchefin hinzuzufügen. Und schmunzelte noch: »Wir sind sicher, dass in unserem Haus mehr Menschen gezeugt wurden als verstorben sind.«

Doch sind die Lebenden vermutlich nicht so berühmt geworden wie die hier Verblichenen.

*Auf dem Wiener Albertinaplatz wurde **1988** Alfred Hrdlickas Mahnmal gegen Krieg und Faschismus enthüllt. Bereits im Vorfeld der Uraufführung von Thomas Bernhards »Heldenplatz« kam es zu Protesten, als Zitate aus dem Drama bekannt wurden wie »In Wien gibt es mehr Nazis als '38 und in Österreich sechs-*

einhalb Millionen Debile«. Die Altstadt von Lissabon wurde durch ein Großfeuer vernichtet. Gerhard Berger gewann den Grand Prix von Monza. 273 Menschen kamen beim Absturz eines US-Jumbos nach einem Sprengstoffanschlag über dem schottischen Ort Lockerbie ums Leben. Es starben der bayerische Ministerpräsident Franz Josef Strauß, Nationalbankpräsident Stephan Koren, der Maler Hans Fronius, der Lyriker Erich Fried, die Opernsängerin Hilde Güden, der Komponist Frederick Loewe, Popstar Hansi Dujmic sowie die Schauspieler Axel von Ambesser und Gert Fröbe.

Mit Kardinal König in der U-Bahn

Ein bescheidener Mensch geblieben

Zweieinhalb Jahre nach Rudolf Kirchschläger besuchte ich, im Dezember 1988, einen weiteren prominenten »Pensionisten«: Franz Kardinal König lebte zu diesem Zeitpunkt in einem schlichten Appartement des Altenheims der Barmherzigen Schwestern in Wien-Gumpendorf. »Ich muss gestehen«, sagte der 83-jährige Kardinal, »dass ich hier viel lieber wohne als seinerzeit im Erzbischöflichen Palais am Stephansplatz. Das Palais des Erzbischofs ist zwar prunkvoll – aber unpraktisch und ungemütlich. Ich fühl mich hier wirklich wohl.«

Der neue Lebensstil entsprach der aufrichtigen Bescheidenheit des großen alten Mannes. Als ranghöchster Würdenträger der katholischen Kirche Österreichs musste der Bauernsohn aus Rabenstein an der Pielach drei Jahrzehnte lang repräsentieren, doch der Kontakt mit den kleinen Pfarrern und dem »Kirchenvolk« war ihm wichtiger als der äußere Prunk. »Ich hab keinen Wagen und keinen Fahrer mehr und ich bin froh darüber«, erklärte er. »Denn die Verbindung mit der U-Bahn ist sehr gut.«

»Herr Kardinal«, machte ich die Probe aufs Exempel und gab dem mich begleitenden Fotografen ein Zeichen, »wie wär's, wenn wir mit Ihnen ein Stück in der U-Bahn fahren dürften?«

»Zieht's euch alle an wie die Hippies«: Kardinal Franz König in der U-Bahn, 1988

Dafür war er sofort zu haben, musste er doch ohnehin zu einem Mittagessen in die Stadt. Kurze Zeit später betraten wir die U-Bahnstation Margaretengürtel, schon war der Zug da und wir stiegen ein. Die Fahrgäste waren erstaunt. »Des gibt's net, der Kardinal«, raunten sie einander zu, und einer wollte es gar nicht glauben: »Geh, der wird do net mit der U-Bahn fahren!« Unterwegs, während er sich geduldig fotografieren ließ, fragte ich ihn, was er als U-Bahnfahrer von all dem Prunk, den die katholische Kirche auslebte, halten würde.

»Ja wissen Sie«, überlegte er, »man könnte natürlich sagen, zieht's euch alle an wie die Hippies, aber die Kirche braucht eine gewisse äußere Form. Das wurde ja ohnehin schon reduziert. In meiner Jugend wurde der Papst noch in den Vatikan getragen, heute spaziert er zu Fuß hinein. Wenn der Papst seinen weißen Talar auszieht und schwimmen oder skifahren geht, ist er ein Mensch wie jeder andere. Gegen Prunkexzesse bin ich auch, ich glaube, ein Mittelweg ist da richtig und ich hoffe, dass sich die Kirche auf diesem Mittelweg befindet.«

Ehe wir am Stephansplatz ausstiegen, erklärte der Kardinal noch, dass er hin und wieder auch Taxi fahren würde. »Da sagt letztens ein Fahrer zu mir: ›Das wird mir mei Frau aber net glauben, dass Sie heut mit mir g'fahren sind, Herr Kardinal.‹

Sag ich zu ihm: ›Na, dann geben S' mir an Zettel, ich werd's Ihnen bestätigen.‹«

Ein großer Mann war ein einfacher und bescheidener Mensch geblieben.

Zu bedenken ist, dass zur gleichen Zeit Hans Hermann Groër im Palais des Erzbischofs von Wien thronte.

Den hatte ich auch einmal erlebt, gleich nach seiner Weihe. Ich nahm den damaligen Bischofswechsel zum Anlass, um eine Kolumne über die Geschichte des Erzbischöflichen Palais zu schreiben. Ein Fotograf nahm für diesen Artikel mehrere Bilder Groërs in den barocken Arkaden des Gebäudes am Stephansplatz auf und ging dabei ein wenig in die Knie, um Groër besser ablichten zu können. »Nicht von unten«, flüsterte der neue Erzbischof, »nicht von unten, denn von unten kommt alles Böse, von unten kommt das Kranke, kommt der Tod, kommt der Teufel.« Das waren die ersten Worte, die ich von Hans Hermann Groër vernommen hatte.

Ich dachte mir meinen Teil.

MIT ZIGARRE IM SPITALSBETT

Sigmund Freuds Enkel erinnern sich

Im Jahr 1989 wurde des fünfzigsten Todestages Sigmund Freuds gedacht. Der Name Freud war in meinem Elternhaus oft gefallen, da meine Mutter, wie erwähnt, während des Krieges in einem Kindergarten seiner Tochter Anna in London tätig gewesen war. Unglaublich imponiert hat mir, als der weltberühmte amerikanische Autor Irving Stone in meiner Kindheit bei uns zu Hause anrief, weil er für einen Freud-Roman recherchierte und meine Mutter interviewen wollte – tatsächlich hat sie ihn auch getroffen, und sein Freud-Buch ist 1971 unter dem Titel »The Passions of the Mind« erschienen.

Durch meine Freundschaft mit Friedrich Hacker, der selbst noch Vorlesungen Freuds besucht hatte, stieß ich wieder auf Leben und Werk des »Vaters der Psychoanalyse«. Im Langen Müller Verlag war man sofort dafür, als ich eine Freud-Biografie vorschlug. Ich hatte mehrere Biografien gelesen und festgestellt, dass sie mehr oder weniger alle von Psychoanalytikern für Psychoanalytiker geschrieben waren – der Laie konnte mit all dem wenig anfangen. Was ich anstrebte, war ein Buch für interessierte Leser, die über keine psychoanalytischen Grundkenntnisse verfügten.

Doch je mehr ich mich mit Freud beschäftigte, desto mehr verließ mich ob der komplizierten Materie der Mut. Genau dann beruhigte mich Friedrich Hacker und gewährte mir jede Unterstützung, wobei er die Gabe hatte, die kniffligsten Zusammenhänge in einfachen Worten zu erklären.

Mir ging es um den Menschen Sigmund Freud und um seine berühmten »Fälle«, die gleichzeitig Aufschluss über seine Arbeit geben. Und es war mir einmal mehr wichtig, Menschen zu treffen, die aus eigenem Erleben etwas über das Phänomen Freud erzählen konnten. Es gelang mir, noch drei sehr kompetente Zeitzeugen zu finden. Zuerst den berühmten, damals 96-jährigen amerikanischen Psychiater Karl Menninger, der Freud im August 1934 in Wien besucht und seine Lehre in den USA populär gemacht hatte.

Ich reiste im Frühjahr 1989 nach Topeka, der Hauptstadt des amerikanischen Bundesstaates Kansas, um Dr. Menninger zu treffen. Ein Mann, der trotz seines hohen Alters voller Energie war. Er war nicht nur Gründer, sondern auch der überaus aktive Präsident der »Menninger Foundation«, einer der größten privaten Psychiatrischen Kliniken der Welt. »Sie kommen wegen Freud«, setzte er an, »ja, ich flog damals nach Wien, und es war ein unvergessliches Erlebnis. Nicht mein schönstes vielleicht, aber sicher eines der aufregendsten, die ich hatte.«

Und er begann in seinen Erinnerungen zu kramen. »Äußerlich war Freud so, wie man sich einen Gelehrten vorstellt, und er war ein typical Viennese Gentleman. Professor Freud war höflich und vornehm, wusste aber eine gewisse Distanz zu wahren. Es war nicht so, dass man ihm die Hand schüttelte und gleich an ihn herankam. Er war damals schon eine Legende, und er war sich dessen bewusst.«

Sigmund Freud von einem Paprikahuhn erzählt: mit Karl Menninger, 1989 in Topeka, USA

Es war ein intensives Gespräch, das Freud und Menninger an diesem strahlenden Sommertag geführt hatten. Und es waren keineswegs nur leere Floskeln, die sie miteinander wechselten. Auch Menninger war in den 1930er-Jahren bereits eine Berühmtheit. Sein Buch »The Human Mind« zählte zu den erfolgreichsten Büchern der USA. Er war damals schon Leiter der »Menninger Clinic«, einem der wenigen Psychiatrischen Krankenhäuser, in denen die Patienten durch Psychoanalyse behandelt wurden.

Nun, worüber sprachen die beiden Psychoanalytiker?

»Zuerst habe ich Freud von einem Paprikahuhn vorgeschwärmt. Ich hatte so etwas gerade zum ersten Mal in meinem Leben in einem Heurigengarten gegessen. Und wir sprachen von der Musik, die man dort spielte.«

Doch dann kam man zur Sache, zur Verbreitung der Psychoanalyse in den USA. Freud führte das Gespräch »in exzellentem Englisch, wenn auch mit stark österreichischem Akzent«. Trotz seiner schweren Erkrankung war er voll konzentriert, reagierte auf jeden Einwand und jede noch so komplizierte Frage. Freud war zum Zeitpunkt des Menninger-Besuchs 78 Jahre alt, litt an Kieferkrebs, hatte oft unerträgliche Schmerzen und war bereits mehrmals operiert worden. »Aber er hatte eine eiserne Disziplin, ließ sich von all dem nichts anmerken.«

Karl Menninger behielt ein Genie voller Widersprüche in Erinnerung. Und hinterließ uns damit kein untypisches Bild des Forschers: Freud konnte freundlich und gleichzeitig abweisend sein. Er hatte schon als junger Mann schreckliche Todesängste und war gerade dann besonders schöpferisch. Er verließ seine besten und treuesten Freunde und litt unter einer Isolation, in die er sich zum Teil selbst begeben hatte.

Freud war ein Fall für Freud. Im besten Sinn des Wortes. Denn gerade das Genie voller Widersprüche schaffte die Grundlagen zum Studium komplexer Vorgänge in der menschlichen Seele. Oder, wie er selbst es einmal ausdrückte: »Der Hauptpatient, der bin ich selbst.«

Nach dem Arzt Dr. Menninger stand mir als zweiter Zeitzeuge Sigmund Freuds Enkel gegenüber, der sich eines »Großpapas« entsann, wie man ihn sich nur wünschen könnte: Ernest Freud, eines der wenigen damals noch lebenden Familienmitglieder, das den sechsfachen Vater und »gottähnlichen Patriarchen« in plastischer Erinnerung hatte.

Ernest war 25, als sein Großvater starb, aus der Berggasse war ihm eine Wiener Großfamilie im Gedächtnis geblieben, »mit ihrer eigenen Kultur, ihren eigenen Werten, eine jüdische Familie, aber in keiner Weise orthodox; eine intellektuelle, gutbürgerliche Familie mit einem hohen Standard von Anständigkeit und Ehrlichkeit … Großvater erschien menschlich, obgleich er als unfehlbar galt. Er brauchte seine Wünsche nicht zu äußern, alles funktionierte.«

Viele Jahre später lernte ich eine weitere Enkelin Freuds kennen, die sich als wortgewaltige Kritikerin der Freudschen Lehre einen Namen gemacht hatte. »Ich halte den Kult um ihn für übertrieben, ja fast lächerlich«, sagte die als Psychologin in den USA lebende Sophie Freud, die im Jänner 2015 für ein paar Tage nach Wien gekommen war.

Sophie hatte als Kind mit ihren Eltern am Franz-Josefs-Kai gewohnt und war jeden Sonntag mit Bruder und Kindermädchen zu Großvater in die Berggasse gepilgert. »Es war ein festes Ritual, dass wir in sein Arbeitszimmer eingelassen wurden, ins Oval Office, wie ich es heute nenne. Er hat nicht viel geredet, hat uns nie geküsst, sondern immer nur in die Wange gezwickt, das war sein Liebeszeichen, in seiner Art war das liebevoll.«

Sophie Freud verließ Wien vierzehnjährig im Mai 1938 mit Mutter und Bruder. »Mein Großvater«, erzählte sie, »wollte gar nicht auswandern, erst als seine Tochter, meine Tante Anna, einen Tag bei der Gestapo verbringen musste, beschloss er, das Land zu verlassen.«

Warum Sophie Freud ihren Großvater öffentlich kritisierte? »Wer kann sich denn jeden Tag auf eine Couch legen und das viele Jahre lang«, sagte sie. »Es gibt 106 Arten von Therapie, das Gespräch ist wichtig, aber die Psychoanalyse ist ein Luxus, den sich kaum jemand leisten kann.« Spielt bei ihrem Großvater die Sexualität die bestimmende Rolle, so meinte Sophie Freud, »dass der Sex schon wichtig ist, aber nicht lebensbestimmend«. Sie fragte sich, »ob Freud wirklich die sexuelle Freiheit geschaffen hat. Das Thema lag in der Luft, er hat es nur aufgegriffen.« Sophie Freud vermutete auch, dass ihr Großvater den Erlebnissen in der Kindheit eine zu große Bedeutung beigemessen hätte.

Auch Sophie Freud beschrieb ihn als liebevollen Großvater, an dessen achtzigstem Geburtstag sie ein Gedicht aufsagte. Doch statt »Dass Gott dich *lange* leben lässt«, sagte sie: »Dass Gott dich *ewig* leben lässt.« Der Großvater lachte. Es war das, was wir heute als Freudsche Fehlleistung bezeichnen.

Noch im Mai 1939 schrieb Freud an die vierzehnjährige Sophie nach Paris, er sei überzeugt davon, dass kein Krieg kommen würde. »Er hat alles falsch vorhergesagt«, meinte sie. »Er hat ja seinerzeit auch gedacht, dass Österreich-Ungarn den Ersten Weltkrieg innerhalb weniger Wochen gewinnen würde.«

Sophie Freud hat ihren Großvater kettenrauchend in Erinnerung behalten. »Er war extrem süchtig, musste oft in seiner Mundhöhle operiert werden, doch kaum war er aus der Narkose erwacht, saß er schon wieder mit einer Zigarre im Spitalsbett.«

Trotz ihrer Kritik an dem berühmten Großvater nahm Sophie, als ihre Ehe geschieden wurde, wieder ihren Mädchennamen Freud an. »Hätten Sie Ihren Mädchennamen auch angenommen, wenn Sie Mayer geheißen hätten?«, fragte ich sie.

»Er war ein liebevoller Großvater«: mit Sophie Freud, 2015 in Wien

»Man kann nie sagen, was man in einem anderen Fall gemacht hätte«, zog sie sich aus der Affäre. Für Sophie Freud – und auch für den mittlerweile verstorbenen Ernest – war Sigmund Freud jedenfalls »der Großvater der Psychoanalyse«.

Meine Freud-Biografie wurde im Sigmund-Freud-Museum in der Berggasse in Anwesenheit von Bundeskanzler Franz Vranitzky und dem künftigen Bundespräsidenten Thomas Klestil vorgestellt. Mit diesem Buch wurde ich auch zum ersten Mal zur Frankfurter Buchmesse eingeladen, was toller klingt als es ist, weil es für einen in Deutschland eher unbekannten Autor frustrierend ist, dort aufzukreuzen. Kein Mensch interessiert sich für dich, was bei einem Riesenaufgebot von Autoren aus aller Welt kein Wunder ist. Dennoch lenkten einige Medien ihren Blick in Richtung Freud, vor allem empfand ich die Buchmesse deshalb als Erfolg, weil es dem Langen Müller Verlag gelang, internationale Verlage für Übersetzungen an Land zu ziehen, das Buch erschien auf Französisch, Spanisch, Russisch, Polnisch, Tschechisch und zuletzt auf Chinesisch und erhielt viele, auch sehr ehrenvolle Rezensionen. Die für mich schönste stammt vom österreichischen Kritikerpapst Hans Weigel, der schrieb: »Ein hoch gelungenes, respektables Buch, das ich fasziniert gelesen habe.

Eine Biographie, wie sie sein soll. Bitte, so weiter!« Ins Englische und in viele weitere Sprachen wurde auch mein »Mayerling«-Buch übersetzt, die meisten anderen waren ausschließlich für den deutschen Sprachraum bestimmt.

MITTAGESSEN MIT WILLY BRANDT

Vier Wochen vor dem Fall der Mauer

Noch eine erfreuliche Erinnerung verbindet mich mit der Frankfurter Buchmesse 1989. Verleger Herbert Fleissner gab im Hotel Frankfurter Hof ein Mittagessen, zu dem drei seiner Autoren geladen waren: Willy Brandt (der eben im Propyläen Verlag seine Memoiren herausgebracht hatte), Ephraim Kishon (der seinen neuen Satirenband »Total verkabelt« vorstellte) und ich. Das war eine Gästeliste, die mir doch sehr ehrenvoll erschien. Altkanzler Brandt sprach viel über seine Freundschaft mit Bruno Kreisky, von dem man damals schon wusste, dass er schwere gesundheitliche Probleme hatte. Unglaublich für mich im Rückblick, dass zwischen dem gemeinsamen Mittagessen am 12. Oktober 1989 im Frankfurter Hof und Brandts historischen Worten am Tag des Mauerfalls, »Es wächst zusammen, was zusammen gehört«, nicht einmal vier Wochen lagen. Auch Brandt konnte wohl nicht ahnen, dass in dem nun folgenden Monat europäische Geschichte geschrieben würde – und von der baldigen Wiedervereinigung der beiden deutschen Staaten war an unserem Mittagstisch natürlich keine Rede. Die Mauer schien, so kurz vor ihrer Abtragung, ein uneinnehmbares Bollwerk.

Ich erzählte Kishon während des Mittagessens eine Geschichte, von der ich annehmen konnte, dass sie ihn als gebürtigen Ungarn und als Satiriker interessieren würde. Seine Reaktion war jedenfalls satirisch.

Also: Kishon hatte Karl Farkas noch gut gekannt, von dem man wusste, dass er manche seiner Ideen von diversen Kabaretts, vor allem in Budapest, »importierte«. Und so kam es kurz nach Farkas' Tod zu einem Gerichtsverfahren um einen Sketch, der im ORF aufgeführt wurde. Der Inhalt, kurz geschildert: Ein Mann kommt in eine Altkleiderhandlung, um einen gebrauchten Anzug zu kaufen. Er bemerkt bei der Anprobe, dass im Sakko eine prall gefüllte Brieftasche steckt. Der Mann kauft den Anzug, weil er annimmt, der Vorbesitzer hätte in der Sakkotasche sein Portemonnaie mit viel Geld vergessen. Zu Hause stellt sich dann heraus, dass sich in der Brieftasche nur klein geschnittenes Zeitungspapier befindet – es war klarerweise ein Trick des Altkleiderhändlers, in jedes Sakko eine solche Brieftasche zu stecken, womit er seinen Umsatz erheblich erhöhte.

Nach Aufführung der Szene im ORF klagte ein Verleger die Farkas-Erben – vertreten von Ulrich Schulenburg vom Thomas Sessler Verlag – mit der Begründung, der Sketch sei vom ungarischen Autor Karel Noti und nicht von Farkas verfasst worden. Tatsächlich stellte sich im Beweisverfahren heraus, dass Noti viel früher schon einen Sketch ähnlichen Inhalts geschrieben hatte.

Doch dann wurde der aus Ungarn stammende Schriftsteller György Sebestyen als Zeuge einvernommen. Er gab an, dass die im Sketch geschilderte Methode zu den Tricks eines Budapester Altkleiderhändlers gehörte, den er selbst noch gekannt hatte. Worauf das Gericht entschied, dass der Budapester Altkleiderhändler der wahre Schöpfer des Sketchs sei. Wenn also Tantiemen zu bezahlen sind, dann stünden sie weder Noti noch Farkas zu. Sondern dem Altkleiderhändler.

Kishon hörte, als ich ihm die Geschichte erzählte, aufmerksam zu. Und verriet mir dann: »Ich werde Ihnen etwas sagen, Herr Markus. In Wahrheit ist auch der Altkleiderhändler nicht der Schöpfer dieser Geschichte.«

»Ja, wer denn sonst?«, fragte ich entgeistert.

Kishon erhöhte die Spannung durch eine kleine Pause und sagte dann: »*Ich* war es, der die Satire geschrieben hat. Der Altkleiderhändler hat den Trick von mir übernommen.«

Und dann fügte Kishon noch an: »Ganz unter uns gesagt, irgendwann, irgendwo und irgendwie wurde alles schon einmal geschrieben. Es ist sehr schwer, etwas Neues zu erdichten, seit Aristophanes vor 2500 Jahren damit angefangen hat, meine Ideen zu stehlen.«

*George Bush wurde **1989** US-Präsident. Politische Umwälzungen in den Ostblockstaaten gipfelten durch Gorbatschows Glasnost und Perestroika im Fall der Berliner Mauer und des Eisernen Vorhangs. Václav Havel, der Schriftsteller und Initiator der Menschenrechtsorganisation »Charta 77«, wurde Staatspräsident der Tschechoslowakei. Chinas Militär richtete auf dem Platz des Himmlischen Friedens in Peking ein Massaker an, das 2600 Tote forderte. Vier Pflegerinnen, die im Krankenhaus Wien-Lainz vierzig Patienten ermordet hatten, wurden verhaftet. Jörg Haider wurde Kärntner Landeshauptmann. Es starben Japans Kaiser Hirohito, Ex-Kaiserin Zita, der Dirigent Herbert von Karajan, der Pianist Vladimir Horowitz, die Schriftsteller Samuel Beckett und Thomas Bernhard, Verhaltensforscher Konrad Lorenz, Maler Salvador Dalí, Quizmaster Robert Lembke, Regisseur Géza von Cziffra, Sportreporter Edi Finger und der Psychiater Friedrich Hacker. Sozialminister Alfred Dallinger kam bei einem Flugzeugabsturz am Bodensee ums Leben. Der rumänische Staatspräsident Nicolae Ceausescu und Ehefrau Elena wurden von einem Militärgericht in Bukarest zum Tod verurteilt und hingerichtet.*

»Sehnsucht nach dem Vater«

Erzählungen aus Elternhäusern

Im Jahr 1990 lud mich ein deutscher Verlag ein, als Herausgeber eines Buches mit dem Titel »Mein Elternhaus« zu fungieren, in dem mehr als dreißig prominente Österreicher ihre Herkunft beschreiben sollten. Es war eine ansehnliche Liste von Autoren, die die Erinnerungen an ihre Kindheit preisgaben. Zu den Verfassern der Beiträge zählten Christiane Hörbiger, Otto von Habsburg, Josef Meinrad, Udo Jürgens, Peter Alexander, Kardinal König, Niki Lauda, Franz Vranitzky, Erhard Busek, Marcel Prawy, Georg Kreisler, Fritz Eckhardt, Fritz Muliar, Günther Nenning, Helmut Zilk, Simon Wiesenthal, Gottfried Reinhardt und Bruno Kreisky – der das Erscheinen des Buches im Herbst leider nicht mehr erleben sollte. Die Beschreibung seines Elternhauses unter dem Titel »Das republikanische Kochbuch« war der letzte Text, den Kreisky verfasst hat.

Eine Geschichte, die mich in dem Buch besonders berührte, ist das traumatische Kindheitserlebnis von Elfriede Ott, dem sie den Titel »Auf der Flucht vor meiner Kindheit« gegeben hat. »Alles, wonach ich mich gesehnt habe, war mein Vater«, schrieb die Schauspielerin. Und das lag wohl an den dramatischen Umständen seines Todes. »Auf einer Fahrt in den Sommerurlaub stiegen wir in der Station Zell am Moos durch ein Versehen auf der falschen Seite des Zuges aus, ich blieb mit einem Schuh an der Schiene hängen, stürzte, der Gegenzug kam, mein Vater riss mich von den Schienen. Wurde selbst vom Zug erfasst und getötet.« Die damals Vierzehnjährige hat das nie verkraftet. »Ich bin die Ursache! Wegen mir ist es passiert. Ich höre noch Papas Stimme: ›Zieh nicht die blöden Holzschuhe an! Nur weil es modern ist, musst du sie auf der Reise anziehen!‹ Warum hab ich nicht auf ihn gehört? Ich bin am Leben, weil mein Vater nicht mehr lebt. Dieses Erlebnis gehört zu allem, was ich tue. Es läuft durch mein Leben.«

*Mit der Wiedervereinigung wurde Berlin **1990** gesamtdeutsche Hauptstadt. Michail Gorbatschow erhielt den Friedensnobelpreis. Der »Solidarność«-Gewerkschaftsführer Lech Wałesa wurde polnischer Staatspräsident. Nelson Mandela wurde nach 27 Jahren als politischer Häftling freigelassen, gleichzeitig endete in Südafrika die Zeit der Apartheid. Mit der Eroberung Kuwaits durch den Irak begann der Zweite Golfkrieg. Innenminister Wolfgang Schäuble wurde von einem psychisch Kranken angeschossen und ist seither auf einen Rollstuhl angewiesen; Kanzlerkandidat Oskar Lafontaine wurde bei einem Messerattentat lebensgefährlich verletzt. Das von Hans Hollein geplante Wiener Haas-Haus wurde eröffnet. Gerd Bacher wurde zum dritten Mal Generalintendant des ORF. Sacher-Hotelchef Peter Gürtler beging Selbstmord. Der Schauspieler Walter Sedlmayr wurde ermordet. Es starben die Schriftsteller Friedrich Dürrenmatt und Hilde Spiel, Dirigent Leonard Bernstein, der Bergsteiger Luis Trenker, die Schauspieler Sammy Davis jun., Greta Garbo, Ava Gardner und Hans Jaray sowie Bruno Kreisky.*

»ER WAR HALT AUCH NOCH EIN MENSCH«

Abschied von Bruno Kreisky

Bruno Kreisky starb am 29. Juli 1990. Viele Österreicher, die »ein Stück des Weges« mit ihm gegangen waren, wie er selbst es ausgedrückt hatte, waren durch die Nachricht seines Todes erschüttert. Auf mich kam nun die Aufgabe zu, über das Staatsbegräbnis des legendären Politikers zu berichten:

»Es war ein Abschied, ganz in seinem Sinn. So wie er gelebt hat, so war sein Begräbnis. Die Großen der Politik neben den kleinen Leuten, den ›Menschen draußen‹, wie er immer sagte. Sie alle waren gekommen, um ihrem einstigen Sonnenkönig die letzte Reverenz zu erweisen: der Willy Brandt und eine Greißlerin aus Ottakring, der deutsche Außenminister Hans-Dietrich Genscher und ein Eisenbahner aus Klagenfurt, sein verstoßener Kronprinz Hannes Androsch und ein Pensionist aus Ried im Innkreis. Und unendlich viele Journalisten, Fotografen, Fernsehteams aus aller Welt. Ganz so, wie er's gern gehabt hat, damals beim Regieren.«

Der Trauerzug – über den ich gemeinsam mit meiner Kollegin Trude Sagmeister berichtete – zeichnete Bruno Kreiskys politische Stationen nach. Im Parlament, wo die Feierlichkeiten begannen, bezeichnete Kreisky-Nachfolger Franz Vranitzky den Verstorbenen als »den größten österreichischen Politiker dieses Jahrhunderts«.

Der Sinn des Lebens sei »das Unvollendete«, hat Bruno Kreisky einmal gesagt. »Die Unvollendete« von Franz Schubert war auch Auftakt der offiziellen Feier in der Säulenhalle des Parlaments, die von Tausenden Menschen, die Abschied nehmen wollten, besucht wurde.

Bundespräsident Kurt Waldheim war bei den weltlichen Trauerfeiern für Bruno Kreisky, der keiner Religionsgemeinschaft angehört hatte, ebenso anwesend wie Kardinal Hans Hermann Groër. Während das Symphonieorchester den ersten Satz von Mahlers Achter Symphonie spielte, kämpfte manch hart gesottener Politiker mit den Tränen. Tausend Menschen sind ins Parlament gekommen, auch Schauspieler wie Elfriede Ott (»Zu ihm hatte ich hundertprozentiges

Vertrauen«), Fritz Muliar, Felix Dvorak, Karl Merkatz, die Maler Hundertwasser und Adolf Frohner.

Vor der Rampe des Hohen Hauses hatten sich inzwischen an die viertausend Menschen versammelt. Auch der sommerliche Nieselregen hatte sie nicht abgehalten, »dem Alten« Lebewohl zu sagen. »So einer wie der Kreisky kommt nimmer«, sagte ein alter Mann, der sich schon in den frühen Morgenstunden einen Platz in der ersten Reihe gesichert hatte. »Der Kreisky war nicht nur Politiker, der war halt auch noch ein Mensch.«

Der Trauerkondukt bewegte sich nun durch das Burgtor über den Heldenplatz zum Ballhausplatz. Vorbei an weiteren Tausenden, die dicht gedrängt an der Ringstraße ihre stille Trauer zeigten. Tausend Polizisten waren im Einsatz, um mehr als fünfzehnhundert Ehrengäste aus aller Welt zu schützen.

Ein Leichenwagen führte die sterblichen Überreste des früheren Kanzlers zum Zentralfriedhof. Kurz vor 15 Uhr fuhr der Wagen durch das Zweite Tor. Auch hierher kamen Tausende, um ihm die letzte Ehre zu erweisen. In unmittelbarer Nachbarschaft der Ehrengräber seiner Vorgänger Figl und Raab mahnte Kreiskys langjähriger Weggefährte Willy Brandt mit bewegter Stimme: »Ich finde, die Österreicher sollten ein bisschen stolz darauf sein, dass sie uns, den anderen in Europa, diesen Mann geschenkt haben. Er war in seiner Widersprüchlichkeit für die einen ein guter Freund, für die anderen ein geschätzter Mann.«

Am Ende der achtstündigen Trauerfeier wurde der Sarg unter den Klängen der österreichischen Bundeshymne in die Erde gesenkt. Bruno Kreisky hatte seine letzte Ruhe gefunden.

Ein kleines Missgeschick, das mir am Rande der Trauerfeierlichkeiten passierte, sei erwähnt. PLO-Chef Yassir Arafat hatte, wohl aus Sicherheitsgründen, bis zuletzt ein Geheimnis daraus gemacht, ob er nach Wien kommen und an dem Kreisky-Begräbnis teilnehmen würde. Ich begleitete den Trauerzug, um authentisch berichten zu können, und ging etwa in der Höhe des Burgtores zufällig neben dem damaligen Polizeipräsidenten Günther Bögl. Kurz entschlossen nahm ich die Gelegenheit wahr und fragte ihn, ob Arafat nun gekommen sei oder nicht. Bögl, der rechts von mir marschierte, zeigte auf den Mann

171

links neben mir. Es war Arafat, den ich trotz seines unverwechselbaren Palästinenser-Kopftuchs nicht gesehen hatte. Jetzt erst erkannte ich auch, dass ein Sonderkommando der Alarmabteilung um den Schutz seiner Person bemüht war.

»THEATER STINKT!«

Otto Schenk sieht sich als Greis

Otto Schenks sechzigster Geburtstag am 12. Juni 1990 lieferte den Anlass für ein unkonventionelles Gespräch.

»Herr Schenk«, hob ich an, »Sie lieben doch Ihren Beruf?«

»Das ist eine bösartige Unterstellung. Wie soll man einen Beruf lieben, in dem man vom ersten bis zum letzten Tag ständig gekränkt wird?«

»Wer kränkt Sie?«

»Alle. Von den Deppen, die Regie führen, über Kritiker bis zu den Partnern auf der Bühne. Und wie einen die Direktoren quälen! Mich hat einmal ein berühmter Wiener Theaterdirektor fast zum Selbstmord getrieben, ich hab mich wirklich umbringen wollen.«

»Aus welchem Grund?«

»Nichts Besonderes, er hat mich nicht ernst genommen, hat nicht erkannt, was ich wollte, solche Sachen halt. Das genügt einem Schauspieler, um mit dem Leben Schluss zu machen.«

»Jetzt sind Sie selbst Theaterdirektor. Bei Ihnen kann's wohl nicht so weit kommen, nehme ich an …«

»Aber natürlich. Das Schreckliche an einem Direktor ist, dass er jemandem sagen muss, wenn er was falsch macht. Und Schauspieler sind halt leicht kränkbar.«

»Gibt es einen Beruf, den Sie lieber hätten als den des Schauspielers?«

»Ich wäre viel lieber Schriftsteller geworden. Ich bin ein Schriftsteller, der nie geschrieben hat.«

»Wieso sind Sie zum Theater gegangen, wenn Sie es nicht lieben?«

»Fragen S' an Fisch, ob er gern im Wasser lebt. Er hat keine andere

Wahl. Mir geht's genauso, ich bin beim Theater, weil ich nichts anderes kann. Das Theater ist eine Sucht, sonst nix. Glauben Sie, ein Raucher raucht gern? Sicher nicht. Aber so wie der Raucher eine nach der anderen raucht – so theatere ich ketten. Das Theater verfolgt einen sein Leben lang, man ist keine Sekunde frei davon. Ich spiel' in der Josefstadt einen achtzigjährigen Mann, und es gibt keinen achtzigjährigen Mann auf der Straße, dem ich nicht minutenlang nachgehe, um zu beobachten, wie man so geht, als achtzigjähriger Mann. No, ist das ein schöner Beruf?«

»Aber das Rampenlicht, die Theaterluft, wie viele Menschen träumen davon.«

»Theaterluft? Ich find', ein Theater stinkt! Ja, es gibt Leute, die dieser Geruch von Leim und Schminke fasziniert. Mir wird fast schlecht davon.«

»Warum stehen Sie dann auf der Bühne?«

»Nicht aus Liebe, sondern aus Verzweiflung und weil's nicht anders geht.«

»Und wenn Sie im Zuschauerraum sitzen?«

»Ich bin schon als Kind nur hingegangen, weil sie mich dazu gezwungen haben. Ich hab das Theater nie gern gehabt. Auch heut geh ich nur, wenn ich muss. Ich bin ein schlechtes Publikum.«

»Was haben Sie denn gern, wenn's das Theater nicht ist?«

»Meine Frau, die liebe ich. Und das Leben …« Kurze Pause, »Nein, das Leben doch net.«

»Als Nestroy so alt war wie Sie heute, Herr Schenk, bezeichnete ihn ein Kritiker als ›greisen Liebling des Publikums‹. Daran sieht man doch, wie sich die Zeiten geändert haben. Nestroy war mit sechzig ein Greis, Sie hingegen …«

»… ich hingegen bin auch ein Greis. Heutzutage gehört man ja schon mit dreißig zum alten Eisen. Meine Körperfunktionen benötige ich ohnehin nur, um auf der Bühne die menschlichen Schwächen glaubhaft darzustellen.«

»Sie sind Direktor des Theaters in der Josefstadt. Macht's immer noch Freude?«

»Freud' macht gar nix. Das Hauptproblem ist der Mangel an Auto-

173

ren. Es gibt keine neuen Stücke! Und die alten kann man den Leuten ja auch nicht ewig vorsetzen.«

»Was, Herr Schenk, macht man in dieser Situation als Theaterdirektor?«

»Man erschießt sich!«

*Im August **1991** misslang ein Putschversuch gegen Michail Gorbatschow, im Dezember trat er als sowjetischer Präsident zurück, Boris Jelzin wurde sein Nachfolger. In der Golfregion und im ehemaligen Jugoslawien wüteten blutige Kriege. Der Bund der »Warschauer Pakt«-Staaten wurde aufgelöst. Die Mumie eines Menschen, der vor 5300 Jahren gelebt hatte, wurde im Similaun-Gletscher der Ötztaler Alpen gefunden und »Ötzi« genannt. 223 Menschen kamen beim Absturz einer »Lauda Air«-Maschine in Thailand ums Leben. Kärntens Landeshauptmann Jörg Haider musste nach seinem Ausspruch über die »ordentliche Beschäftigungspolitik im Dritten Reich« zurücktreten. Eberhard Waechter wurde Direktor der Wiener Staatsoper. Indiens Ex-Premier Rajiv Gandhi wurde ermordet. Es starben der Schriftsteller Graham Greene und Hans Weigel, der Dirigent Willi Boskovsky, die Schauspieler Klaus Kinski, Roy Black, Hans Thimig und Kurt Sowinetz.*

PAULA WESSELY IST UNZUFRIEDEN …

… beim Wiedersehen von »Maskerade«

Wien, im Juni 1991, wieder eine Begegnung mit Paula Wessely. Diesmal wurde im Hotel Sacher bei einem Abendessen eine Edition ihrer besten Filme auf Video vorgestellt. Ich saß an diesem Abend neben ihr und fragte sie, irgendwann nach dem Dessert, beiläufig, ob sie sich die Filme zu Hause ansehen würde.

»Ja, ›Maskerade‹«, antwortete Paula Wessely, »»Maskerade‹ würde ich gerne noch einmal sehen. Aber leider – ich besitze kein Videogerät.«

»Zu dumm, das hätte ich anders machen sollen«: Paula Wessely und Adolf Wohlbrück in »Maskerade«, 1934

Eher aus Höflichkeit denn in der Annahme, sie würde von meinem Angebot Gebrauch machen, erwiderte ich, dass ihr mein Recorder jederzeit zur Verfügung stünde.

Ein paar Wochen später erschien sie tatsächlich, gemeinsam mit ihrer Tochter Maresa, in meiner Wohnung. Und sah sich »Maskerade« an.

Ich wusste an diesem Nachmittag nicht recht, auf welche Wessely ich mehr achten sollte – auf die neben mir sitzende oder auf die im Film agierende, fand aber einen guten Mittelweg.

Nach einer halben Stunde etwa – im Ballsaal, bei ihrer ersten Begegnung mit ihrem Filmpartner Adolf Wohlbrück – holte die junge Wessely in ihrer Rolle als Leopoldine Dur zu einer wunderbar grazilen Handbewegung aus, mit der sie aber im Rückblick nicht ganz zufrieden schien. »Zu dumm«, unterbrach die neben mir sitzende Paula Wessely die im Film agierende, »zu dumm, das hätte ich anders

Begegnung mit
Paula Wessely im
Juni 1991

machen sollen.« Und sie zeigte mir vor, wie's vielleicht besser gewesen wäre.

Auch wenn die kleine Begebenheit nicht wirklich weltbewegend war, bleibt mir unvergesslich, dass die – wie viele meinen – größte Schauspielerin des Jahrhunderts, als sie ihren berühmtesten Film wieder sah, mit einer kleinen Handbewegung, die sie vor fast sechzig Jahren durchgeführt hatte, nicht ganz zufrieden war.

Ein sentimentaler Besuch

Teddy Kollek in Wien

Im Herbst 1991 begleitete ich Teddy Kollek einen Tag lang durch Wien, durch die Stadt, in der er aufgewachsen und aus der er geflüchtet war. »Ich erkenne vieles, das ich längst vergessen glaubte«, sagte er, als er nach Jahrzehnten die Stätten seiner Kindheit wiedersah, »die Ringstraße, das Kriegsministerium, den alten Radetzky. Prachtvoll die Stadt, damals wie heute.« Eigentlich wollte der gerade achtzigjährige, immer noch amtierende Bürgermeister von Jerusalem nie wieder nach Österreich kommen, zu bitter war, was in den Jahren der braunen Diktatur geschehen war. Eine Einladung seines Wiener Amtskollegen Helmut Zilk hatte ihn umgestimmt.

Ziemlich weit draußen, vor dem schlichten Zinshaus Landstraße Hauptstraße 147 blieben wir stehen. »Dort oben«, zeigte er zum ersten Stock hinauf, »habe ich mit meinen Eltern gewohnt.« Ein Schild am Eingangstor weist darauf hin, dass der inzwischen weltberühmt gewordene Teddy Kollek in diesem Haus 24 Jahre lang gelebt hatte.

Erinnerungen an das Gymnasium in der Hagenmüllergasse und an die Landwirtschaftsschule am Cobenzl wurden wach. »Das ist eine sehr sentimentale Begegnung für mich«, sagte Kollek.

Und er kam darauf zu sprechen, wie er seine Frau Tamar, die ebenfalls aus Wien stammte, kennengelernt hatte. »Es war sehr kompliziert, weil sie eigentlich in einen anderen verliebt war. Dennoch hatte sie nichts dagegen, von mir nach Hause gebracht zu werden, wobei sich einige Nachbarn beschwerten, weil es für die Tochter eines ehrwürdigen Rabbiners nicht schicklich war, nachts mit einem nichtjüdisch aussehenden Mann gesehen zu werden.«

Tatsächlich entsprach der blonde, blauäugige Teddy Kollek damals äußerlich jenem Idealtyp, wie ihn die in Deutschland bereits an die Macht gekommenen Nazis verherrlichten.

Doch dann spulten sich die bösen Erinnerungen wie in einem Film ab. Teddy Kollek erzählte mit einem lachenden und einem weinenden Auge eine kleine Geschichte, die davon handelte, wie er dem Wiener Antisemitismus der 1930er-Jahre eins auswischte: »Ein Warenhaus im dritten Bezirk wies noch vor Hitlers Einmarsch mit Plakaten darauf hin, dass es an Juden nicht verkaufen würde.« Das erboste Teddy damals dermaßen, dass er in das Geschäft ging und eine geschlagene Stunde lang Anzüge, Hemden, Hüte probierte und unzählige Stücke einpacken ließ. »Als der Kassier die Rechnung präsentierte, sagte ich zu ihm: ›Tut mir leid, ich hab vergessen, dass Sie Juden nicht bedienen.‹« Teddy Kollek grüßte, ließ den Kassier mit einem Berg von Paketen stehen und ging.

Gleichzeitig hatte er erkannt, dass die Zeit gekommen war, Österreich zu verlassen. Das war 1935, und er ging noch im selben Jahr nach Palästina. 1939 kam er in offizieller Mission zurück nach Wien, um mit dem damaligen Leiter der Gestapo-Dienststelle für die

Auswanderung von Juden zu verhandeln. Er hieß Adolf Eichmann, und es gelang Teddy Kollek, dreitausend KZ-Insassen freizubekommen.

24 Jahre später stand er Eichmann noch einmal gegenüber. Kollek war die Aufgabe übertragen worden, den Prozess gegen den für die Judentransporte in die Massenvernichtungslager verantwortlichen SS-Führer vorzubereiten. Eichmann wurde zum Tod verurteilt und hingerichtet.

Sein Wien-Besuch 1991, gegen den er sich so lange gesträubt hatte, war eine Geste der Versöhnung. Und sie schien gelungen zu sein. Wieder in Jerusalem schrieb er mir einen Brief, in dem er sich »für die so persönliche Reportage« bedankte. »Mit Recht zitieren Sie mich, dass ich berührt war, wie man mich in Wien empfangen hat. Erlauben Sie mir hinzuzufügen, dass ich auch berührt bin, wie man mich in den Medien verwöhnt hat. Mit freundlichen Grüßen Teddy Kollek, Bürgermeister von Jerusalem.«

*Die Redoutensäle in der Wiener Hofburg wurden **1992** durch einen Großbrand zerstört. Der Naturwissenschafter Galileo Galilei wurde nach vierhundert Jahren von der römisch-katholischen Kirche rehabilitiert. Erwin Pröll wurde Landeshauptmann von Niederösterreich. Das Musical »Elisabeth« feierte im Theater an der Wien seine Uraufführung. Harald Serafin wurde Intendant der Seefestspiele Mörbisch. Der 88-jährige Johannes Heesters heiratete seine 42-jährige Schauspielkollegin Simone Rethel. Udo Proksch wurde wegen sechsfachen Mordes zu lebenslanger Haft verurteilt. Es starben die Politiker Willy Brandt, Menachem Begin und Alexander Dubček, der Verhaltensforscher Otto Koenig, der Fußballer Ernst Happel, Staatsoperndirektor Eberhard Waechter, die Schauspieler Vilma Degischer, Marisa Mell, José Ferrer, Anthony Perkins und Marlene Dietrich.*

Kein Nachruf auf die Dietrich

Aber ein Versuch von Maximilian Schell

Maximilian Schell rief mich von Zeit zu Zeit an, wenn er in Wien war, und wir trafen uns dann in seinem Stammcafé im Hotel Imperial. In seinem letzten Jahr wollte er mich in ein Filmprojekt einbeziehen, in dem es um ein fiktives Treffen Beethovens mit Napoleon ging, aber es ist nicht mehr dazu gekommen. Schell war nicht nur ein international erfolgreicher Schauspieler, sondern auch ein begeisterter Erzähler von Geschichten, die er in Hollywood oder sonstwo in der Welt erlebt hatte. Eine handelte vom Tod der Marlene Dietrich.

Wie erwähnt, kommt es vor, dass Nachrufe prominenter Persönlichkeiten, so sie von schwerer Krankheit gezeichnet sind, »im Voraus geschrieben« werden. Und das führt mich zu der skurrilsten Geschichte, die mir Maximilian Schell erzählte: Eine große deutsche Zeitung war im Frühjahr 1992 mit der Bitte an ihn herangetreten, er möge einen Nachruf auf Marlene Dietrich schreiben. Schell und die Dietrich waren gut befreundet, seit sie gemeinsam »Das Urteil von Nürnberg« gedreht und später dann für seine legendäre Dietrich-Filmdokumentation »Marlene« zusammengearbeitet hatten.

Das Außergewöhnliche an dem Angebot, einen Nachruf auf die Dietrich zu schreiben, war, dass sie zu diesem Zeitpunkt noch lebte. Kurz: Maximilian Schell zeigte sich entsetzt von dem Ansinnen und sagte zu dem Redakteur: »Rufen Sie mich wieder an, wenn Frau Dietrich gestorben ist.«

»Es soll ihr schon sehr schlecht gehen«, erwiderte der Journalist, nicht gerade einfühlsam. »Wir wissen nicht, wo Sie sein werden, Herr Schell, wenn sie nächste Woche oder in drei Monaten stirbt. Es wäre also richtig, dass wir den Nachruf jetzt vorbereiten.«

»Wissen Sie was«, sagte Schell, »ich frag die Marlene einfach, was sie davon hält.« Und er rief die Dietrich in ihrer Wohnung in Paris an: »Hallo, Marlene, wie geht's dir?«

»Schlecht, ganz schlecht. Es geht dem Ende zu. Und es ist mir schrecklich langweilig, vor allem weil ich nicht mehr lesen kann.«

»Versuch's mit einer Brille.«

»Ich eine Brille? Bist du verrückt! Nie im Leben! Warum rufst du eigentlich an?«

»Eine makabre Sache, eine Zeitung bat mich, einen Nachruf auf dich zu schreiben.«

»Na, dann mach's doch.«

»Ich kann das nicht.«

»Dann machen wir's eben gemeinsam.«

»Wie meinst du das?«

»Du kommst zu mir, fragst mich, und ich erzähl dir was für meinen Nachruf. So hab ich die Möglichkeit, der Nachwelt einiges zu sagen, was mir am Herzen liegt. Aber ich warne dich: Es wird nicht sehr freundlich sein für die Nachwelt.«

Sie fixierten einen Termin, an dem sie gemeinsam Marlenes Nachruf schreiben wollten.

Leider gibt es den Nachruf nicht. Die Dietrich starb am 6. Mai 1992, noch vor dem vereinbarten Treffen.

»LUPENREINES FAMILIENLEBEN«

Klestil wird Bundespräsident

Sowohl im Wahlkampf als auch nach seiner Angelobung als Bundespräsident am 8. Juli 1992 schrieb ich über Thomas Klestil, den ich seit Jahren durch unseren gemeinsamen Freund Friedrich Hacker gekannt hatte. Er und Hacker waren aus der Zeit, als Klestil österreichischer Generalkonsul in Los Angeles war, befreundet und wir trafen uns des Öfteren bei den Heurigenabenden, zu denen Hacker lud. »Thomas Klestil, 59 Jahre alt, groß, schlank, elegant«, stellte ich den noch ziemlich unbekannten Kandidaten in einem Porträt an dem Tag vor, an dem die ÖVP seine Nominierung als Anwärter für das höchste Amt im Staat bekannt gegeben hatte. Und dann ging's in meiner Beschreibung weiter: »Rundum eine repräsentative Erscheinung, typisch Diplomat. Ganz und gar nicht typisch für das glänzende Parkett ist seine Herkunft: Der Vater war Straßenbahner, nach dessen

Tod die Mutter ihre fünf Kinder mithilfe eines kleinen Gemüsegeschäfts in Wien-Erdberg durchfüttern musste. Die Großfamilie lebte auf Zimmer-Küche-Kabinett ...«

Dass ihn als Generalsekretär des Außenministeriums noch relativ wenig Menschen kannten, gab Klestil wohl zu denken, doch er war »zuversichtlich, dass sich das innerhalb weniger Wochen ändern« würde. Zu diesem Zeitpunkt dachte kein Mensch, dass Klestil realistische Chancen gegen den von der SPÖ nominierten populären Verkehrsminister Rudolf Streicher haben würde. Wie auch immer, es war erfreulich, dass beide Kandidaten nach dem schrecklichen Waldheim-Wahlkampf des Jahres 1986 einander ihrer gegenseitigen Wertschätzung versicherten und in der politischen Auseinandersetzung tatsächlich keine Schmutzwäsche gewaschen wurde.

Ja, und dann schrieb ich noch einen Satz, von dem ich nicht wissen konnte, dass sich sein Schluss als zweifelhaft erweisen sollte: »Klestils Diplomatenkarriere ist ebenso lupenrein wie sein Familienleben.«

Oh weh. Damals hatte der Präsidentschaftskandidat bereits eine Beziehung mit seiner Mitarbeiterin Margot Löffler. Aber das wusste niemand. Die Affäre wurde erst zwei Jahre später bekannt, als seine Frau Edith die Amtsvilla des Bundespräsidenten verließ.

Immer wenn ich Klestil nach Auftauchen seiner privaten Sorgen traf – sei es im Konzertsaal, bei einer Premiere oder einer Buchpräsentation –, erklärte er mir: »Ich kann Ihnen gar nicht sagen, wie mir der Friedl (der verstorbene Psychiater Friedrich Hacker, Anm.) fehlt, dem würde ich in der Hofburg ein Zimmer einrichten und ihn als Berater anstellen.« Ja, Klestils Probleme waren tatsächlich nicht gering. Aber immerhin ging die Scheidung von seiner ersten Frau dann diskret über die Bühne, sodass er am 23. Dezember 1998 Margot Löffler heiraten konnte.

Ich bewahre Thomas Klestil dennoch in guter Erinnerung, ich halte ihn – abseits der persönlichen Last, die er zu tragen hatte – für einen anständigen Politiker, der das Beste für das Land wollte. Im Übrigen verdanke ich ihm eine köstliche Anekdote, die er mir einmal erzählte (und die ich bereits in den »Enkeln der Tante Jolesch« geschrieben habe):

Bruno Kreisky flog – als Regierungschef bereits in Pension – Mitte der 1980er-Jahre zu einem Kongress nach Washington. Klestil, damals österreichischer Botschafter in den USA, holte den Altkanzler vom Flughafen ab und begleitete ihn in sein im Zentrum der Hauptstadt gelegenes Hotel. Als Kreisky unterwegs eine Filiale der englischen Firma »Burberry« entdeckte, bat er den Fahrer des Botschaftswagens, kurz anzuhalten.

Kreisky stieg aus, holte einen Plastiksack aus dem Kofferraum und betrat, gemeinsam mit Klestil, das Geschäft. An der Türe fragte Kreisky den Botschafter noch schnell: »Sag, was heißt Schlapfen auf Englisch?«

Dieser flüsterte ihm das Wort »Slippers« zu, worauf Kreisky aus dem mitgebrachten Plastiksack ein Paar Hausschuhe hervorholte und zum Verkäufer sagte: »Ich habe vor einiger Zeit in Ihrer Filiale in London diese Schlapfen – *these slippers* – gekauft. Leider sind sie zu groß, könnten Sie sie umtauschen?«

In dem Geschäft, erinnerte sich Klestil, herrschte sogleich rege Betriebsamkeit, im Zuge derer man sich redlich bemühte, dem alten Herrn verschiedenste Größen desselben Modells vorzuführen.

Kreisky probierte eine ganze Reihe von Hausschuhen, betrachtete sie vor dem Spiegel, prüfte ihre Passform, ging mit ihnen auf und ab. Und brummte nach einem guten Dutzend derartiger Versuche: »So, die da passen – *these slippers fit!*«

Worauf der Verkäufer entgegnete: »Sir, das sind die Schuhe, die Sie mitgebracht haben!«

»NICHT ALS ABGÄNGIG GEMELDET«

Die Gebeine der Mary Vetsera

Das Jahr 1992 endete mit der aufregendsten Geschichte, die ich bis dahin erlebt hatte. Ein Linzer Möbelhändler namens Helmut Flatzelsteiner meldete sich bei mir und gab an, »im Besitz« der Gebeine Mary Vetseras zu sein. Ich habe über dieses Erlebnis schon mehrmals berichtet, daher fasse ich mich kurz: Herr Flatzelsteiner erklärte, die sterblichen Überreste der 1889 mit ihrem Geliebten, Kronprinz Rudolf, in Mayerling verstorbenen Baronesse von zwei Burgenländern gekauft zu haben, die die Tote aus ihrer Gruft am Stiftsfriedhof von Heiligenkreuz bei Nacht und Nebel gestohlen hatten.

Der Rest der Geschichte ist Geschichte. Ich ging dem Fall mithilfe des bekannten Pathologen und Medizinhistorikers Hans Bankl nach, und als der zur Ansicht gelangte, dass es sich bei der Verstorbenen wirklich um Mary Vetsera handelte, schrieb ich einen Artikel darüber, der – weit über Österreichs Grenzen hinaus – für Aufsehen sorgte.

Anzeige wegen Verdachts der Störung der Totenruhe erstattet: Mary Vetsera

Wenige Stunden bevor der Artikel erschien, fuhr ich zur Polizei, um Anzeige wegen Verdachts der Störung der Totenruhe zu erstatten. Ich erzählte mehreren Beamten des Wiener Sicherheitsbüros von Herrn Flatzelsteiner und seiner Version, wie er zu Marys Skelett gekommen sei.

Später stellte sich heraus, dass es Helmut Flatzelsteiner selbst war, der den »Grabraub« in Auftrag gegeben hatte, es wurde jedoch keine Anklage gegen ihn erhoben. Immerhin gelang es Gerichtsmedizinern im Rahmen eingehender Untersuchungen zu klären, dass die Vetsera – was bis dahin zwar vermutet, aber nicht bewiesen werden konnte – durch einen Kopfschuss, wohl aus der Pistole des Kronprinzen, gestorben war.

Zurück ins Sicherheitsbüro und zu meiner Anzeige. Während ich den »Fall« schilderte, stand ein junger Kriminalbeamter auf, um das Zimmer zu verlassen und nach wenigen Minuten mit einer Fahndungsliste in de Hand zurückzukehren.

»Herr Markus«, sagte er mit strengem Blick, »das ist ja alles schön und gut, was Sie uns da erzählen. Aber ich habe gerade im Polizeicomputer nachgeschaut: Eine Mary Vetsera ist gar nicht als abgängig gemeldet.«

*Bill Clinton wurde **1993** US-Präsident. Durch die Auflösung der Tschechoslowakei entstanden Tschechien und die Slowakei. Mit Gründung des Liberalen Forums spalteten sich Heide Schmidt und vier weitere Abgeordnete von der FPÖ ab. Es starben der belgische König Baudouin, die Regisseure Federico Fellini und Axel Corti, der Tänzer Rudolf Nurejew, die Schauspieler Audrey Hepburn, Gustl Bayrhammer, Fred Liewehr, Guido Wieland und der Kabarettist Hugo Wiener. Sechzehn Menschen wurden in Österreich innerhalb von drei Jahren durch Briefbomben, die der rechtsextreme Fanatiker Franz Fuchs verschickt hatte, schwer verletzt – prominentestes Opfer war der Wiener Bürgermeister Helmut Zilk.*

»ICH WOLLTE NICHT MEHR LEBEN«

Helmut Zilk schildert das Attentat

Treffpunkt in einem Gründerzeithaus in der Naglergasse im Herzen Wiens. Ein Gespräch im Wohnzimmer des Ehepaares Zilk-Koller, genau an der Stelle, an der die Briefbombe des paranoid veranlagten, fremdenfeindlichen Terroristen Franz Fuchs explodiert war und Verheerendes angerichtet hatte. Der Wiener Bürgermeister und seine Frau erzählten mir am zehnten Jahrestag des Anschlags von dem Briefbombenattentat, bei dem Helmut Zilk vier Finger seiner linken Hand eingebüßt hatte. Es waren die Erinnerungen an den 5. Dezember 1993, der das Leben des Ehepaares dramatisch veränderte.

Helmut Zilk und Dagmar Koller waren, aus Zürich kommend, in ihrer Wohnung eingelangt. Zilk schaltete den Fernsehapparat ein und begann die Post der letzten beiden Tage zu öffnen, als um 19.40 Uhr ein Brief in seiner Hand mit derartiger Wucht explodierte, dass die halbe Wohnung verwüstet wurde. Dagmar Koller rief, unter Schock stehend, einen befreundeten Arzt an, der die Rettung informierte. Der durch hohen Blutverlust lebensgefährlich verletzte Bürgermeister wurde ins AKH gebracht und notoperiert.

»Als ich am Morgen nach dem Attentat nach einer siebenstündigen Operation im Spital aufwachte, wusste ich, dass die Hand weg ist«, begann Zilks Schilderung. »Damit hatte ich mich abgefunden. Es folgte eine Zeit, in der es mir besser ging, weil ich dachte, die Finger könnten vielleicht doch gerettet werden. Aber dann wurde die Hand an die Bauchdecke genäht, um Haut transplantieren zu können. Als ich aufwachte – das war die vierte, schwere Operation und mein Körper war völlig geschwächt – habe ich gesagt: ›Lasst's mich in Ruh, ich will nicht mehr.‹«

»Sie wollten sterben?«, fragte ich.

»Ehrlich gesagt, ja.«

Die nächste schwere Prüfung für Helmut Zilk war es, mit der verletzten Hand leben zu müssen. »Ich gebe zu, das hat mich sehr irritiert. Ich schau immer zuerst auf die Hände eines Menschen, Hände faszinieren mich. Und dann passiert mir das. Ich wollte die Hand amputieren lassen, um mir diese schrecklichen Operationen zu ersparen, ich war ja oft besinnungslos vor Schmerz. Aber die Dagi sagte: ›Nein, du bist ein Mensch, der es gewöhnt ist, mit den Händen zu sprechen.‹ Und damit hat sie recht gehabt. Dieser Teil meiner Hand ist ein Teil meines Lebens geworden.«

Politisch war sich Zilk von Anfang an im Klaren darüber, »dass wir uns durch diesen Anschlag nicht einschüchtern lassen und die sinnvolle Integration von Ausländern fortsetzen werden. Worauf ich einen anonymen Brief bekam, in dem ich lesen musste: ›Vergiss nicht, eine Klaue ist nicht genug!‹« Zilk stand nach dem Attentat unter Personenschutz, »auch aus einer Art Mitverantwortung heraus, wenn man mit anderen Menschen verkehrt. Die Bewachung war zu Ende, als Franz Fuchs verhaftet wurde.«

Ob es richtig war, in dieser Wohnung zu bleiben, in der man jeden Tag an das Grauen des 5. Dezember 1993 erinnert wird?

»Ich wollte ausziehen«, sagte Dagmar Koller. »Aber der Helmut hat sich wie immer durchgesetzt …«

»… richtig ist, dass ich mich fast nie durchsetze«, brummte er. »Aber diese Wohnung hier zu verlassen, das wär für mich nicht infrage gekommen.«

Dagmar Koller lebte lange nach dem Anschlag »immer noch in der Angst, dass wieder etwas passieren könnte. Mein Mann ist so ein Typ, auf den jeder zugeht, der mit allen spricht. Und man weiß nie, wer das ist, es gibt ja so viel Aggression.« Dagmar Kollers Angst drückte sich auch in ihren Träumen aus: »Ich sehe die Bilder immer wieder vor mir. Wie die Wohnung nach der Explosion unter Nebel stand. Und das viele Blut.«

Dass Franz Fuchs vier Jahre nach dem Attentat verhaftet wurde, dass er sich seine eigenen Hände wegsprengte, dass er zu lebenslanger Haft verurteilt wurde und sich schließlich das Leben nahm, »das alles war keine Genugtuung für mich«, erklärte Zilk. »Der Mensch war ein Psychopath, der die fixe Idee hatte, dass Ausländer den Volkscharakter des deutschen Volkes zerstören, zu dem die Österreicher nach seinem Weltbild gehören. Den letzten Anstoß für seine Taten gab dann – wie er dem Untersuchungsrichter gestand – ein Erlebnis mit einer Gastarbeiterin, das in jeder Weise missglückt war.«

Zilk hatte »nie Hass gegen den Herrn Fuchs empfunden, einen Geistesgestörten kann man nicht hassen. Mir war nur wichtig, dass er gefasst und nie mehr auf die Menschheit losgelassen wird.«

Nelson Mandela wurde **1994** *Staatspräsident von Südafrika und Silvio Berlusconi italienischer Ministerpräsident. Steven Spielbergs Film »Schindlers Liste« erhielt sieben Oscars. Michael Häupl trat die Nachfolge Helmut Zilks als Wiener Bürgermeister an. Michael Schumacher wurde erster deutscher Formel-1-Weltmeister. Gerhard Zeiler wurde ORF-Generalintendant. Der Fußball-Nationalspieler Bruno Pezzey starb während eines Eishockeyspiels an einem Herzinfarkt. Die Skirennläuferin Ulrike*

Maier verunglückte bei der Kandahar-Abfahrt in Garmisch-Partenkirchen tödlich. Weiters starben Jacqueline Kennedy-Onassis, Ex-US-Präsident Richard Nixon, der Philosoph Karl Popper, der Tiefenpsychologe Erwin Ringel, der Dichter Elias Canetti sowie die Schauspieler Melina Mercouri, Jean-Louis Barrault und Heinz Rühmann.

»GEHEILT IST MAN NIE«

Harald Juhnke in Wien

Wenige Tage bevor ich Harald Juhnke im Oktober 1994 zum Interview traf, war Heinz Rühmann im Alter von 92 Jahren gestorben. »Der Hauptmann von Köpenick« war die Lebensrolle des einen – und der andere bereitete sich gerade auf sie vor. Klar, dass ich Juhnke – der für einen Soloabend im Konzerthaus nach Wien gekommen war – als Erstes über Rühmann sprechen ließ: »Ich schätzte ihn so außerordentlich«, sagte er, immer noch betroffen von der Todesnachricht, »weil er es wie nur wenige erreichte, sein Publikum sowohl zum Lachen als auch zum Weinen zu bringen. Keiner ist der Seele des Menschen so nahe gekommen wie er. Der kleine Mann war einer unserer Größten.«

Juhnke wusste, dass man ihn als »Köpenick« an Rühmann messen würde. »Aber ich werde diesen Schuster Wilhelm Voigt ganz anders spielen als er. Moderner, aggressiver, gewissermaßen unmilitant, als Untertan, der sein Vaterland mit dessen eigenen Waffen schlägt. Rühmann war der Meister der leisen Töne, ich bin lauter, habe die Berliner Schnauze. Ich werde ihn bei den Proben immer im Hinterkopf haben, aber Rühmann nachzuspielen, wäre falsch. Ich finde da meinen eigenen Weg.«

Die beiden waren nie gemeinsam aufgetreten, »wir trafen uns nur da und dort mal privat und einmal bei Thomas Gottschalk in ›Wetten, dass …?‹« Juhnke kündigte an, dass er mit dem »Köpenick« ein Zeichen setzen wollte, sich vermehrt als Charakterschauspieler zu etablieren.

Er nippte während unseres Gesprächs in der Brasserie des Hotel Intercontinental an einem Glas Cola. »Da ist nur Cola drin, ich schwör's«, sagte er. Ja, was er trank, war immer ein Thema, mit dem er selbst kokettierte und auf das er ungefragt zu sprechen kam. Der 65-jährige Entertainer war sich nach vielen Entwöhnungskuren und Hinausschmissen aus Fernsehproduktionen absolut sicher, nie wieder in eine solche Situation zu gelangen. »Ich muss heute keine Angst mehr haben, in ein tiefes Loch zu fallen und tagelang besoffen durch irgend 'ne Stadt zu ziehen. Ich habe das begriffen.«

Und er erzählte, dass ihn die Ärzte nach seinem letzten Alkohol-exzess gewarnt hätten, im Wiederholungsfall nicht mehr helfen zu können. »Da käme ich dann aus den Wahnvorstellungen nicht mehr 'raus und bliebe in 'ner Heilanstalt mit gummierten Wänden, wie ich das schon erlebt habe. Ich weiß, dass ich nur noch diese eine Chance habe.«

Noch 'ne Cola. »Keine Angst, ich bin trocken«, sagte er, »aber ich bin krank. Alkoholkrank. Geheilt ist man da nie. Man muss mit der Gefahr rechnen, solange man am Leben ist.«

Etwas mehr als ein Jahr später, am 26. Jänner 1996, feierte Juhnke im Berliner Maxim Gorki Theater die angekündigte Premiere als »Hauptmann von Köpenick«. Regie führte Katharina Thalbach. Juhnke spielte mehrere umjubelte Vorstellungen, bis er Ende Februar doch wieder rückfällig wurde. Katharina Thalbach übernahm von ihm die Titelrolle – es war das erste Mal, dass eine Frau die tragikomische Figur des Hauptmanns gab, der im Jahre 1906 das Rathaus des Berliner Vor-ortes Köpenick besetzt hatte. Das Angebot Claus Peymanns, Juhnke als »Köpenick« ans Burgtheater zu holen, wurde zurückgezogen.

Juhnke erfing sich noch einmal, wirkte in Shows mit und spielte Theater – bis er im Juli 2000 in einem Hotel in Baden bei Wien sei-nen allerletzten Rückfall erlitt und in eine Schweizer Spezialklinik gebracht wurde. Am 11. Dezember 2001 gab sein Manager bekannt, dass Juhnke nie wieder auftreten könne und eine Rückkehr auf die Bühne ausgeschlossen sei. Juhnke lebte da bereits in einem Pflege-heim in der Nähe von Potsdam.

Seine damals in Wien hingesagten Worte, »Ich weiß, dass ich nur noch diese eine Chance habe«, sind mir in Erinnerung geblieben. Harald Juhnke konnte diese eine Chance nicht nutzen.

Warum das Publikum schuld ist

Über das Problem, einen Buchtitel zu finden

Zu den schwierigeren Vorgängen des Buchschreibens zählt das Finden eines geeigneten Titels, der einerseits auf irgendeine Weise originell sein, andererseits dem Leser auf einen Blick sagen soll, worum es in dem vor ihm liegenden Werk geht. So war es auch bei meinem 1994 erschienenen Buch, in dem ich von der Geschichte des Theaters, des Films und des Schauspielberufs erzählen wollte. Wie üblich, musste ich dem Verlag etwa ein Dreivierteljahr vor Ablieferung des Manuskripts den Titel des Buchs nennen, damit die Buchhändler informiert werden und das Cover rechtzeitig in Vorbereitung gehen konnten. Nach schlaflosen Nächten kam mir endlich »Schuld ist nur das Publikum« in den Sinn. Ich teilte den Titel der Verlagschefin Brigitte Sinhuber-Harenberg mit, der er auf Anhieb gefiel, worauf ich mich an die Arbeit machte und das Buch zu schreiben begann.

Ich sammelte alles über Josef Kainz und Werner Krauß, über Adele Sandrock, Raoul Aslan und Vilma Degischer, über Josef Meinrad, Romy Schneider und Oskar Werner. Nach Monaten freudvollen Schreibens lag praktisch das fertige Manuskript vor mir: darin enthalten die Geschichte (und die dazugehörenden Geschichten) des Theaters, die Intrigen hinter den Kulissen und die Porträts der großen Mimen …

… nur eins fehlte noch. Die Erklärung des Titels: Warum, um Himmels willen, sollte das Publikum an allem schuld sein?

Ich überlegte, las mein Manuskript von vorn nach hinten und von hinten nach vorn – aber dem Publikum war beim besten Willen keine Schuld anzulasten. Nicht einmal das Zipfelchen einer Schuld.

An eine Änderung des Titels war nicht mehr zu denken, er schien bereits im Verlagsprospekt auf – mit einem Wort: »Schuld ist nur das Publikum« war unumstößlich.

Ich ackerte abermals sämtliche Literatur zum Thema Theater durch, derer ich habhaft werden konnte, und gelangte immer mehr zu der Ansicht, dass das Publikum vollkommen unschuldig ist.

Aber das durfte es nicht sein, denn der Titel stand fest.

Im allerletzten Moment fand ich – endlich! – in einem Theaterbüchlein die Erklärung: Bayerns sonderbarer König Ludwig II. hatte für sich sogenannte »Separatvorstellungen« aufführen lassen. In seinem Hoftheater befand sich an diesen Abenden kein Publikum, der Monarch saß mutterseelenallein in seiner Loge, und die Schauspieler agierten nur für ihn. Sie sprachen ihren Text, wie an jedem anderen Abend auch. Dieselben Akteure, dieselben Worte, dieselben Kostüme und Kulissen, alles war wie immer. Und doch: Die Mitwirkenden hinterließen uns, dass ihre Stimmen kläglich dahinschmolzen, die Gebärden ausdruckslos im Nichts davonflatterten. Ihren Aktionen fehlte Leben, sie sprachen ihren Text, aber sie fühlten ihn nicht. Und daher geht's nicht ohne Publikum, man kann ohne Publikum nicht spielen.

Schuld ist nur das Publikum.

Danke, lieber König Ludwig, ich hätte nicht gewusst, wie ich ohne Sie den Titel dieses Buches erklären hätte sollen.

»SISI« INTELLEKTUELL UND EROTISCH

Ein Tag mit Norman Mailer

Es war im April 1995, als mich Hans Dichand in sein Büro im sechzehnten Stock des Pressehauses bat, mir eine Tasse Kaffee offerierte und über dieses und jenes zu plaudern begann. Er hatte eine Gabe, Menschen durch seine sanfte und freundliche Art für sich einzunehmen. Ich wusste natürlich, dass er etwas wollte, hatte aber keine Ahnung, worum es ging. Wie zufällig fragte er nach zehn oder fünfzehn Minuten plötzlich und unvermittelt, ob ich zufällig jemanden kennen würde, der passabel Englisch könnte und sich in Wien, »ich meine jetzt auch, was die Geschichte betrifft«, gut auskennt. Die Frage war zu hundert Prozent auf meine Person zugeschnitten, es blieb mir also gar nichts anderes übrig, als zu sagen, dass ich dieser Mann sei.

»Das trifft sich gut«, tat Dichand überrascht, »morgen kommt ein Bekannter von mir aus Amerika nach Wien, dem man die Stadt und ihre Sehenswürdigkeiten zeigen sollte, und wenn Sie das könnten, wäre es wunderbar.«

Es war tatsächlich wunderbar, denn wie sich sogleich herausstellte, war sein Gast kein Geringerer als der weltberühmte Autor Norman Mailer, mit dem Dichand damals gerade an einem gemeinsamen Filmprojekt über das Leben der Kaiserin Elisabeth arbeitete. Dichand hatte ein Drehbuch geschrieben, dem Mailer den letzten Schliff geben sollte. Und ich war dazu ausersehen, dem Pulitzer-Preisträger das Wien der Kaiserin Elisabeth vorzuführen. Der geplante Film war ganz groß angesetzt und sollte in Wien, Possenhofen, Korfu und Genf gedreht, aber in Hollywood produziert werden. Dafür hatte sich Dichand mit Norman Mailer den idealen Partner ausgesucht, der die richtigen Kontakte und darüber hinaus Oscar-Preisträger Miloš Forman als Regisseur ins Auge gefasst hatte; später war Sir Richard Attenborough für die Regie im Gespräch.

Dichand hätte es mir durchaus direkt sagen können – natürlich führte ich Norman Mailer und seine sechste Frau Norris, ein fast dreißig Jahre jüngeres Fotomodell, das mit nach Wien gekommen war, gerne durch die Stadt. Mr. Mailer war ein liebenswürdiger älterer Herr, der seine Worte langsam und mit Bedacht wählte und nicht nur erzählen, sondern auch zuhören konnte. Ich zeigte dem Ehepaar das »Sisi Museum« und andere Trakte der Hofburg, Schönbrunn, das Kunsthistorische Museum, die Albertina, und wir fuhren auch nach Mayerling. Zwischen zwei Museumsbesuchen waren wir bei Dichands in Grinzing zum Mittagessen geladen. Der Zeitungszar war damals 78, Mailer zwei Jahre jünger.

Dichand plauderte während des Essens darüber, wie er sich »seine« Sisi im Kinofilm vorstellte: »Ganz anders als die, die wir durch Romy Schneider kennen. Sie ist eine Pazifistin, für die es unerträglich ist, an einem Hof zu leben, an dem ständig über Kriege gesprochen wird und von dem aus auch immer wieder Kriege geführt werden. Das ist einer der Gründe, warum sie immer wieder aus Wien flüchtet.« Hans Dichand sah Sisi als romantische Frau, bei der Erotik eine viel wichtigere Rolle gespielt habe, als man bislang angenommen hätte. »Kaiser Franz Joseph war dieser Frau einfach nicht gewachsen.«

»Morgen kommt ein Bekannter aus Amerika nach Wien«: mit Norman Mailer im April 1995

Als ich mich nach dem Kaffee mit dem Ehepaar Mailer wieder auf Tour begab und wir durch den Schönbrunner Schlosspark spazierten, brachte mir der Autor des Weltbestsellers »Die Nackten und die Toten« seine Sicht der Dinge nahe. »Ich sehe Elisabeth als eine Lady Diana des vorigen Jahrhunderts, eine schöne und intelligente Frau, die im Gegensatz zum Sisi-Klischee vorerst auch lebenslustig, intellektuell und politisch engagiert war. Sie ist ihrer Zeit weit voraus und scheitert schon deshalb an den verknöcherten, überkommenen Konventionen des Wiener Hofs. Schließlich zerbricht sie an ihrer Ehe, doch die Todessehnsucht tritt erst nach dem Selbstmord ihres Sohnes Rudolf zutage.« Im Gegensatz zu der von Ernst Marischka inszenierten »Sissi«-Trilogie, in der die Kaiserin in einer heilen Welt gezeigt wird, sollte der Film von Hans Dichand und Norman Mailer mit der Ermordung Elisabeths in Genf enden. Für Mailer war das »ein internationaler Filmstoff, dem ich in Hollywood gute Chancen gebe«.

Das Traumprojekt der beiden älteren Herren, das bereits den Arbeitstitel »Elisabeth, die seltsame Kaiserin« trug, ist aus mir nicht näher bekannten Gründen dann doch nicht realisiert worden. Aber ich verdanke ihm einen schönen Frühlingstag, an dem ich mit einem der bedeutendsten Schriftsteller unserer Zeit durch Wien und Umgebung pendeln durfte.

*Österreich wurde **1995** Mitglied der Europäischen Union. Der
»Konsum« meldete den Ausgleich an. Christoph Schönborn
wurde nach dem Rücktritt von Kardinal Groër – der wegen
sexuellen Missbrauchs an ehemaligen Schülern im Zentrum der
Kritik stand – Erzbischof von Wien. Bei einem Bombenattentat
in Oberwart im Südburgenland wurden vier Angehörige der
Volksgruppe Roma ermordet. Jacques Chirac wurde französischer Staatspräsident. Der israelische Ministerpräsident Jitzchak Rabin wurde während einer Friedenskundgebung in Tel
Aviv von einem jüdischen Fundamentalisten ermordet. Weiters
starben der US-Entertainer Dean Martin, der argentinische
Rennfahrer Juan Manuel Fangio, der Maler Rudolf Hausner
sowie die Schauspieler Maria Andergast, Franz Stoß, Alfred
Böhm und Fritz Eckhardt.*

»Mit der Bitte um Diskretion«

Fritz Eckhardts Adoptivtochter

Ich stand mit Fritz Eckhardt in losem Kontakt, hatte im Lauf der
Jahre einige Artikel über ihn geschrieben, einmal mit seiner tatkräf-
tigen Hilfe eine Fernsehdokumentation über das literarische Kabarett
der Zwischenkriegszeit (in dem seine Karriere begonnen hatte) gestal-
tet und ihn mehrmals in seinem Einfamilienhaus in Klosterneuburg
besucht, vor allem als seine Frau Hilde noch am Leben war.

Nach ihrem Tod 1987 lebte Eckhardt eher zurückgezogen, aber ich
erinnere mich an ein Treffen, ungefähr fünf Jahre nach Hildes Tod,
bei dem er mir erzählte, dass er eine neue Lebensgefährtin hätte, mit
der er sehr glücklich sei. Und er bat mich, niemandem davon zu
erzählen, geschweige denn darüber zu schreiben. Als Grund für den
Wunsch nach Diskretion gab er an, dass seine Freundin, eine deutsche Schauspielerin, um fast vierzig Jahre jünger sei und er nicht »als
alter Depp neben einer so jungen Frau dastehen« wollte.

Ich respektierte das natürlich und behielt die Information für mich.
Als nach Fritz Eckhardts Tod – er starb am Silvesterabend 1995 – sein

193

Testament eröffnet wurde, stellte sich heraus, dass er die junge, in der Nähe von Hamburg lebende Frau adoptiert und als Nutznießerin des Hauptteils seiner Hinterlassenschaft eingesetzt hatte. Sie hieß seit der Adoption im Jahr 1994 offiziell Irmgard Eckhardt-Riessen und hat ihn in seinen letzten Jahren regelmäßig besucht.

Wer den korpulenten Schauspieler, Autor und Regisseur gekannt hat, kann sich nicht vorstellen, dass er nach einer Krebserkrankung zuletzt nur noch siebzig Kilo wog – Freunde von ihm zeigten mir ein Foto aus dem letzten Lebensjahr des 88-Jährigen, das mich erschütterte. Bei der Verlesung von Fritz Eckhardts Letztem Willen bei einem Klosterneuburger Notar wurde weiters bekannt, dass eine Nachbarin, die sich um ihn gekümmert hatte, mit einem weiteren Grundstück bedacht worden war.

Reich sind Irmgard Riessen und die Nachbarin durch den Nachlass vermutlich nicht geworden, Eckhardt hatte seiner Freundin einen eher bescheidenen Bungalow in der Klosterneuburger Peter-Rosegger-Straße bereits zu seinen Lebzeiten überlassen, nun kamen noch Tantiemenzahlungen aus Theaterstücken und Fernsehserien hinzu, die wohl auch nicht mehr allzu üppig waren. Nach seinem Tod konnte ich ruhigen Gewissens über die Beziehung schreiben, zumal die Erbschaft nach der Testamentseröffnung ohnehin publik geworden war. Eckhardt und die junge Frau hatten einander 1977 kennengelernt, als sie in seiner Fernsehserie »Meine Mieter sind die besten« mitspielte, später trafen sie sich anlässlich der Dreharbeiten zu »Der gute Engel« wieder.

Als mich meine Kollegin Senta Ziegler nach seinem Tod für die Zeitschrift »News« über meine Erinnerungen an Fritz Eckhardt befragte, sagte ich in einem Nebensatz, dass ich ihm seinerzeit Diskretion bezüglich seiner Lebensgefährtin zugesagt und diese auch eingehalten hatte. Daraufhin schrieb ein Reporter der Tageszeitung »Täglich alles«, was ich denn für ein Journalist sei, der intimes Wissen für sich behielte, schließlich sei es die Aufgabe des Journalisten, alles zu schreiben, er hätte die Affäre jedenfalls sofort publik gemacht.

Mag sein, dass ich einem altmodischen Ehrbegriff anhänge. Die Zeitung, für die der junge Mann mit seinen vermeintlich modernen Ansichten schrieb, gab es allerdings nur noch vier Jahre.

*Bundespräsident Thomas Klestil wurde **1996** mit einer lebensbedrohlichen Lungenentzündung ins AKH eingeliefert und dort übers Wochenende in einen künstlichen Tiefschlaf versetzt. Der deutsche Industriellensohn und Wissenschafter Jan Philipp Reemtsma wurde entführt und nach 33 Tagen und Zahlung eines Lösegelds in Höhe von 30 Millionen D-Mark wieder freigelassen; die Täter konnten gefasst werden. Romano Prodi wurde italienischer Ministerpräsident. Patrick Ortlieb gewann bei der Alpinen Ski-WM Gold. Es starben Frankreichs Ex-Staatspräsident François Mitterrand, der Komponist Gottfried von Einem, die Jazzsängerin Ella Fitzgerald, die Schauspieler Gene Kelly, Marcello Mastroianni, Josef Meinrad und Hans Peter Heinzl.*

MEIN EINZIGES KOCHBUCH ...

... obwohl ich gar nicht kochen kann

Als Österreich 1996 seinen tausendsten Geburtstag beging – der Name »Ostarrichi« war 996 zum ersten Mal erwähnt worden – schrieb ich das Buch »Tausend Jahre Kaiserschmarrn. Eine satirische Geschichte Österreichs«, in dem ich historische Personen, die einander im wirklichen Leben nie begegnet waren, zusammentreffen ließ. So zum Beispiel Mozart mit Falco, die Spione Mata Hari und Oberst Redl, Edmund Sackbauer mit Kaiser Leopold I., der als strenger Hüter des Spanischen Hofzeremoniells ob »Mundls« Benehmen fast in Ohnmacht fiel, und Hitler legte ich auf die Couch von Sigmund Freud. Die Frankfurter Buchmesse stand in diesem Jahr im Zeichen des Österreich-Geburtstags. Und so war ich – nach der Präsentation meines Freud-Buchs sieben Jahre davor – zum zweiten Mal in der deutschen Buchmetropole, in der diesmal meine Österreich-Satire präsentiert wurde.

Selbstverständlich, wie man mir zutrug, auch im Österreich-Pavillon. Als ich es dort aber weder unter den Neuerscheinungen zur österreichischen Geschichte noch unter den satirischen Büchern fand, ging ich leicht beleidigt weiter und sah mir andere Buchstände an. Und da fand ich es dann endlich: »Tausend Jahre Kaiserschmarrn« – unter den Kochbüchern. Dabei kann ich überhaupt nicht kochen.

»UM SCHON EINMAL MASS ZU NEHMEN«

Otto von Habsburg und die Kapuzinergruft

Im selben Jahr schrieb ich das Drehbuch für eine ORF-Dokumentation über die Wiener Kapuzinergruft. Als es fertig war, gewährte mir der einstige Thronfolger Otto von Habsburg ein zweistündiges Interview, in dem er vor TV-Kameras sehr offen über die Stärken und Schwächen seiner in der Gruft beigesetzten Ahnen – von Leopold I. über Maria Theresia und Joseph II. bis Kaiser Franz Joseph – erzählte. Und er sprach auch über die Mönche des Kapuzinerordens, die die Begräbnisstätte des einstigen Herrscherhauses im Herzen Wiens seit Jahrhunderten betreuen.

Das Interview fand auf ausdrücklichen Wunsch des Habsburgers nicht in der Kaisergruft, sondern in einem Fernsehstudio statt. Als Kameras und Scheinwerfer abgedreht waren, plauderten wir noch ein wenig weiter, und da fragte ich den Sohn des letzten Kaisers, wie oft er denn bisher in der Gruft seiner Ahnen gewesen sei.

»Ich war«, antwortete er nach kurzer Überlegung, »nur dreimal dort. Das erste Mal 1916, beim Begräbnis Kaiser Franz Josephs, da war ich vier Jahre alt, und ich erinnere mich an die vielen Menschen, die mir damals riesig groß erschienen, da ich selbst ja noch sehr klein war. Dann war ich einmal in den Siebzigerjahren dort, einfach aus Interesse, um mir all die Sarkophage in Ruhe ansehen zu können. Und zuletzt 1989, beim Begräbnis meiner Mutter, der Kaiserin Zita. Ja, dreimal bin ich dort gewesen, öfter nicht.«

»Sie waren nur dreimal in der Kapuzinergruft?«, fragte ich verwundert.

»Ja, wissen Sie«, vertraute mir Otto von Habsburg lächelnd an, »jedes Mal, wenn ich dort hinkomme, habe ich den Eindruck, die

Patres schau'n mich ganz genau von oben nach unten an, um schon einmal Maß zu nehmen. Für später dann!«

Mittlerweile hat der Sohn des letzten Kaisers in der Kapuzinergruft seine letzte Ruhe gefunden.

Zum Schaden des Publikums

Hausverbot für Marcel Prawy

Markuserl«, so nannte er mich immer, »Markuserl, ich muss dir einen Brief zeigen, von dem du nicht glauben wirst, dass ich ihn bekommen hab.« Marcel Prawys Anruf erreichte mich am 21. Dezember 1996, und wir trafen uns eine Stunde später im Sacher, dem ständigen Wohnsitz des »Opernführers«. Er wartete bei meiner Ankunft schon im Café, in dem er sein Hauptquartier aufgeschlagen hatte, und kramte aus einem seiner berühmten Plastiksackerln ein an ihn gerichtetes Schreiben des damaligen Volksoperndirektors Klaus Bachler hervor.

Dem Brief vorauszuschicken ist, dass Prawy mit seiner Meinung nie hinterm Berg hielt, wenn er über die Qualität einer Aufführung befragt wurde. Und damals war an der Volksoper gerade die Lehár-Operette »Das Land des Lächelns« in einer Inszenierung von Klaus Maria Brandauer angelaufen. Von einem Reporter nach der Premiere um seine Einschätzung gebeten, bezeichnete »Marcello« die Vorstellung als »schwarzes Spektakel, bei dem man – zum ersten Mal bei diesem Werk – weder lachen noch weinen konnte und glaubte, einer Parodie auf ein Stück von Elfriede Jelinek beizuwohnen«.

Prawy wusste mit seinem großen Wissen und seiner Erfahrung natürlich genau, wie eine künstlerische Darbietung einzustufen war, und was er sagte, hatte Gewicht. Nicht jedoch für Klaus Bachler, dessen Brief »Marcello« mir jetzt überreichte. Ich las ihn aufmerksam und war einigermaßen verblüfft. »Ihre reaktionäre Sottise*«, schrieb Bachler an Prawy, »schädigt das Metier, das Sie zu lieben vorgeben.

---

* Veralteter Ausdruck für »Stumpfsinn, Dummheit, Grobheit«.

Als Ehrenmitglied der Volksoper haben Sie nichts Negatives über unsere Produktionen zu sagen. Ich habe volles Verständnis dafür, wenn Sie unser Haus nicht mehr betreten.«

Wir hingegen haben »weniger Verständnis dafür«, schrieb ich anderntags in einem Essay, »was Herr Bachler sich da einem der verdienstvollsten Männer des österreichischen Kulturlebens gegenüber herausnimmt«. Es war unglaublich, dass der Direktor den allseits geschätzten »Opernführer« einer Zensur, wie sie dem Fürsten Metternich zupass käme, unterziehen wollte und ihn mit faktischem Hausverbot für jenes Theater bedachte, dessen Ehrenmitglied er seit vielen Jahren schon gewesen war.

Prawy selbst, anfangs fassungslos, lächelte im Café Sacher schon wieder. »Ich habe in meinem Leben so interessante Operndirektoren wie Richard Strauss, Karajan und Karl Böhm erlebt«, lautete sein Konter, »was soll ich mich über einen so uninteressanten wie Herrn Bachler ärgern?«

Dieser musste sich nun die Frage gefallen lassen, wie er seine ehrenrührigen Worte mit denen des aktuellen Staatsoperndirektors Ioan Holender – der auch nicht immer gut auf »Marcello« zu sprechen war – in Einklang bringen sollte, hatte der doch wenige Tage davor gemeint, dass Prawy »im Lauf der Jahrzehnte mehr Menschen in die Oper gebracht hat als alle großen Tenöre zusammen«.

Der Brief des Volksoperndirektors war einer von Tausenden, die Marcel Prawy in diesen Tagen erreichten, zumal der »Opernführer« am 29. Dezember 1996 seinen 85. Geburtstag feierte und von aller Welt geehrt und beglückwünscht wurde. Im Sacher erzählte er mir noch, was er im neuen Jahr vorhatte, von Fernsehsendungen über Staatsopern-Matineen bis zu diversen Vorträgen, immer in jenem Metier, das er laut Bachler »zu lieben vorgab«. Am Ende seines ominösen Briefes hielt der Direktor auch noch fest, dass er »hiermit jedes Projekt einer gemeinsamen Arbeit zurückziehe«.

Einen Prawy konnte freilich niemand mit Hausverbot belegen, und so besuchte er laut seinem Tagebuch[*] am 30. Oktober 1997 die Pre-

---

[*] Prawys Tagebuch wurde mir von seiner langjährigen Sekretärin Heidi Artmüller zur Verfügung gestellt.

miere der Bellini-Oper »Norma«. Matineen gab er allerdings, solange
Bachler Direktor war, in der Volksoper keine mehr. Wohl zum Schaden des Publikums, das Prawys Einführungsvorträge liebte. Erst als
Bachler 1999 ans Burgtheater wechselte, zog Prawy im Triumph wieder am Währinger Gürtel ein, um wie eh und je seine Matineen zu
gestalten.

Tony Blair wurde **1997** *britischer Premierminister. Die Volks-
republik China übernahm die Hoheit über Hongkong. Viktor
Klima wurde nach Franz Vranitzkys Rücktritt Bundeskanzler.
Frauen durften erstmals Mitglieder der Wiener Philharmoniker
werden. Franz Fuchs aus Gralla in der Steiermark wurde als
Konstrukteur einer Serie von Briefbomben und wegen Verdachts
des Mordes an vier Roma in Oberwart verhaftet. Joanne K.
Rowlings erster »Harry Potter«-Roman wurde veröffentlicht.
Bei einem Autounfall in Paris kamen Prinzessin Diana von
Wales und ihr Freund Dodi al-Fayed ums Leben. Weiters starben der Neurologe Viktor Frankl, Hollywoodregisseur Fred Zinnemann, der frühere Staatsoperndirektor Egon Seefehlner sowie
die Schauspieler Robert Mitchum, James Stewart, Käthe Gold
und Nicolin Kunz.*

Spätere Heirat nicht ausgeschlossen

Meine Bühnenauftritte

Irgendwo muss ich es gestehen. Dass ich entgegen aller heiligen
Eide, niemals eine Bühne betreten zu wollen, mehrmals wort-
brüchig geworden bin. Es begann damit, dass ich in Bela Korenys
Broadway Piano Bar an Kabarettabenden auftrat – und das in bester
Gesellschaft: mit Petra Morzé, Karl Markovics, Gerhard Bronner und
Werner Schneyder. Jahre später lud mich Prinzipalin Anita Ammers-
feld ein, im Stadttheater Walfischgasse eine Farkas-Revue zu gestal-
ten. Die Farkas-Waldbrunn-Doppelconférencen zeigten wir in
Originalzuspielungen, Sigrid Hauser und Joesi Prokopetz spielten

Farkas-Sketches, und ich conférierte den Abend – sieben Vorstellungen waren geplant, mehr als dreißig sind daraus geworden.

Nicht Kabarett, sondern richtig Theater gespielt habe ich zum ersten Mal bei den Sommerspielen in Berndorf, für die mich deren Intendant Felix Dvorak engagierte. Ich trat 1996 in drei Einaktern von Anton Wildgans, Felix Salten und Adolf Bäuerle auf und gab im Jahr darauf in Ödön von Horváths »Geschichten aus dem Wiener Wald« den Conférencier eines Halbweltlokals, in dem Marianne in ihrer Verzweiflung als Nackttänzerin auftritt – und dabei von ihrem Vater, dem »Zauberkönig«, ertappt wird.

In den »Geschichten aus dem Wiener Wald« spielte neben Felix Dvorak als »Zauberkönig« auch seine Tochter Daniela mit. Wir hatten kaum Kontakt miteinander und verloren uns wieder aus den Augen. Bis wir uns zwei Jahre später, als sie im Theater in der Josefstadt engagiert war, durch Zufall wiedertrafen. Und dann hat's gefunkt zwischen Daniela Dvorak und mir, wir haben geheiratet und mit Mathias und Moritz zwei prächtige Söhne.

»Wir klagen Sie auf fünfzig Millionen«

Der Verkauf der Schratt-Villa

Ich stand mit den Eigentümern der Wiener Schratt-Villa in der Gloriettegasse 9 mehrere Jahre in gutem Einvernehmen. Sie hatten mich 1982, als ich die Biografie über die »Seelenfreundin« des Kaisers schrieb, mit Unterlagen über das Haus, in dem Franz Joseph jahrzehntelang ein und aus gegangen war, unterstützt und den Amalthea Verlag zu einer zweiten Präsentation des Schratt-Buches (nach jener, bei der Helmut Qualtinger einen Kerzenleuchter aus dem Fenster geworfen hatte) eingeladen. Knapp fünfzehn Jahre danach, im Februar 1997, erfuhr ich, dass die aus Deutschland stammende Familie die Villa zum Verkauf anbot. Und das zum stolzen Preis von 120 Millionen Schilling*. Vorfahren der Familie hatten die

---

* Entspricht im Jahre 2015 einem Betrag von rund 8,6 Millionen Euro.

Die Schratt-Villa in der Wiener Gloriettegasse, in der Kaiser Joseph viele Jahre ein und aus ging

prominente Immobilie wenige Monate nach dem Tod der Hofschauspielerin im Jahr 1940 von deren Sohn erworben.

Bei allem guten Einvernehmen: Zum Verkauf des Hauses wollte die Eigentümerfamilie keine Stellung beziehen. Es stand jedoch laut mir zugespielter Zeitungsinserate aus mehreren Ländern fest, dass die 800 Quadratmeter große Villa samt 4700 Quadratmeter Parkgrund in bester Hietzinger Lage nicht in Österreich, sondern in Japan, Russland, Australien, in den USA und etlichen arabischen Staaten offeriert wurde.

Ich schrieb in meiner Kolumne über den geplanten Verkauf der Luxusimmobilie und erhielt kurz danach einen Anruf des Anwalts der Eigentümerfamilie, der mich zu einem Gespräch bat. Bei diesem verriet er mir, dass die Familie mich bzw. die »Kronen Zeitung« auf Schadenersatz in Höhe von 50 Millionen Schilling (!) klagen würde.

»Aus welchem Grund?«, lautete meine schüchterne Frage.

»Weil die Villa aufgrund Ihres Artikels unter Denkmalschutz

gestellt wird«, sagte der Advokat, »und aus diesem Grund enorm an Wert verloren hat.«

Ich ging mit schlotternden Knien zu »Kronen Zeitung«-Herausgeber Hans Dichand und berichtete ihm von der Klageandrohung in unvorstellbarer Dimension.

Dichand lächelte milde und sagte: »Machen Sie sich deswegen keine Sorgen.«

Die fünfzig Millionen schienen ihn nicht weiter zu beunruhigen.

Wie sich bald herausstellte, zu Recht. Denn der sogleich eingeschaltete »Krone«-Anwalt erklärte, dass die gegnerische Seite mit der angekündigten Klage nicht durchkommen würde: Selbst wenn das Bundesdenkmalamt das Gebäude infolge meines Artikels unter Denkmalschutz stellen würde, könnte man das mir nicht anlasten, zumal es das gute Recht und sogar die Pflicht der Behörde sei, schützenswerte Anwesen unter Denkmalschutz zu stellen – wie auch immer sie davon erfahren hat.

Der Prachtgrund wurde später zweigeteilt und an verschiedene Interessenten verkauft. Tatsächlich steht die Wiener Schratt-Villa seit dem Jahr 2001 unter Denkmalschutz.

1998 wurde bekannt, dass Bill Clinton eine Affäre mit der Praktikantin Monica Lewinsky hatte, worauf ein Amtsenthebungsverfahren gegen den US-Präsidenten eingeleitet wurde, das jedoch scheiterte. Gerhard Schröder trat die Nachfolge von Helmut Kohl als deutscher Bundeskanzler an. Der gebürtige Wiener Walter Kohn erhielt den Nobelpreis für Chemie. Der austrokanadische Milliardär Frank Stronach kaufte die Steyr Werke. Hermann Maier errang bei den Olympischen Spielen in Japan zwei Goldmedaillen. Gerhard Weis wurde ORF-Generalintendant. Zehn Bergleute verunglückten im Talkwerk Lassing in der Steiermark tödlich. Popstar Falco kam bei einem Autounfall in der Dominikanischen Republik ums Leben. Weiters starben »The Voice« Frank Sinatra, die Opernsänger Leonie Rysanek und Hermann Prey, die Schauspieler Bernhard Minetti und Ida Krottendorf, der Journalist Hellmut Andics, die Fernsehstars Vico Torriani und Hans-Joachim Kulenkampff.

»KULI« WAR GANZ ANDERS

Tochter und Sohn erinnern sich

Ich hatte den in Seeham bei Salzburg lebenden »König der Show-master« am 5. Juli 1986 kennengelernt, an dem seine Quizshow »Einer wird gewinnen« aus dem Wiener Burgtheater übertragen wurde. Es war am Vormittag vor der Live-Sendung, als er mir im lockeren Plauderton erzählte: »Wenn heute Abend EWG vorbei ist, werde ich um eine Burgtheaterpension ansuchen. Wie ich höre, ist das durchaus üblich bei Leuten, die einmal auf dieser Bühne gestanden sind.« Und dann lachte er, wie nur »Kuli« lachen konnte, und fügte an: »Ich bin zwar nicht der erste Schauspieler, der hier auftritt, aber immerhin der erste Showmaster. Und das empfinde ich als eine ganz tolle Sache.«

Das Burgtheater stand in diesem Jahr am Beginn einer neuen Ära, Claus Peymann hatte am 1. September 1986 die Direktion übernommen. »Ich hoffe«, erklärte Kulenkampff noch, »dass mein Landsmann Claus Peymann, der wie ich in Bremen zur Welt kam, als neuer Direktor das Theater wieder zu dem macht, was es einmal war.«

Nun, das hat er nicht gemacht, wollte er auch gar nicht, aber die Bilanz seiner dreizehnjährigen Direktionszeit sieht im Rückblick besser aus als sie damals manchen Theaterbesuchern und vor allem Nichtbesuchern erschienen ist.

Nach »Kulis« Tod traf ich seine Tochter Merle und seinen Sohn Kai Kulenkampff, die beide in Österreich leben und mir anvertrauten, dass ihr Vater »in Wirklichkeit ganz anders war«, als sich sein Publikum das vorstellte. Der große Charmeur sei »eigentlich ein trauriger Mensch gewesen. Traurig, weil er sich nicht so präsentieren konnte, wie er es wollte. Das Fernsehen war nur notwendig, weil er vom Theaterspielen allein lange nicht leben konnte. Das Fernsehen brachte Geld, er aber wollte ein großer Schauspieler sein. Doch fürs Theater war er immer viel zu sehr er selbst, er war nicht eine solche Schauspielerpersönlichkeit wie der von ihm so verehrte Laurence Olivier, der einfach gesagt hat, heut bin ich der, morgen der. Davon

203

hat er oft geschwärmt, aber er war immer Kuli, das war sein Problem, das war sein konstantes Leidgefühl.«

So gesehen war das, was er 1986 über den »ersten Auftritt eines Showmasters« am Burgtheater gesagt hatte, ernster gemeint, als es mir damals erschienen ist.

Die Popularität sei ihrem Vater mitunter furchtbar lästig gewesen, setzten Tochter und Sohn fort. »Wir konnten nirgendwo hingehen, ohne dass er angequatscht wurde: ›Kuli, wir kennen dich vom Fernsehen.‹ Das ging ihm schrecklich auf die Nerven. Um dem zu entgehen, ging er monatelang segeln. Am schönsten war's für ihn in Irland, wo ihn keiner kannte.«

BEGEGNUNG MIT ALZHEIMER

Kurt Jaggberg hat alles vergessen

Der Schauspieler Kurt Jaggberg war seit vielen Jahren nicht mehr aufgetreten. Ich rief bei ihm zu Hause an, seine Frau war am Apparat. »Nein, Sie können ihn nicht sprechen«, sagte sie, »mein Mann hat Alzheimer. Aber Sie können ihn besuchen, sein Publikum soll ruhig wissen, was Alzheimer bedeutet.«

Kurt Jaggberg ist unvergessen als ewig grantiger Bezirksinspektor Wirz, den er in gut zwei Dutzend »Tatort«-Folgen an der Seite von Fritz Eckhardt gespielt hatte. Ich besuchte ihn also in den ersten Septembertagen des Jahres 1998 gemeinsam mit seiner Frau in einem Wiener Pflegeheim. Es war ein sonniger Spätsommertag, Kurt Jaggberg saß auf einer Bank im Garten.

»Tatort«, sagte er, »ja, ich erinnere mich.« Dann war er wieder still, stand auf und ging ein paar Schritte. Langsam und bedächtig, als bewegte er sich in einer anderen Welt.

»Manchmal spricht er von alten Zeiten«, hatte mir seine Frau Uschi Jaggberg schon auf dem Weg zu ihm verraten, »aber dann weiß er wieder gar nichts mehr.« Der Blick des 75-Jährigen ging ins Leere, er wiederholte meine Fragen, sagte Ja und lächelte freundlich.

»Schauen Sie sich Ihre alten Filme an, wenn sie im Fernsehen laufen?«, fragte ich.

»Die alten Filme schau ich an, ja.«

Doch im selben Moment wusste er nicht mehr, was er eben erst gesprochen hatte.

Später erzählte mir Frau Jaggberg, die seit 38 Jahren mit ihm verheiratet war, wie alles gekommen ist. Sie bemerkte die erste Veränderung im Sommer 1992, als ihn Felix Dvorak für das Stück »Moral« von Ludwig Thoma nach Berndorf geholt hatte. »Er tat sich zum ersten Mal in seinem Leben schwer beim Textlernen und ich entdeckte, dass er sich einzelne Worte auf dem Handrücken notierte, um sie ablesen zu können.«

Noch freilich ahnte man nichts Böses. Als er im Jahr darauf einen Fernsehkrimi drehte, sagte ein junger Schauspieler zu Frau Jaggberg: »Ich kenne den Text Ihres Mannes schon besser als er.« Jaggberg regte sich über seine immer häufiger werdenden »Hänger« dermaßen auf, dass er eine Herzattacke erlitt und ins Spital musste.

Bei der nächsten TV-Produktion brach er am ersten Drehtag zusammen, und die Rolle musste umbesetzt werden. Von da an lehnte Frau Jaggberg alle Angebote ab, »um das Leben meines Mannes nicht zu gefährden«.

Die Krankheit ging schleichend voran. Kurt Jaggberg konnte, wenn er unterwegs war, nicht mehr zu Hause anrufen, weil er die eigene Telefonnummer vergessen hatte. »Ärzte untersuchten ihn, ohne mir gegenüber den Namen der Krankheit auszusprechen. Sie erklärten nur, dass es für die Umwelt zunehmend schwieriger würde.«

So war's dann auch. »Alzheimer«, sagte Frau Jaggberg, »ist keine Krankheit des Patienten, sondern eine Krankheit der Angehörigen. Ihn interessiert nichts, er will nur gut essen und wissen, wo seine Schuhe sind. Subjektiv geht es ihm, denke ich, recht gut.« Sie konnte nur nicht begreifen, dass dieser Mann, der Theater und Fernsehstudios so sehr liebte, all das vergessen konnte, was ihn einst fasziniert hatte.

»Wunderbar waren Sie im ›Tatort‹«, sagte ich ein bisschen verlegen zu Kurt Jaggberg, als wir ein paar Schritte durch den Garten gingen. »Wunderbar, wie bös Sie den Inspektor Wirz gespielt haben.«

Konnte sich nicht mehr erinnern: Kurt Jaggberg, hier mit Fritz Eckhardt in einem »Tatort«

»Ja, bös gespielt«, wiederholte er. Und vergaß sogleich, was er eben gesagt hatte.

»Als es ihm immer schlechter ging, Therapien und Medikamente nichts mehr nützten und ich allein nicht damit fertig wurde, musste ich mich entschließen, ihn in ein Heim zu geben.« Erst hier sagten die Ärzte zu Frau Jaggberg, dass er unter Alzheimer litt.

Kurt Jaggberg wusste seinen Namen, er kannte seine Frau und seine drei Kinder, doch als der ORF nach Fritz Eckhardts Tod die alten »Tatort«-Folgen wiederholte, fragte er: »Hab ich da mitgespielt?« An einem guten Tag fielen ihm alte Theateranekdoten ein. Aber er wusste nicht, dass wir vor ein paar Minuten bei ihm waren.

Er war dann wieder allein. In einer anderen Welt.

Dr. Kurt Jaggberg, der promovierter Theaterwissenschafter war, gehörte zu den damals 80000 Alzheimer-Patienten in Österreich. Weltweit prominente Beispiele für diese vom deutschen Neurologen Alois Alzheimer entdeckte Krankheit waren die Schauspieler Rita Hayworth, Charles Bronson, Omar Sharif, Peter Falk und Karlheinz Böhm, die Politiker Ronald Reagan, Harold Wilson und Herbert Wehner, der legendäre Direktor der New Yorker Metropolitan Oper Sir Rudolf Bing und der Schriftsteller Walter Jens. Auch der deutsche Industrielle Gunther Sachs gab 2011 in einem Abschiedsbrief als Grund für seinen Selbstmord an, dass er in einem Frühstadium an Alzheimer litt.

*Wladimir Putin wurde **1999** russischer Präsident, Romano Prodi EU-Kommissionspräsident. Eine Lawinenkatastrophe in Galtür im Tiroler Patznauntal forderte 38 Todesopfer und 48 Verletzte. Zwölf Menschen fielen einem Großbrand im Tauerntunnel zum Opfer. Klaus Bachler löste Claus Peymann als Direktor des Burgtheaters ab. In Wien wurde der 202 Meter hohe Millennium Tower als Österreichs höchstes Bürogebäude eröffnet. Steffi Graf gab ihren Rücktritt vom Profitennis bekannt. Otto Barić wurde Österreichs neuer Fußball-Nationaltrainer. John F. Kennedy jr. kam mit Frau und Schwägerin bei einem Flugzeugabsturz vor der Küste von Martha's Vineyard ums Leben. Es starben Ex-Polizeipräsident Josef Holaubek, die Schauspieler Hilde Krahl, Kurt Jaggberg, Siegfried Lowitz, Georg Thomalla, Willy Millowitsch, Dirk Bogarde, der Theaterintendant August Everding, der Kabarettist Martin Flossmann und der Journalist Alfons Dalma.*

»ICH FÜHLE MICH NICHT ALT«

Wiedersehen mit Francis Lederer

Im November 1999 freute ich mich über ein Widersehen mit meinem Onkel Francis Lederer, den ich schon in meiner Kindheit bewundert hatte. Der Anlass war nunmehr ein besonderer. Francis wurde hundert Jahre alt und hatte mich und meine Frau Daniela zu seinen Geburtstagsfeierlichkeiten nach Los Angeles eingeladen. Wir konnten, als wir ankamen und er uns mit seiner Frau Marion am Flughafen abholte, gar nicht fassen, in welch jugendlicher Frische er sein biblisches Alter erreicht hatte.

Es waren eine ganze Reihe von Partys, die Francis als eine der letzten lebenden Legenden von »Good Old Hollywood« über sich ergehen lassen musste, und er stand jedes Mal kerzengerade da und sein Gesicht strahlte etwas geradezu Spitzbübisches aus. Bei einer der Feiern, die ihm zu Ehren gegeben wurden, erhob Francis sein Glas, dankte für die Glückwünsche und erklärte in einer kleinen Rede, dass er mit seinem Leben rundum zufrieden sei. »Man sollte nur ein bisschen jünger sein«, sagte er, »neunzig vielleicht.«

Ich nützte die Gelegenheit, um gemeinsam mit meiner Kollegin Kris Krenn ein Porträt über Francis Lederer zu drehen, das dann unter dem Titel »Älter als Hollywood« (das war er tatsächlich) im ORF ausgestrahlt wurde. »Ich fühle mich nicht alt«, sagte er im schönsten Burgtheaterdeutsch, das er immer noch beherrschte, in die Kamera. »Ich bin gesund, habe nie Alkohol getrunken und wenig geraucht. Seit siebzig Jahren nehme ich Vitamin-E-Kapseln, und ich drehe jeden Tag ein paar Runden auf dem Zimmerfahrrad. Aber das Wichtigste für mich ist die Schauspielschule. Die Arbeit mit den jungen Leuten hält mich jung.« Tatsächlich ließ er sich jeden Dienstag in

»Man sollte ein bisschen jünger sein, neunzig vielleicht«: Francis Lederer im Alter von hundert Jahren in Palm Springs

die von ihm gegründete und geführte »American National Academy of Performing Arts« chauffieren, wo er von 19 bis 22 Uhr unterrichtete. Seine berühmteste Schülerin war Oscar-Preisträgerin Helen Hunt gewesen, auf die er natürlich mächtig stolz war.

Als ich mich nach vielen Gesprächen, die immer wieder durch seinen Unterricht und organisatorische Tätigkeiten an der Schauspielschule unterbrochen wurden, verabschiedete, fragte ich ihn, ob ihn die Interviews nicht ermüdet hätten.

»Ermüdet?«, wunderte er sich, »ich bitte dich, ich habe doch heute noch gar nicht richtig gearbeitet.«

Francis legte sich am Abend des 24. Mai 2000 in seinem Haus in Palm Springs nieder und wachte am nächsten Morgen nicht mehr auf. Er stand in seinem 101. Lebensjahr und hatte drei Jahrhunderte erlebt.

»Rufen Sie mich nächstes Jahr wieder an«

Der Hofrat und die Hofschauspielerin

Francis Lederer war nicht der einzige Hundertjährige, den ich zum Interview bat. Es waren, da ich immer auf der Suche nach Zeitzeugen war, sogar recht viele, und es handelte sich in keinem der Fälle um zittrige Greise, sondern immer um Senioren, die sich alle einer guten geistigen und meist auch körperlichen Verfassung erfreuen durften. »Meinen« ersten Hundertjährigen hatte ich im November 1973 getroffen, es war dies ein Hofrat i. R. namens Siegfried Deutsch, der einst von der k. u. k. Armee für untauglich erklärt wurde, weil er laut ärztlichem Attest für den Militärdienst »körperlich zu schwach« gewesen sei. Später machte er Karriere bei den Bundesbahnen, was zur Folge hatte, dass er 1923 mit fünfzig Jahren in Pension ging. Er war demnach doppelt so lange im Ruhestand wie er gearbeitet hatte. Dies war insofern ein untypischer Fall, als die anderen Hundertjährigen, die ich traf, bis ins hohe Alter beruflich aktiv waren.

Ein Jahr nach Hofrat Deutsch bemühte ich mich um ein Interview mit der berühmten Schauspielerin Rosa Albach-Retty, die 1974 ihren hundertsten Geburtstag feierte. Als ich die letzte lebende Hofschauspielerin im Künstleraltersheim in Baden bei Wien anrief und um ein Treffen bat, sagte sie, dass sie bereits sehr zurückgezogen lebte und nicht mehr in die Öffentlichkeit wollte, aber sie würde es sich überlegen. »Vielleicht probieren Sie's ein andermal«, sagte sie, »rufen Sie mich doch nächstes Jahr wieder an!«

Ich hatte mit dieser Erzählung im Freundeskreis großen Erfolg, eine Hundertjährige lädt mich ein, sie in einem Jahr wieder anzurufen. Dass ich ihr je begegnen würde, konnte ich nicht mehr glauben. Ich rief nach einem Jahr wieder an, sie vertröstete mich neuerlich und das insgesamt drei Mal. Im Sommer 1977 geschah dann das Wunder, dass mich Rosa Albach-Retty, kurz vor Vollendung ihres 103. Lebensjahres, in ihrem Urlaubsort Bad Goisern im Salzkammergut empfing.

Sie kam mir an diesem schwülen Augustmorgen in der Halle ihres Hotels in einem schicken weißen Seidenkostüm entgegen, das weiße Haar nach hinten gesteckt. Rosa Albach-Retty stellte mir eine Frage, die ich nie vergessen werde. Sie fragte mich, ob ich das Gespräch in der Halle führen möchte oder lieber draußen auf der Terrasse, »aber dort wird es Ihnen vielleicht zu heiß sein«, wie sie meinte. Nicht ihr, der 103-Jährigen, könnte es zu heiß sein, sondern mir, dem damals in den mittleren Zwanzigern stehenden Journalisten.

Wir entschieden uns der besseren Fotografiermöglichkeiten wegen für draußen, und ich darf vorwegnehmen, dass sowohl Frau Albach-Retty als auch ich die Hitze, gemildert durch einen Schatten spendenden Sonnenschirm, glänzend überstanden haben. Sie erzählte mir von Schauspiel-Legenden wie Josef Kainz, Katharina Schratt und Alexander Girardi, mit denen sie noch auf der Bühne gestanden war. Und von einer Audienz bei Kaiser Franz Joseph, zu der sie 1913 aus Anlass ihrer Ernennung zur Hofschauspielerin gebeten wurde. Natürlich kam sie auch auf ihre Enkelin, die damals 39-jährige Romy Schneider zu sprechen, über die sie sagte: »Ja, wissen Sie, die Romy ist leider keine Schauspielerin geworden.«

Ich sah die alte Dame verwundert an, Romy Schneider ist keine Schauspielerin geworden?

»Nein«, sagte sie, »nur Filmschauspielerin.«

Da kannte die alte Dame kein Pardon, auch wenn die Enkelin längst Weltgeltung erlangt hatte, war sie für sie »nur Filmschauspielerin«. Es war die Aussage einer Frau, die aus einer anderen Zeit in unsere herüberragte und für die der Film auch 1977 noch weit weniger zählte als das Theater.

Natürlich fragte ich auch Rosa Albach-Retty nach ihrem Rezept, in so guter Verfassung ihr hohes Alter erreicht zu haben. »Ich glaube«, antwortete sie, »ein gutes Naturell zu haben. Dinge, die mich belasten, kann ich ziemlich leicht abschütteln. Ich sage mir, es hat keinen Sinn, sich allzu sehr aufzuregen.« Sie war bis in ihr 84. Lebensjahr auf der Bühne des Burgtheaters gestanden und rauchte während unseres Gesprächs auf der Hotelterrasse drei Zigaretten.

Auch wenn sich Altersforscher darin einig sind, dass eine entsprechende genetische Disposition von Vorteil ist, um sich einer hohen Lebenserwartung erfreuen zu können, dürfte diese weder Garantie noch Hindernis sein, denn keine von Rosa Albach-Rettys Vorfahren erreichte ein besonders hohes Alter. Ihre Mutter war mit 45 Jahren an Krebs verstorben, auch ist Rosa Albach-Rettys Sohn, der Schauspieler Wolf Albach-Retty, nur 58 Jahre alt geworden und ihre Enkelin Romy Schneider überhaupt nur 43. Sie ist wohl ein trauriges Beispiel dafür, wie man seinen Körper trotz genetisch günstiger Voraussetzungen durch Raubbau zerstören kann.

Rosa Albach-Retty starb am 26. August 1980 in ihrem 106. Lebensjahr.

»Ein medizinisches Wunder«

Das Phänomen Heesters, 106

Ich hatte zu Johannes Heesters und dessen Frau Simone Rethel eine so gute Beziehung, dass sie mich jedes Jahr rund um seine immer unglaublicher werdenden Geburtstage in ihrem Haus am Starnbergersee empfingen. Er war auch jenseits der hundert stets gut gelaunt, absolvierte seine Auftritte und blickte voller Zuversicht in

»Eine absolute Ausnahmeerscheinung«: mit dem hundertjährigen Johannes Heesters, 2004 in Stuttgart

die Zukunft. Als er 106 Jahre alt wurde, interviewte ich ausnahmsweise nicht ihn, sondern – um dem medizinischen Phänomen Heesters auf die Spur zu kommen – seinen Hausarzt Dr. Ingo Schubert. Simone hatte nichts dagegen, dass ich mit dem Internisten sprach und Johannes Heesters selbst entband ihn für meinen Bericht von der ärztlichen Schweigepflicht.

»Herr Heesters ist gesund, ich würde sein biologisches Alter, sein Erscheinungsbild, auf achtzig Jahre schätzen«, erklärte der in Starnberg niedergelassene Mediziner. Auf meine Frage, ob es sich bei Johannes Heesters um ein medizinisches Wunder handele, antwortete Schubert: »Ja, so kann man das nennen, er ist ein medizinisches Wunder, eine absolute Ausnahmeerscheinung. Aber so etwas kann nur durch viel Arbeit und Disziplin erreicht werden und wenn man sich geistig und körperlich nicht vernachlässigt.«

Wenn Schubert seinen prominenten Patienten »alle drei, vier Wochen« besuchte, kontrollierte er Puls, Lunge und Herz. »Es ist alles in Ordnung, es gibt keine auffälligen Werte, er benötigt keine Medikamente. Wir plaudern immer ein bisschen, meist erzählt er von seiner Arbeit und wie er sich fühlt, und dabei stelle ich fest, dass auch sein Geist gut funktioniert.«

Erklären konnte sich Dr. Schubert das Phänomen Heesters »durch gute genetische Voraussetzungen, die gute Luft am Starnberger See, dass er sein Leben lang sportlich war, mit 106 Jahren immer noch zwei Mal in der Woche ins Fitnessstudio geht und so seine Muskeln aufbaut. Und dass er täglich seine Gesangs- und Atemübungen macht.« Texte zu lernen sei das beste Training gegen Altersdemenz.

Simone Rethel ergänzte, dass das hohe Alter natürlich auch seinen Tribut zollte: »Jopies Problem ist, dass er nichts mehr sieht, dass er praktisch blind ist, damit müssen wir leben. Das nimmt ihm einiges von seiner Lebensfreude, etwa wenn Menschen zu uns kommen, die dann sagen, was für ein schöner Tag heute ist. Das führt zu traurigen Momenten. Aber die sind bald vorbei, und dann geht es ihm wieder gut. Jedenfalls hat er den Willen, noch möglichst lange zu leben.«

»Gesund bin ich erst im Alter«

Marko Feingold, nach wie vor im Beruf

Im Mai 2013 traf ich den damaligen und übrigens auch heute noch aktiven Präsidenten der Israelitischen Kultusgemeinde Salzburg, Marko Feingold, aus Anlass seines hundertsten Geburtstags. Er war von allen Hundertjährigen, denen ich begegnete, derjenige, der körperlich am besten beisammen war. Wir waren in den Räumlichkeiten der Kultusgemeinde Wien in der Seitenstettengasse verabredet. Ich holte, als man uns für das Interview ein Zimmer im zweiten Stock zugewiesen hatte, den Lift, um mit Herrn Feingold hinaufzufahren. Doch der eilte zu den Stufen. Als ich ihn fragte, ob das Stiegensteigen nicht mühsam für ihn sei, reagierte er erstaunt: »Für Sie vielleicht – für mich nicht!« Und schon lief der drahtige Mann wie ein Junger – und ich übertreibe nicht – die zwei Stockwerke hinauf, und ich hatte Mühe, mit ihm Schritt zu halten.

Marko Feingold war der jüngste Hundertjährige, den ich traf. Und das nach einem Leben voller Katastrophen und Schicksalsschläge. Die Nationalsozialisten hatten ihn nach Auschwitz deportiert, wo er bei Schwerstarbeit auf 30 Kilogramm abmagerte. Er durchlitt drei weitere Konzentrationslager, wurde gefoltert und blutig geschlagen und zählte mit seiner Zähigkeit zu den wenigen, die überlebten. Die Frage nach der genetischen Disposition seiner Langlebigkeit konnte er nicht beantworten, »weil alle anderen aus meiner Generation«, so Feingold, »und aus den Generationen meiner Eltern und Großeltern von den Nazis ermordet wurden. Ich weiß nicht, wie alt die anderen aus meiner Familie geworden wären.«

Nach der Befreiung aus Buchenwald organisierte Marko Feingold die Umsiedelung Zehntausender osteuropäischer Juden über Österreich nach Palästina. Er leitet die Kultusgemeinde Salzburg – mit Unterbrechungen – seit siebzig Jahren, betreut die Synagoge, erledigt alles selbst, inklusive Schneeschaufeln vor dem Amtsgebäude. Er geht vier Mal in der Woche ins Büro und hält Vorträge, manchmal zwei bis drei am Tag.

Erstaunlich auch, dass dieser Mann sein Leben lang kränklich war. »Gesund«, sagte er, »bin ich erst in meinem hohen Alter.« Dabei hat er kaum auf die richtige Ernährung geachtet, jedoch wenig Alkohol getrunken und nie geraucht. »Dass ich noch gebraucht werde, ist ein Geschenk des Himmels«, erklärte er. »Aber ich weiß, dass ich hundert bin und hab mit allem abgeschlossen. Ein, zwei Jahre schaff ich noch.«

Die zwei Jahre sind längst vergangen – und Marko Feingold ist aktiv und berufstätig wie eh und je.

»ALS OB ES DEN TOD NICHT GÄBE«

Heinrich Treichl, der Grandseigneur

Der intellektuell Regsamste unter all denen, die ich in dieser Altersgruppe kennenlernte, war zweifellos Heinrich Treichl, der ehemalige Generaldirektor der Creditanstalt, den ich anlässlich seines hundertsten Geburtstags im Juli 2013 für den »Kurier« porträtierte. Der Grandseigneur kam mir in seinem eleganten Stadtpalais im dritten Bezirk entgegen und bat mich in seinen Salon, dessen Einrichtung zweifelsfrei noch aus der Donaumonarchie stammte. Der Hausherr ging aufrecht und ohne Stock, trug keine Brille, dafür Maßschuhe, feinstes Tuch und Krawatte. Heinrich Treichl war ein wacher Zeuge eines ganzen Jahrhunderts. Er erzählte mir seine Lebens- und Familiengeschichte, beginnend mit seinem Urgroßvater, dem Ring-straßen-Architekten Heinrich von Ferstel, der die Votivkirche, die Universität Wien, das Palais Ferstel und die Villa Wartholz in Reiche-nau an der Rax erbaut hatte, über eine seiner Großmütter, die bei Johannes Brahms Klavierstunden genommen hatte, bis zur anderen, die eine Patientin Sigmund Freuds war. Schon sein Vater war Ban-kier. Bei diesem angelangt, bewies Heinrich Treichl, dass er auch über ein gehöriges Quantum an Humor verfügte – ebenfalls eine Eigenschaft, die ich bei praktisch allen feststellte, die in Würde alt geworden sind: »Als ich einmal zu meinem Vater sagte, dass ich Archi-tekt werden wollte, reagierte der mit den Worten: ›Architekt willst du werden? Da muss man Ideen haben, da muss man Einfälle haben. Was wird dir schon einfallen – höchstens deine Häuser!‹«

Im Gespräch vertrat Heinrich Treichl die Meinung, dass ein wirt-schaftlicher Zusammenbruch wie der, den er in den Dreißigerjahren erlebt hatte, jederzeit wieder möglich sei. Er las nach wie vor den briti-schen »Economist« und war über das Wirtschaftsleben gut informiert.

Heinrich Treichl war immer schon für ein treffliches Bonmot gut gewesen, und daran hatte sich auch mit hundert Jahren nichts geän-dert. Seinen Nachfolger als Chef der Creditanstalt, Hannes Androsch, hat er einst als »Parvenü« bezeichnet, allerdings auch seine Intelli-genz und sein wirtschaftliches Verständnis hervorgehoben. »Der Kreisky«, meinte er jetzt, »war der Herkunft nach ein Bürgerlicher, der Androsch ist erst einer geworden.«

Was Treichl nach Jahrzehnten noch aufregte, war die Zerschlagung der Creditanstalt, mit der er einen Teil seines Lebenswerks vernich-tet sah. Als CA-»General« hatte man ihn mit 68 Jahren in Pension geschickt, danach war er noch in diversen Aufsichtsräten tätig, als Präsident des Roten Kreuzes blieb er bis in sein 87. Lebensjahr aktiv.

»Ich empfinde mein Alter als Gottesgnade«, sagte Treichl, »da spie-len natürlich auch die Gene mit. Ich kannte noch zwei meiner Urgroßmütter, beide wurden über neunzig – eine war die Witwe Heinrich Ferstels. Dass er mit sechzig zu rauchen aufgehört und wenig Alkohol getrunken hätte, gab Heinrich Treichl als weitere

»Eine praktische Selbsttäuschung«: Heinrich Treichl im Alter von hundert Jahren mit einer Büste seines Urgroßvaters Heinrich von Ferstel

Erklärung für sein Alter an. Er betonte noch, dass er in zunehmendem Maße religiös geworden sei, »was ein ganz normaler Prozess ist, wenn der Tod sich nähert. Ansonsten tue ich so, als ob es ihn nicht gäbe. Das ist zwar eine gigantische Selbsttäuschung, die aber sehr praktisch ist.«

Ich fand also auch bei ihm eine Bestätigung meiner These, dass sehr alte Menschen, die in ihren späten Jahren rege sind, mehr an das Leben als an den Tod denken. Wer dauernd sein Ende vor Augen hat, glaube ich, läuft Gefahr, ihm nur allzu bald zu begegnen.

Mit hundert im Hawelka

Prominente Altersgenossen

Im Jahr 1900 betrug die durchschnittliche Lebenserwartung der Bevölkerung in den Industrienationen vierzig Jahre, mittlerweile hat sie sich verdoppelt. Jedes zweite Kind, das am Beginn des 21. Jahrhunderts zur Welt kommt, kann damit rechnen, hundert Jahre alt zu werden. Doch das Fortschreiten der Langlebigkeit ist nur dann von Nutzen, wenn wir dieses Alter in geistiger und körperlicher Frische erleben oder wie Nestroy es ausdrückte: »Lang leben will halt jeder, aber alt werden will kein Mensch.«

Auch wenn die Lebensgeschichten der Hundertjährigen, die ich traf, sehr unterschiedlich sind, konnte ich erstaunliche Parallelen feststellen: Sie alle lebten diszipliniert, versuchten sich geistig und körperlich fit zu halten, hatten Humor, fielen mir durch ihre ausgeprägte Neugierde und ihr ehrliches Interesse an den Vorgängen ihrer Umwelt auf.

Der Vollständigkeit halber möchte ich noch einige prominente Hundertjährige nennen, denen ich ebenfalls begegnet bin, wie den Cafétier Leopold Hawelka (1911–2011), der auch mit hundert noch fast jeden Tag in sein Kaffeehaus kam, den Stummfilmstar Liane Haid (1895–2000), weiters die Operettensängerin Marta Eggerth (1912–2013), den Burgschauspieler Hannes Schiel (* 1914) und Elisabeth Heller (*1914), die Mutter von André Heller. Nicht kennengelernt habe ich den Innsbrucker Mathematiker Leopold Vietoris, der mit 111 Jahren hierzulande alle Altersrekorde schlug. Er und seine Frau Maria Josefa, die ebenfalls über hundert wurde, waren das älteste Ehepaar der Welt und sind nach fast siebzig Jahren gemeinsamen Lebens beide im Jahr 2002 innerhalb von zwei Wochen gestorben. Leopold Vietoris hatte als führender Mathematiker mit 105 Jahren seine letzte wissenschaftliche Arbeit verfasst.

»HOFFENTLICH KEINE HÄMORRHOIDEN«

Der Arzt aus dem Weißen Haus

Wenn möglich, versuche ich meine Bücher und Kolumnen durch amüsante Geschichten anzureichern. Ich streue also in meine Texte, auch wenn sie ernste Themen behandeln, gerne Anekdoten ein. Wobei ich zugeben muss, dass nicht alle heiteren Geschichten bezüglich ihres Wahrheitsgehalts belegbar sind. So erwähnte ich in einer meiner Kolumnen eine kleine Episode, die ich über den amerikanischen Präsidenten Lyndon B. Johnson gelesen hatte. Und die ging so:

Der Nachfolger John F. Kennedys im Weißen Haus war stets darum bemüht, die Popularität, die Kennedy erlangt hatte, zu erreichen (was ihm, wie man weiß, nie gelingen sollte). Deshalb lud er, als man ihm 1965 die Gallenblase entfernte, mehrere Fotografen zu einem »Pressetermin« ins Spital ein. Kaum standen die Bildberichterstatter um sein Krankenbett, lüftete der Präsident sein Hemd und zeigte die Operationsnarbe. Während die Fotografen pflichtgemäß drauflos knipsten, flüsterte einer von ihnen einem Kollegen zu: »Hoffentlich muss sich der Präsident nie die Hämorrhoiden entfernen lassen!«

Ich hatte die kleine Geschichte einem Buch über das Weiße Haus entnommen und sie der netten Pointe wegen zitiert. Ob sie wahr ist oder nicht – das würde ich wohl nie erfahren.

Dachte ich. Bei einer der Feiern zum hundertsten Geburtstag von Francis Lederer kam ich mit dem an meinem Tisch sitzenden Ehepaar Nerva ins Gespräch. Als im Lauf des Abends die Rede auf unsere Berufe kam, erfuhr ich, dass Dr. Bill Nerva viele Jahre als Arzt im Weißen Haus tätig war und dort die Präsidenten Bush senior, Reagan und Johnson medizinisch betreut hatte.

Nun sah ich den Zeitpunkt gekommen, die Johnson-Anekdote auf ihre Echtheit prüfen zu können. »Dr. Nerva«, sagte ich vorsichtig, »ich habe einmal eine Geschichte über Präsident Johnson geschrieben, die womöglich gar nicht stimmen wird ...« – und ich erzählte die kleine Episode vom Krankenbett.

»Oh yes«, erwiderte Dr. Nerva und lachte herzhaft, »es war genau so. Und ich muss es wissen, denn ich stand neben dem Fotografen, der es sagte.«

Vielleicht stimmen Anekdoten ja doch öfter, als man annimmt.

*Kurz nach Angelobung der schwarz-blauen Koalitionsregierung unter Bundeskanzler Wolfgang Schüssel und Vizekanzlerin Susanne Riess-Passer im Jahr **2000** traten Sanktionen der vierzehn anderen Mitgliedsstaaten der Europäischen Union gegen Österreich in Kraft. Bei einem Brand eines im Tunnel befindlichen Zuges der Gletscherbahn Kaprun kamen 155 Menschen* ums Leben; es war dies die größte Katastrophe, die sich in Österreich seit dem Zweiten Weltkrieg ereignet hat. Der gebürtige Wiener Eric Kandel erhielt den Nobelpreis für Medizin. Es starben Ex-Bundespräsident Rudolf Kirchschläger, der ehemalige italienische Ministerpräsident Bettino Craxi, der Arzt Karl Fellinger, der Maler Friedensreich Hundertwasser, der Schriftsteller Ernst Jandl, der Pianist Friedrich Gulda, der Boxer Gustav »Bubi« Scholz, der Sänger Walter Berry, die Schauspieler Walter Matthau, Hedy Lamarr, Liane Haid, Bernhard Wicki und Paula Wessely.

ABSCHIED VON DER WESSELY

Nachruf auf eine Schauspielerin

Paula Wessely ist tot, wir haben die Schauspielerin des 20. Jahrhunderts verloren.« Mit diesen Worten begann mein Nachruf auf die Doyenne des Wiener Burgtheaters. »Auch wenn sie sich vor langer Zeit schon von der Bühne zurückgezogen und uns dadurch um das Elementarereignis gebracht hat, einmal noch die Wessely erleben zu dürfen, so wussten wir doch, dass sie unter uns war. Jetzt hat sie uns im Alter von 93 Jahren wirklich und für immer verlassen.«

Mitunter ist man enttäuscht, wenn man großen Künstlern privat begegnet. Was an ihnen fasziniert, ist oft »nur« gespielt. Anders war es bei der Wessely, die ihr Vis-à-vis bezaubern, durch ihre Ausstrahlung und die unvergleichliche Melodie ihrer Sprache gefangen nehmen konnte. Jede mit ihr verbrachte Stunde war ein Erlebnis. Unvergesslich wie die großen Wessely-Filme, unvergesslich wie ihre Auftritte am Burgtheater.

1926 lernte sie in Prag Attila Hörbiger kennen, den Mann, der dann mehr als ein halbes Jahrhundert an ihrer Seite stehen und dem sie drei Töchter schenken sollte: Elisabeth, Christiane, Maresa, die alle Schauspielerinnen wurden – und nun sind auch ihre Enkel schon beim Theater. Hörbiger-Wessely, das ist die bedeutendste Schauspielerdynastie, die der deutsche Sprachraum hervorbrachte – und die

Wessely stand in deren Mittelpunkt. Millionen Frauen kleideten sich, trugen ihr Haar wie sie. Paula Wessely wurde zum Idol.

Im Oktober 1992 hatte sie ihren letzten öffentlichen Auftritt. Für ihr Lebenswerk geehrt, dankte sie bescheiden: »Wenn ich an die Leistungen der wirklich Großen – an die Ärzte und Forscher – denke, dann war das nicht sehr viel, was ich den Menschen geben konnte.«

Von der Bühne hatte sie sich schon 1987 verabschiedet, nach dem Tod ihres Mannes. »Er fehlt mir ungemein«, sagte sie, »Attila hatte die große Gabe, auch das Negative positiv zu sehen.« Darin unterschieden sie sich wohl. Die Wessely nahm ihren Beruf so ernst, dass wenig Platz blieb für das Leichte. »Zugeflogen ist mir nichts«, meinte sie, »ich habe es mir schwer gemacht, mir jede Rolle erkämpfen müssen. Zufrieden war ich selten.«

Wenn sie durch Grinzing schritt, wo sie bis zuletzt wohnte – aufrecht, kerzengerade, bewundert wie eine Königin –, merkte man nichts davon. Sie lebte nicht wie ein Star, wie eine Diva, sondern sehr bürgerlich. Erklärte nur, »den Menschen dankbar zu sein, dass sie mir so lange die Treue gehalten haben«.

Ein Denkmal war sie seit Langem schon. In den Herzen ihres Publikums bleibt sie lebendig.

George W. Bush wurde **2001** *Präsident der Vereinigten Staaten von Amerika. Dreitausend Todesopfer forderten die auf das World Trade Center in New York und das Pentagon in Washington durchgeführten Terroranschläge von »Nine-Eleven«, zu denen sich die islamistische Terrororganisation al-Qaida und ihr Anführer Osama bin Laden bekannten. Der wegen sechsfachen Mordes verurteilte Udo Proksch starb in der Haft an den Folgen einer Herzoperation. Die Wiener Sofiensäle wurden bei einem Großbrand ein Raub der Flammen. Es starben der frühere österreichische Bundeskanzler Josef Klaus, Ex-Gewerkschaftspräsident Anton Benya, die Chansonniers Charles Trenet und Gilbert Bécaud, der Chirurg Christiaan Barnard, der Musiker Horst Winter, die Skirennläuferin Christl Haas sowie die Schauspieler Antony Quinn, Jack Lemmon und Hans Holt.*

»Nicht vom langlebigen Teil der Familie«

Typen und Originale unserer Zeit

Im Herbst 2001 erschien mein Buch »Die Enkel der Tante Jolesch«, in dessen Vorwort ich erklärte, dass der von mir gewählte Titel eigentlich eine Frechheit und nur damit zu erklären sei, dass es auch in der Zeit, die Friedrich Torberg in seinem Anekdotenklassiker nicht mehr beschrieb, Typen und Originale gab, deren Aussprüche es wert sind, festgehalten zu werden. Diese Originale hatten Hitlers Krieg, die Emigration und seine Konzentrationslager überlebt und hießen Karl Farkas, Hugo Wiener, Maxi Böhm, Helmut Qualtinger, Gerhard Bronner, Fritz Muliar, Billy Wilder, Marcel Prawy … oder hatten andere, weit weniger klangvolle Namen, aber einen nicht minder ausgeprägten Sinn für die Kunst des geistvollen Pointensetzens. Viele von ihnen hatte ich kennengelernt und ihre Geschichten niedergeschrieben, da ich es ewig schad gefunden hätte, sie in Vergessenheit geraten zu lassen.

Ich hatte selbst eine Tante Jolesch. Sie hieß Flora, war eine ältere Schwester meiner Mutter und hatte uns Aussprüche hinterlassen, die denen der Originaltante durchaus angemessen waren. Als ich Tante Flora von dem damals bevorstehenden und an anderer Stelle erwähnten hundertsten Geburtstag ihres Cousins Francis Lederer informierte, reagierte sie mit den Worten: »Was, der Franz wird hundert? Dabei ist er doch gar nicht vom langlebigen Teil unserer Familie.«

Tante Flora zählte damals selbst schon stolze 97 Jahre, und mir war von da an klar, dass die Tante Jolesch lebt.

Hier zwei kurze Beispiele aus meinen »Enkeln der Tante Jolesch«: Unter den Sängern der Wiener Staatsoper fand sich manch unvergleichliches Original. So gab es dort einen Episodisten namens Alfred Muzzarelli, der sein Leben lang »auf Star studierte«, ohne je einer geworden zu sein. Muzzarelli war trotz seines italienischen Namens ein waschechter Wiener. Er liebte die Frauen, wobei ihm Augen, Haarfarbe und Figur weniger bedeutsam erschienen als das eine nur: Sie mussten wesentlich *älter* sein als er! Als ihm ein Kollege, den Tränen nahe, mitteilte, dass ihn die Freundin verlassen hatte, fand

Muzzarelli tröstende Worte: »Mach dir nix draus, andere Töchter haben auch schöne Mütter!«

Und die zweite Geschichte, ebenfalls aus der Welt der Oper: Kammersänger Eberhard Waechter war es nur ein halbes Jahr lang vergönnt, Direktor der Wiener Staatsoper zu sein. Nach seinem plötzlichen Tod im März 1992 übernahm sein Co-Direktor Ioan Holender die alleinige Leitung des Hauses. Dieser war am Beginn der Zusammenarbeit noch im Schatten Waechters gestanden und im Opernhaus bei Weitem nicht so bekannt wie später dann.

Der Zuschauerraum war bereits abgedunkelt, als Holender eines Abends zu spät in eine Vorstellung kam. Die Ouvertüre hatte begonnen, da schlich der Co-Direktor zu seiner Loge im ersten Rang. Leider hatte er die Rechnung ohne den Platzanweiser gemacht. Der hielt ihn am Rockzipfel fest und flüsterte: »Ihre Karte bitte!«

Der Direktor flüsterte zurück: »Ich bin Holender!«

Darauf der Billeteur: »Ticket please!«

WIE ICH DIE ECHTE TANTE JOLESCH FAND

Eine Spurensuche

Einige Jahre nachdem »Die Enkel der Tante Jolesch« erschienen waren, machte ich mich auf die Suche nach Torbergs Originaltante. Wer war die Tante Jolesch wirklich, die durch Aussprüche wie »Was a Mann schöner is wie ein Aff, is ein Luxus« unsterblich und zur Symbolfigur jüdischen Humors wurde?

Dass ich das herausfand, war – wie so oft bei meinen historischen Recherchen – auch eine Frage des Glücks. Torberg hat uns jede Menge Anekdoten von der Tante Jolesch hinterlassen, aber kaum irgendwelche biografischen Angaben. Nur so viel stand von Anfang an fest: Sie hat wirklich gelebt, die Tante Jolesch war keineswegs eine erfundene Figur.

Torberg selbst hat sie nie kennengelernt, er war aber mit ihrem Neffen Franz befreundet, der in den letzten Jahren der Monarchie als »Seiner Majestät schönster Leutnant« galt. »Der Torberg hat oft vom Franz

Jolesch gesprochen«, erinnerte sich Torberg-Freund Gerhard Bronner, den ich als Ersten zur »Causa Jolesch« befragte. »Und dieser Franz war es auch, der ihm die Aussprüche seiner Tante überliefert hat. Torberg erzählte mir diese Geschichten so lange, bis ich zu ihm gesagt hab: ›Jetzt kenn ich das alles schon, mach endlich ein Buch draus.‹«

Sicher ist, dass die aus gutbürgerlich-jüdischem Milieu stammende Tante Jolesch – deren Vorname vorerst nicht zu eruieren war – einen Mann hatte. Von ihm wissen wir, dass er auch im fortgeschrittenen Alter noch Wert auf elegante Kleidung legte. Als sich der »Onkel Jolesch« nämlich einen teuren Mantel schneidern ließ, erklärte seine Frau: »Ein Siebzigjähriger lässt sich keinen Überzieher machen. Und wenn, soll ihn der Franz gleich mitprobieren.«

Wie aber hat die echte Tante Jolesch ausgesehen?

»In ihrem Gesicht drückten sich Güte, Wärme und Klugheit aus«, hinterließ uns Torberg, »aber schön war sie nicht.« Fest steht, dass der Autor, ehe sein Kultbuch 1975 erstmals in Druck ging, dem Langen Müller Verlag ein Foto der Tante Jolesch vorlegte. Doch der

Dieses Foto hat Friedrich Torberg im Verlag hinterlegt. Es ist wahrscheinlich, dass es die echte Tante Jolesch (vorne sitzend) und ihre Familie zeigt.

Lektor befand, dass ein Bild, das die Phantasie des Lesers beflügeln würde, besser geeignet wäre, weshalb eine Zeichnung angefertigt wurde, die auf dem Umschlag platziert wurde, mit der Originaltante aber keinerlei Ähnlichkeit hatte.

Als nach etlichen Jahren bei der Buchgemeinschaft Donauland eine Lizenzausgabe des inzwischen zum Bestseller avancierten Buches erschien, tauchte das Foto der Tante Jolesch neuerlich auf – und gelangte diesmal tatsächlich aufs Cover. Ob es sich hier um die echte Tante handelte, ist heute nicht mehr nachzuweisen – aber eher wahrscheinlich.

Jolesch Alexander, Wohnung, XIX/2, Probusg. 3. **12—7—35**
Jolesch Ernst, Strick- u. Raschelwarenerzeugung, XII/2, Thunhofg. 9/11. **80—2—99**
Jolesch Julius, Gen.Dir. d. Textilwerke Mautner A. G., IX/2, Michelbauerng. 9 a. **24—0—95** Wohnung, I., Franz-Josefs Kai 53. **64—1—28**

Übers Wiener Telefonbuch gefunden: Generaldirektor Julius Jolesch war der Ehemann der berühmten Tante.

Im Wiener Telefonbuch des Jahres 1925 sind drei Teilnehmer namens Jolesch verzeichnet: Ein nicht näher definierter Herr namens Alexander Jolesch, ein Strick- und Raschelwarenerzeuger*, sowie Julius Jolesch, seines Zeichens Generaldirektor der Textilwerke Mautner A. G. Wo aber ansetzen bei den weiteren Recherchen, zumal es zum Zeitpunkt meiner Forschungsarbeit im Melderegister der Stadt Wien keinen einzigen Bewohner namens Jolesch mehr gab?

Ich suchte nun den Kontakt mit Frau Dr. Judith Pór-Kalbeck, der sich als voller Erfolg erweisen sollte. Sie war die Witwe des bekannten Schriftstellers Florian Kalbeck, von dem ich wusste, dass er mütterlicherseits der Wiener Industriellenfamilie Mautner entstammte.

»Ja«, sagte Frau Pór-Kalbeck ohne nachzudenken, »mein Mann hat in den Siebzigerjahren des Öfteren von der Tante Jolesch gesprochen – damals, als sie durch Friedrich Torbergs Buch berühmt gewor-

---

* Zur Raschelware zählen Gardinen und Spitzenstoffe.

den ist. Und er hat mir erzählt, dass sie die Frau vom Generaldirektor in der Textilfabrik seines Großvaters Isidor Mautner war.«

Der Fabrikant Mautner galt selbst als großes Original, von ihm sind etliche Aussprüche in Umlauf, die durchaus in Torbergs Anekdotensammlung hätten Eingang finden können. Als Isidor Mautner einmal, um ein Beispiel zu nennen, als »Herr Generaldirektor« angesprochen wurde, erwiderte er lächelnd: »Ich bin kein Generaldirektor – ich halte mir welche.«

Und der Generaldirektor, den er sich für seine Wiener Niederlassung »hielt«, war eben Julius Jolesch, der Ehemann der von uns gesuchten Dame. Damit war ich einen großen Schritt weitergekommen, noch aber kannte ich weder Vornamen noch Herkunft unserer Hauptperson – der Tante Jolesch eben.

Das Matrikelamt der Israelitischen Kultusgemeinde in der Wiener Seitenstettengasse war dann die nächste Station meiner Ermittlungen. Und dort, genau genommen im dort aufliegenden Trauungsbuch, sollte sich das Rätsel vollends lösen.

Findet sich doch am 25. Dezember 1893 eine Eintragung bezüglich der Hochzeit des Fabrikdirektors Julius Jolesch, geboren in Iglau am 18. Februar 1862. Und jetzt kommt's: Seine Braut hieß Gisela Salacz, geboren im ungarischen Städtchen Großwardein am 4. Dezember 1875, wohnhaft bis zu ihrer Eheschließung in Wien IX., Stroheckgasse 2.

Sie ist die Tante Jolesch!

Gisela Jolesch wurde zum Zeitpunkt ihrer Heirat natürlich noch lange nicht Tante gerufen – sie war damals erst 18 Jahre alt. Ihr Vater war der in Budapest ordinierende praktische Arzt Dr. Siegmund Salacz, ihre Mutter hieß Fanni und war eine geborene Schwarz. Als Trauzeugen des Ehepaares Julius und Gisela Jolesch sind im Heiratsbuch der Rechtsanwalt Dr. Eugen Weinberger aus Budapest und der Wiener Arzt Dr. David Podzabradsky eingetragen.

Somit ist uns jetzt, lange nach Erscheinen des nach ihr benannten Buches und nach dem Tod Friedrich Torbergs, die Identität der Tante Jolesch bekannt. Die Identität jener Tante also, der – um noch einmal Torberg zu zitieren – in ihren späteren Jahren aus dem Familienkreis die Frage gestellt wurde: »Stell dir vor, Tante, du sitzt in einem Gasthaus und weißt, dass du nur noch eine halbe Stunde zu leben hast. Was bestellst du?«

»Etwas Fertiges«, erklärte die Tante prompt.

Selbst als es dann tatsächlich von ihr Abschied zu nehmen galt, hinterließ uns Frau Gisela Jolesch einen bemerkenswerten Satz. Ihre Nichte Louise fragte sie an ihrem Totenbett: »Tante – ins Grab kannst du das Rezept nicht mitnehmen. Willst du uns nicht endlich sagen, wieso deine Krautfleckerln immer so gut waren?«

»Weil ich nie genug gemacht hab«, sprach die Tante, lächelte und verschied.

Das sei im Jahre 1932 gewesen, als sie, so Friedrich Torberg, »friedlich und schmerzlos, von der Familie umsorgt, zu Hause und im Bett« gestorben ist. »Wie damals noch gestorben wurde (und wie es bald darauf so manchem ihrer Angehörigen nicht mehr vergönnt war).«

Laut dem mir vorliegenden Meldezettel der Stadt Wien hat sich Frau Gisela Jolesch jedoch am 19. Mai 1938 aus ihrer Wohnung am Franz-Josefs-Kai abgemeldet, um nach Prag zu übersiedeln. Und von da an verliert sich die Spur der Tante Jolesch.

Zu den Opfern des Holocaust zählt sie jedenfalls, laut Dokumentationsarchiv des österreichischen Widerstands, nicht.

»MIT SECHSUNDSECHZIG JAHREN«

Begegnungen mit Udo Jürgens

In den Jahren 2000 bis 2008 moderierte ich auf Ö1 die Gesprächsreihe »Das war's, Erinnerungen an das 20. Jahrhundert«, bei der ich prominente Gäste von Maximilian Schell über Christiane Hörbiger, Peter Weck, Johannes Heesters bis Marta Eggerth, Marcel Prawy und Hugo Portisch begrüßen durfte. Eines Tages war Udo Jürgens da. Dass der Superstar zu der Miniveranstaltung vor zweihundert Zuschauern ins Radiokulturhaus in die Wiener Argentinierstraße kommen würde, hielt keiner für möglich. Ich hatte mich bei seinem Schweizer Manager ein Jahr vorher angemeldet, wo man mir erklärte, dass die Chance, Udo ins Studio zu bekommen, bei Null lag. Er kam auch nicht. Doch hatte ich das Glück, gerade in dieser Zeit die Kärntner Hotelbesitzerin, Anwaltsgattin und Society Lady Inge Unzeitig kennenzulernen. Eine kluge Frau, der Udo Jürgens seit Jahrzehnten uneingeschränkt vertraute. Ich bat sie um Intervention und kurz danach, am 4. Dezember 2001, war er wirklich da – bescheiden, gesprächsfreudig, unkompliziert.

Riesenapplaus, Standing Ovations, als er die Bühne betrat, das war klar. Und wie's der Zufall wollte, hatte Udo Jürgens eben sein 66. Lebensjahr hinter sich gebracht. Und damit jenes Alter, das er ein Vierteljahrhundert davor mit »… da fängt das Leben an« besungen hatte. »Was ist dran an der Zeile, wenn man dann tatsächlich dort angekommen ist?«, fragte ich ihn.

»Ich wollte mit dem Lied ausdrücken«, erklärte er, »dass ein Mensch, wenn er älter wird, genau die gleichen Rechte hat wie ein junger Mensch, nämlich das Recht auf Freude am Leben, das Recht auf Liebe, das Recht auf Sexualität, das Recht auf Dinge, die man älteren Menschen abspricht. Und ich wollte mit diesem Lied älteren Menschen Mut machen, aufzubegehren, sich nicht abschieben zu lassen, sondern zu versuchen, ihre Träume zu verwirklichen. Das ist ein ganz entscheidender Punkt, was soll das Leben bedeuten, wenn man nur noch auf den Abschied wartet. Das kann nicht der Sinn des Lebens sein, und ich wollte mit diesem Lied die Menschen aufrütteln. Ich habe damals, mit vierzig, wirklich nicht daran gedacht, dass ich eines Tage selbst 66 Jahre alt und von dem Problem betroffen sein würde. Aber irgendwann musste es ja kommen.«

Und noch eine zeitliche Koinzidenz: Der Udo-Jürgens-Abend im ORF-Radiokulturhaus fand wenige Wochen nach dem 11. September 2001 statt. Als er sich zwischen zwei Runden unseres Gesprächs ans Klavier setzte und »Ich war noch niemals in New York« spielte, fragte ich ihn, ob dieses Lied nach »Nine Eleven« eine andere, vielleicht tiefere Bedeutung für ihn hätte, als dies bisher der Fall gewesen sei.

»Ja, unbedingt«, meinte er, »dieser 11. September hat die Welt verändert. Es ist ein Warnschuss, der uns alle zum Nachdenken bringen sollte. Wir dürfen uns nicht zum Spielball von fanatischen Kräften machen lassen. Die Welt hat durch die neuen Kommunikationsmittel nicht mehr die Grenzen wie früher. Vor fünfzig oder hundert Jahren konnte man noch sagen, was geht uns das an, wir halten uns da raus, die sollen ihren Mist selber erledigen. Aber in dieser globalisierten Welt sind wir nicht mehr zu isolieren. Wenn heute jemand – ich sage jetzt etwas Utopisches – Salzburg oder Wien angreift, dann ist das kein österreichisches Problem, sondern ein europäisches. Es geht alle in der freien Welt etwas an, und alle müssen uns in diesem Moment zur Seite stehen. Und genauso ist es umgekehrt. Und mein Lied ist nach diesem 11. September nicht mehr das geblieben, das ich irgendwann einmal geschrieben habe. Es sagt auch, dass New York uns alle etwas angeht.«

Später traf ich Udo Jürgens mehrmals in der Broadway Piano Bar unseres gemeinsamen Freundes Bela Koreny. Zu später Stunde setzte er sich ans Klavier, wobei uns auffiel, dass er vor seinen Auftritten in dem kleinen Lokal extrem nervös war, mehrmals auf die Toilette ging, ehe er seine Hits spielte und sang. Danach erklärte er uns, dass er vor den siebzig, achtzig Leuten, die in der Bar mit Müh und Not Platz hatten, viel nervöser sei als vor Tausenden in der Stadthalle. »Weil den siebzig, achtzig Leuten, die hier sitzen, denen schau ich in die Augen, aber die 15 000 in der Stadthalle, die seh ich nicht, daher hab ich auch keine Angst vor ihnen.«

Udo Jürgens gestand, dass er eigentlich ein scheuer Mensch sei und diese Scheu aus seiner Jugendzeit herrührte, als er extrem weit abstehende Ohren hatte. »Ich habe nichts Exhibitionistisches an mir«, erklärte er, »dabei wäre genau das für meinen Beruf wichtig. Jeder Auftritt kostet mich Überwindung, und ich fühle mich nur dann wohl, wenn ich mir ganz sicher bin, dass die Leistung, die ich erbringe, stärker ist als meine Scheu.« Diese Scheu zu überwinden sei ihm erst nach seiner Ohrenoperation gelungen, »die übrigens ein Arzt in Klagenfurt durchführte, der so etwas noch nie gemacht hatte und unmittelbar vor dem Eingriff zu mir sagte: ›Na, probier ma's halt!‹ Es ist Gott sei Dank gut gegangen.«

*Der Euro löste **2002** den Schilling als neue Währung ab. Bei den Nationalratswahlen wurde die ÖVP stimmenstärkste Partei, die schwarz-blaue Koalition unter Bundeskanzler Wolfgang Schüssel blieb im Amt. Monika Lindner wurde ORF-Generaldirektorin. Es starben die britische Prinzessin Margaret, die Kinderbuchautorin Astrid Lindgren, die Publizistin Marion Gräfin Dönhoff, der Verleger Rudolf Augstein, der Gesundheitsexperte Willi Dungl, die Fotografin Inge Morath, der Jazzmusiker Lionel Hampton sowie die Schauspieler Hildegard Knef, Paul Hubschmid, Inge Konradi, Jane Tilden und der Hollywoodregisseur Billy Wilder.*

Der Tod der Tierpflegerin

Unfall während eines Interviews

Der Leser mag vermuten, dass ein Chronist, der wie ich Geschichten schreibt, die sich vor hundert und mehr Jahren zugetragen haben, ein beschauliches Leben führt. Was kann in den Archiven, Museen und Bibliotheken, in denen ich mich herumtreibe, schon passieren? Und doch wurde ich am Dienstag, dem 5. März 2002, in Ausübung meines Berufes indirekt Zeuge einer entsetzlichen Katastrophe.

Der Anlass war in der Tat harmlos. Der 1752 von Kaiser Franz Stephan gegründete Tiergarten Schönbrunn feierte seinen 250. Geburtstag, und ich hatte schon vor geraumer Zeit mit dessen damaligem Direktor Helmut Pechlaner für diesen Tag ein Interview vereinbart. Ich konnte nicht ahnen, dass es das dramatischste Interview meines Lebens werden sollte.

Wir saßen bei Kaffee und Kuchen im barocken Kaiserpavillon, der dem Schönbrunner Großkatzenhaus gegenüberliegt, und Dr. Pechlaner erzählte aus dem Vierteljahrtausend des ältesten bestehenden Zoos der Welt und auch darüber, wie sehr sich die Bedingungen für die rund dreitausend Tiere in seiner Amtszeit verbessert hätten. Gegen 14.15 Uhr wurde die Tür des Pavillons aufgerissen, ein Herr stürzte an unseren Tisch, flüsterte dem Direktor einige Worte zu. Pechlaner sprang auf und lief, ohne ein Wort zu sagen, davon. Ich blieb vorerst sitzen und dachte, dass Pechlaner gleich wieder zurückkehren würde. Als er nach einigen Minuten nicht da war, ging ich in die Richtung, in die er gelaufen war, zum Großwildkatzenhaus.

Dort herrschte große Aufregung, alles lief durcheinander, und ich nahm ein paar Wortfetzen auf, denen zufolge eine Pflegerin während der Fütterung von einem Jaguar angefallen worden sei. Aus einem nicht nachvollziehbaren Grund war ein stets verschlossener Schuber zu den Absperrboxen der Großwildkatzen geöffnet worden, wodurch es zu der Attacke kommen konnte.

Pechlaner war, von unserem Interview im Kaiserpavillon kommend, mit der Absicht in das Gehege gestürzt, die junge Frau zu retten.

Alles ging im Sekundentakt. Helmut Pechlaner, mit dem ich eben noch Kaffee trank, saß blutüberströmt vor mir. Rettungsautos mit Blaulicht und Folgetonhorn trafen ein, eines nahm den Direktor mit. Oh Gott, dachte ich, wo ist die Pflegerin, warum wird sie nicht ins Spital gebracht?

Ich ging zum Verwaltungsgebäude, wo sich mittlerweile ein Dutzend Mitarbeiter eingefunden hatte. »Was ist passiert?«, fragte ich einen von ihnen.

»Die Pflegerin ist tot!«

Alles brach in Tränen aus. Noch nie war hier etwas so Tragisches passiert, es war der erste tödliche Zwischenfall in der 250-jährigen Geschichte des Schönbrunner Tiergartens.

Ich kannte Pechlaner seit Jahren schon, doch erst an diesem Tag erfuhr ich, dass er ein Held ist, der sein eigenes Leben gegeben hätte, um ein anderes zu schützen. Von dem Augenblick, als er von unserem Tisch im Kaiserpavillon aufgesprungen war, bis zu dem Moment, da er der Pflegerin zu Hilfe eilte, waren dreißig Sekunden vergangen. Und er hat keine einzige dafür verwendet, um darüber nachzudenken, welches Risiko er auf sich nahm. Er lief in das Gehege, in dem der Jaguar wütete und versuchte zu retten, was nicht mehr zu retten war. Die 21-jährige Tierpflegerin Sabine Janiba war zu diesem Zeitpunkt bereits tot.

Statt das Gehege jetzt auf schnellstem Wege zu verlassen, rannte Pechlaner noch zu dem Schuber des Großwildkatzenhauses, um ihn zu schließen und so das Leben weiterer Personen zu sichern. Er hat sein eigenes dafür riskiert.

Als er dann, von mehreren Prankenhieben des Jaguars schwer verletzt, neben der Eingangstür zum Gehege saß und auf die Rettung wartete, wurde ihm mitgeteilt, dass ein Nothubschrauber unterwegs sei, der ihn ins Allgemeine Krankenhaus bringen würde. Seine Reaktion: »Der Helikopter darf nicht in den Zoo, weil mir das die Tiere irritiert.«

So landete der Hubschrauber vor dem Palmenhaus, wohin man Pechlaner im Rettungswagen brachte. Von dort ins AKH geflogen, wurde eine sofortige Notoperation an seinem verletzten linken Arm durchgeführt.

Sechs Wochen nach dem schrecklichen Unfall trafen wir uns noch einmal, um das so dramatisch unterbrochene Interview fortzusetzen. Die Wunde an Pechlaners Hand war einigermaßen verheilt, er hatte noch Schmerzen und die Narben würden bleiben, hatten ihm die Ärzte erklärt. Aber das war kein Thema für ihn. Wir gingen noch einmal zum Großwildkatzenhaus. Dorthin, wo es am 5. März zur Tragödie gekommen war. »Der Jaguar«, sagte Helmut Pechlaner, als wir ihn durch eine Glasscheibe sahen, »der kann nichts dafür. Ich habe auch ein ungutes Gefühl, wenn ich ihm jetzt gegenüberstehe. So tragisch der Unfall war, das Tier ist nur seinem Instinkt gefolgt.« Warum Sabine Janiba trotz klarer Anweisungen bei geöffnetem Schuber das Großwildkatzenhaus betreten hatte, konnte nie geklärt werden.

Das Unglück im Zoo hatte großes Aufsehen erregt. Pechlaner wurde, ob seines heldenhaften Verhaltens bewundert, für höchste politische Posten ins Spiel gebracht, die er jedoch ablehnte. Der 250. Geburtstag des Tiergartens Schönbrunn wurde infolge des tragischen Geschehens ohne den ursprünglich geplanten Festakt mit Bundesregierung und weiterer Prominenz begangen. Pechlaner eröffnete stattdessen einen neuen Löwenkäfig. Und der trägt den Namen »Sabine Janiba«.

PORTISCH STATT ZWETSCHGENKNÖDELN

Die Journalistenlegende erzählt

Im Rahmen meiner ORF-Reihe »Das war's, Erinnerungen an das 20. Jahrhundert« hatte ich im April 2002 die Freude, Hugo Portisch als Gast begrüßen zu dürfen, der für mich seit Jugendtagen Lehrmeister und Vorbild ist.

Zu Beginn erzählte der langjährige »Kurier«-Chefredakteur und ORF-Chefkommentator, wie er zum Journalismus gekommen war: »Das war Ende der Vierzigerjahre, ich wollte studieren, hatte aber kein Geld, daher musste ich verdienen, und schreiben war das Einzige, was ich konnte. So bin ich zum Journalismus gelangt. Wenn ich etwas anderes gekonnt hätte, wär's anders gekommen.«

»Hättest du etwas anderes lieber gemacht?«, fragte ich.

»Ich wäre gerne Forscher geworden, mich interessieren die Naturwissenschaften unendlich. Das wär' mein Traum gewesen.«

»Du hast es aber nicht bereut, Journalist geworden zu sein?«

»Nein, ganz im Gegenteil, es ist auch eine Art von Naturforschung«, lächelte Portisch. »Es geht ja da wie dort um Tiere und Pflanzen.«

»Dein Vater und dein älterer Bruder waren Journalisten, du warst also schon vorbelastet.«

»Ja genau, deshalb wollt' ich dort nicht hin.«

Bei Hugo Portisch, den ich neben seiner Ernsthaftigkeit als Historiker und Journalist auch als sehr humorvollen Menschen kennenlernte, muss man nur antippen und schon sprudeln die Geschichten eines reichen Lebens aus ihm heraus. So war er der erste Journalist, der während des Vietnamkriegs ein Interview mit dem nordvietnamesischen Außenminister Nguyen Duy Trinh erhielt. Dieser hielt sich 1968 in Paris auf, um mit Henry Kissinger zu verhandeln. Nun erzählte Portisch im Wiener Radiokulturhaus, unter welchen Umständen sein Gespräch mit dem Minister zustande kam: »Ich habe bei den Nordvietnamesen um das Interview angesucht und erhielt über die österreichische Botschaft in Paris die Nachricht, dass es wahrscheinlich zustande kommen würde. Es sei aber nicht ganz sicher, es bedürfte noch der Zusage aus der nordvietnamesischen Hauptstadt Hanoi.«

Portisch flog vorsorglich nach Paris, rief davor aber den damaligen ORF-Chefredakteur Franz Kreuzer an, um ihm mitzuteilen, dass das Interview mit dem nordvietnamesischen Außenminister vermutlich klappen würde, es aber nicht ganz sicher sei. »Bitte sorge dafür«, fügte er hinzu, »dass ein Kamerateam nach Paris kommt, derzeit haben wir dort keines.« Als Kreuzer erklärte, dass er sofort ein Team schicken würde, schränkte Portisch ein, »ja bitte, schick ein Team, aber erst wenn ich ganz sicher weiß, ob ich das Interview auch wirklich kriege«.

Wie Portisch später von Kreuzer erfuhr, war ausgerechnet an diesem Tag im ganzen ORF kein Kamerateam frei. Bis auf eines – doch das zeichnete gerade die Sendung des Fernsehkochs auf. Kreuzer rief in der Kochsendung an und sagte: »Passt's auf, Kinder, ihr müsst's sofort abbrechen, wenn es heißt, dass das Team nach Paris fliegt.« Nach einiger Zeit rief der Kameramann den Chefredakteur an, um die Frage zu stellen: »Herr Kreuzer, wir sind mit der Hauptspeis' fertig, jetzt kommt die Mehlspeis'. Können wir die Zwetschgenknödeln noch filmen oder nicht?«

Darauf explodierte Kreuzer: »Was für a blöde Frag. Ob ihr die Zwetschgenknödeln noch filmen könnt's oder nicht, wird in Hanoi entschieden.«

»Ob ihr die Zwetschgenknödeln filmen könnt's, wird in Hanoi entschieden«: mit Hugo Portisch im Wiener Radiokulturhaus

Während meines Interviews mit Hugo Portisch im Radiokulturhaus kam es zu einem Zwischenfall. Eine Dame – sie war die Frau eines ehemaligen ÖVP-Ministers – hatte vor Beginn der Aufzeichnung darauf bestanden, in einem Liegerollstuhl in den Zuschauerraum eingelassen zu werden. Als ihr der Billeteur mitteilte, dass dies aus Platz- und Sicherheitsgründen nicht möglich wäre, drohte sie, den Europäischen Gerichtshof für Menschenrechte anzurufen. Der Einlass wurde ihr daraufhin, um einem Wirbel aus dem Weg zu gehen, ermöglicht, doch als ich während des Gesprächs mit Portisch einen Ausschnitt aus seiner TV-Serie »Österreich II« mit einer Szene des Staatsvertrags zuspielen ließ, unterbrach die Dame lautstark die Sendung und sprach von »Zensur des ORF«, weil Außenminister Leopold Figl angeblich nicht ausführlich genug gezeigt worden sei. Es war eine eigenartige Situation, dass sich eine Zuhörerin in eine Live-Aufzeichnung einschaltete.

Portisch reagierte ebenso professionell wie charmant: »Liebe gnädige Frau, hier wird sicher keine Zensur geübt. Das war der kurze Auszug aus einer neunzigminütigen Sendung, in der Leopold Figl sehr ausführlich zu Wort kommt. Aber ich danke Ihnen sehr herzlich für Ihre Wortmeldung, es ist ganz wichtig, dass Sie einen so großen Mann wie Leopold Figl hier ausdrücklich erwähnen.«

Applaus aus dem Publikum, und auch die Frau Bundesminister a. D. war zufrieden.

Hugo Portisch ist der einzige Österreicher, den beide Großparteien gemeinsam als Bundespräsidentschaftskandidaten nominieren wollten. Allen Umfragen zufolge wäre er auch mit überwältigender Mehrheit gewählt worden. Warum, fragte ich ihn, hat er das Angebot damals, im Jahr 1991, abgelehnt?

»Dafür gab es zwei Gründe«, sagte er. »Erstens hätte das für mich einen furchtbaren Verlust der persönlichen Freiheit bedeutet. Die Amts- und die Protokolldisziplin, dass man Staatsdiners geben muss, vielleicht fünfzig im Jahr, und dabei möglicherweise nicht immer nur mit interessanten Leuten zusammensitzt, das alles empfände ich als Einschränkung. Und zweitens wäre es das Ende meines Berufs als Journalist gewesen, und den Beruf liebe ich über alles.«

*Die USA und ihre Verbündeten erklärten **2003** dem Irak den Krieg, im Zuge dessen Diktator Saddam Hussein gestürzt wurde; die Begründung, wonach der Irak Massenvernichtungswaffen besaß, wurde später widerlegt. Die Raumfähre Columbia zerschellte beim Wiedereintritt in die Erdatmosphäre, sieben Besatzungsmitglieder kamen ums Leben. Der letzte VW Käfer lief im Volkswagenwerk in Mexiko vom Band. Arnold Schwarzenegger wurde zum Gouverneur von Kalifornien gewählt. Graz war Kulturhauptstadt Europas. Es starben Ugandas Ex-Diktator Idi Amin, Ex-Vizekanzler Hermann Withalm, der frühere Erzbischof von Wien Hans Hermann Groër, Fiat-Gründer Gianni Agnelli, die Regisseure Elia Kazan und Leni Riefenstahl, der Countrysänger Johnny Cash, die Schauspieler Gregory Peck, Katharine Hepburn, Bob Hope, Charles Bronson, Will Quadflieg, Horst Buchholz, Günter Pfitzmann, Gunther Philipp sowie »Opernführer« Marcel Prawy.*

»ICH MÖCHTE MEINEN NACHRUF LESEN«

Abschied von Marcel Prawy

Mitunter fällt es schwer, einen Nachruf zu schreiben. Dann nämlich, wenn der Abschied einem Freund gilt. In solchen Fällen muss man die Zähne zusammenbeißen und seine Trauer um ein paar Stunden verschieben, bis der Nekrolog fertig ist. So erging es mir, als Marcel Prawy am 23. Februar 2003 in seinem 92. Lebensjahr verstorben war. »Österreich«, schrieb ich damals, »ist um eine seiner eindrucksvollsten Persönlichkeiten ärmer.« Bis zuletzt als »Opernführer« tätig, hatte man ihn Mitte Februar ins Wiener Rudolfinerhaus gebracht. »Prawy war voller Tatendrang und so aktiv, wie wir ihn seit jeher kannten«, sagte sein behandelnder Arzt Dr. Reinoud Homan. Der körperliche Zustand freilich verschlechterte sich zusehends, sodass man ihn auf Wunsch seiner Lebenspartnerin Senta Wengraf in die Intensivstation des Allgemeinen Krankenhauses führte, in der er an den Folgen einer Lungenembolie verstarb.

Prawy hatte die Operngeschichte des 20. Jahrhunderts aus nächster Nähe miterlebt. »Ich war dabei, als Richard Strauss am 7. Dezember 1926 in der Staatsoper ›Elektra‹ dirigierte«, erzählte er. »Von diesem Tag an war ich der Oper verfallen und jeden Abend auf dem Stehplatz anzutreffen.«

Noch drei Wochen vor seinem Tod konnte man ihn jeden Abend in seiner Loge in der Staatsoper antreffen. »Als er vor wenigen Tagen aufhörte, Ö1 einzuschalten, um seine geliebte Musik zu hören, wusste ich, dass es ihm wirklich schlecht ging«, verriet sein Arzt.

»Marcello« hatte mir einmal vorgerechnet, dass er in seinem Leben 25 000 Opernvorstellungen besucht hat. Sein Gedächtnis war so phänomenal, dass er sich im hohen Alter noch darüber aufregen konnte, weil der Tenor in »Giuditta« an einer bestimmten Stelle links stand, obwohl Richard Tauber vor siebzig Jahren an dieser Stelle der Lehár-Operette rechts gestanden war.

Prawys Interessen gingen aber weit über die Welt der Musik hinaus. Als ich ihn an seinem neunzigsten Geburtstag fragte, welchen Wunsch er offen hätte, antwortete er: »Ich möchte noch einmal die Matura machen. Ich interessiere mich für alles so wahnsinnig. Ich will erfahren, warum ein Flugzeug fliegt, ich möchte viel lesen, hab aber keine Zeit, weil ich so viel anderes mach'. Daher könnte ich für die Maturaprüfung all das nachholen, was seit meiner Schulzeit in Physik, Chemie und Mathematik dazugekommen ist.«

Das enorme Wissen dieses auch liebenswerten und witzigen Mannes war nicht nur in seinen legendären Plastiksackerln gespeichert, sondern vor allem in seinem Gehirn. Es war wohl eine ganz ausgeprägte Form von Neugierde, der er seine universelle Bildung verdankte. Und weil er nun einmal so neugierig war, rief er von einem seiner Krankenhausaufenthalte eine befreundete Kulturredakteurin an, um sie zu fragen: »Sag, ehrlich, hast du meinen Nachruf schon geschrieben?«

Da die Kollegin dies ihm gegenüber offen zugab, forderte er sie, neugierig, wie er eben war, auf: »Dann zeig ihn mir, ich möchte meinen Nachruf lesen.« Das freilich lehnte die Journalistin ab, was er sehr bedauerte.

Nun war er wirklich gestorben und setzte sich, davon bin ich überzeugt, auf eine Wolke, ganz nahe denjenigen von Richard Wagner, Johann Strauß und Leonard Bernstein, um all das zu lesen, was nach seinem Tod über ihn geschrieben wurde. Und er wird zufrieden gewesen sein, denn wer fand schon ein anderes Wort als das der Bewunderung und Hochachtung für diesen Mann, der sich so lange mit den Großen der Musikgeschichte beschäftigt hat, bis er selbst einer von ihnen geworden war.

Im Juni 2003 nahm ich ein Angebot des damaligen Chefredakteurs und Herausgebers Peter Rabl an, meine historischen Kolumnen fortan im »Kurier« zu schreiben, und ich kehrte mit Freuden an den Ausgangspunkt meines Journalistenlebens zurück. Seit meinem Abgang waren fast dreißig Jahre vergangen, und es gab nur noch wenige Redaktionsmitglieder von damals, darunter den Filmkritiker Rudolf John, den Sportredakteur Wolfgang Winheim und den Kolumnisten Herbert Hufnagl. Ansonsten traf ich fast nur junge Kollegen an.

*Als Folge des stärksten je im Indischen Ozean gemessenen Tsunamis kamen **2004** an den Küsten Indiens, Sri Lankas, Thailands, Malaysias und Indonesiens 230 000 Menschen ums Leben, weite Landesteile wurden verwüstet. Terroranschläge in Madrid forderten 190 Tote und mehr als 2000 Verletzte. Elfriede Jelinek erhielt den Literaturnobelpreis. José Manuel Barroso wurde EU-Kommissionspräsident. Der spanische Kronprinz Felipe heiratete die Fernsehmoderatorin Letizia Ortiz. Es starben der frühere US-Präsident Ronald Reagan, der palästinensische Präsident Yassir Arafat, Prinz Bernhard der Niederlande, der Musiker Ray Charles, die Schauspieler Marlon Brando, Peter Ustinov, Christopher Reeve, O. W. Fischer, Inge Meysel, Marika Rökk, Franz Kardinal König sowie Thomas Klestil. Heinz Fischer wurde österreichischer Bundespräsident.*

THOMAS KLESTIL VERÄNDERT SICH

Die Krankheit des Bundespräsidenten

Kaum je zuvor war die Veränderung eines österreichischen Staatsmannes zwischen Antritt und Ende seiner politischen Tätigkeit so sichtbar gewesen wie bei Bundespräsident Thomas Klestil, der als dynamische Erscheinung in die Hofburg gezogen war und dann von Jahr zu Jahr an Kraft verlor. Klestil hatte 1992, unmittelbar nach seiner Wahl zum Bundespräsidenten, auf mein Ersuchen seinen Wiener Hausarzt Dr. Nikolaus Hajnóczi der ärztlichen Schweigepflicht entbunden. Dieser teilte mir mit, dass Klestil noch vor der Wahl zu ihm gekommen war, um herauszufinden, ob er der Aufgabe körperlich gewachsen sei. »Die Befunde erwiesen sich als vollkommen zufriedenstellend, und er war laut aktuellem Check-up in bester Verfassung.«

Klestil hatte sein Amt also in körperlicher Bestform angetreten, doch »spätestens ab Herbst 1996 war der Bundespräsident zunehmend gesundheitlich angeschlagen«, erklärte mir sein langjähriger Sprecher Heinz Nußbaumer nach Klestils Tod. Nußbaumer war überzeugt davon, »dass diese Entwicklung, die zu einer schweren Lungenerkrankung geführt hat, auch ihre seelischen Ursachen hatte. Der zunehmend angegriffene Gesundheitszustand war zweifellos auch eine Folge der privaten Turbulenzen, die ab 1994 öffentlich wurden und 1998 zur Scheidung von seiner Ehefrau Edith führten. Klestil stand zudem unter dem Eindruck, die Unterstützung vieler seiner christlich-bürgerlichen Freunde und Weggefährten verloren zu haben. Tatsächlich hatte der CV deswegen sogar seinen Ausschluss überlegt, und wichtige Persönlichkeiten in der ÖVP waren erkennbar auf Distanz zu ihm gegangen.«

Klestil litt sichtlich am Verlust des familiären Halts, der auch den Kontakt zu seinen Kindern erschwerte. »Er hatte«, so Nußbaumer, »enorme Schlafprobleme und verlor viel von jener spielerischen Leichtigkeit, die in den Jahren zuvor die Wurzel seines Erfolgs gewesen war. Er konnte nicht mehr so unbeschwert wie früher auf Menschen zugehen und war massiv irritiert, wie sie auf ihn reagieren würden. Einst überall mit Applaus empfangen, war er sich dessen nach seiner öffentlichen Ehekrise nicht mehr so sicher.«

Thomas Klestil starb am 6. Juli 2004 – zwei Tage vor dem regulären Ende seiner Amtszeit als Bundespräsident.

DER ECHTE »HERR KARL« …

… hieß eigentlich Max

Als »Der Herr Karl« im Jahr 2005 wieder einmal im österreichischen Fernsehen gezeigt wurde, rief ich den aus Wien stammenden und in Berlin lebenden Schauspieler Nikolaus Haenel an, von dem ich wusste, dass er das Vorbild des traurigen Bühnenhelden noch gekannt hatte. »Der echte Herr Karl hieß Max«, erzählte Haenel, »er war, als ich ihn kennenlernte, ungefähr fünfzig Jahre alt, Brillenträger, 1,70 Meter groß und damit etwas kleiner, aber auch schlanker als Qualtinger. Und doch war er ihm vom Typ her nicht unähnlich. Er hatte schütteres, leicht angegrautes Haar und einen Schnurrbart. An seinen Familiennamen kann ich mich leider nicht mehr erinnern.«

Zunächst berichtete Haenel, wie er den »Herrn Max« kennengelernt hatte: »Ich war 1960 mit Helmut Qualtinger im Theater am Kärntnertor engagiert, wo wir gemeinsam in dem Programm ›Dachl überm Kopf‹ spielten. Als das Programm seinem Ende zuging, hatte ich vorerst keine weiteren Angebote. Um nicht arbeitslos zu sein und die Zeit ohne Engagement überbrücken zu können, nahm ich eine Stelle als Geschäftsdiener im Delikatessengeschäft ›Top-Spezialitäten aus aller Welt‹, Ecke Führichgasse/Tegetthoffstraße, an.«

Haenel blieb drei Monate im »Top«, ehe er in der Schweiz sein nächstes Engagement als Schauspieler antrat. Vorher musste er in dem Kellerlokal freilich noch seinen Nachfolger einschulen – und das war er auch schon, der Herr Karl recte Max.

»Max war an der Arbeit in dem Geschäft, zu der Boden aufwischen und das Nachfüllen der Regale gehörte, nicht sonderlich interessiert. Stattdessen erzählte er mir ständig und ungefragt aus seinem Leben.« Haenel wusste, dass Qualtinger auf der Suche nach einer Bühnenfigur mit Nazi-Vergangenheit war. »Da Max Parteigenosse gewesen ist und seine Geschichte in einer sehr anschaulichen und theatralischen Weise wiedergab, verständigte ich Qualtinger. Wir trafen uns im Restaurant Halali am Neuen Markt, wo ich ihm an drei oder vier aufeinanderfolgenden Tagen Wort für Wort vorspielte, was Herr Max mir so alles erzählt hatte.«

Qualtinger war begeistert und verarbeitete den Text zu einem in seiner Art einzigartigen Monolog, den er sich dann – gemeinsam mit seinem Co-Autor Carl Merz – auf den Leib schrieb.

In einigen Punkten unterschied sich das Leben des Herrn Max von dem der legendären Bühnenfigur, »da uns« – wie Qualtinger später erklärte – »den echten Herrn Karl kein Mensch geglaubt hätte«. So gab Max von sich, dass er seine Frau einmal beinahe umgebracht hätte, weil diese »die Angewohnheit hatte, sich ständig mit meiner Rasiersaaf die Händ zu waschen«.

Aus dem späteren Leben des Herrn Max erfuhr ich noch, dass er bald aus dem Feinkostgeschäft »Top« entlassen wurde, weil sich bei einer Überprüfung seines kleinen Koffers mehrere Flaschen Wermut fanden, die er widerrechtlich mit nach Hause nehmen wollte.

Als Haenel seine Erzählungen vom Herrn Karl beendet hatte, fragte ich ihn, ob er zeichnerisches Talent hätte. »Oh ja«, antwortete der Schauspieler, er sei ein recht begabter Zeichner.

Damit war auch schon klar, worum ich ihn als Nächstes bitten würde: »Könnten Sie ein Porträt des Herrn Karl anfertigen, eine Art Phantombild«, um der Nachwelt zu zeigen, wie der unfreiwillig berühmt gewordene Geschäftsdiener ausgesehen hat?

Haenel sagte sofort Ja, nahm Papier und Feder zur Hand und zeichnete. Und hier ist er, der echte Herr Karl.

»Der Herr Karl« recte Max, wie ihn der Schauspieler Nikolaus Haenel in seiner Erinnerung behielt

*Der deutsche Kardinal Joseph Ratzinger folgte **2005** als Papst Benedikt XVI. dem verstorbenen Johannes Paul II. Der Hurrikan Katrina richtete im Südosten der USA enorme Schäden an, besonders betroffen war New Orleans. Angela Merkel von der CDU folgte dem SPD-Politiker Gerhard Schröder als Bundeskanzlerin. In London wurden auf mehrere U-Bahn- und Busstationen Terroranschläge verübt, die rund fünfzig Tote und siebenhundert Verletzte forderten. Die Freiheitliche Partei spaltete sich in FPÖ und BZÖ. Gendarmerie und Polizei wurden zur österreichischen Bundespolizei zusammengelegt. Christoph Kotanko übernahm die Chefredaktion des »Kurier«. Der Modemacher Rudolph Moshammer wurde Opfer eines Raubmordes. Es starben Fürst Rainier von Monaco, der »Nazijäger« Simon Wiesenthal, die Showmaster Johnny Carson und Harald Juhnke, die Schauspielerin Maria Schell und der Satiriker Ephraim Kishon.*

»Ich beneide mich!«

Kishons letzter Geburtstag

Wie erwähnt, war ich Ephraim Kishon mehrmals begegnet, besonders in seinen späten Jahren, bei Einladungen, die unser gemeinsamer Verleger Herbert Fleissner gab, wenn sein international erfolgreichster Autor in Wien weilte. So kam es auch, dass ich Zeuge wurde, wie der israelische Satiriker ungarischer Herkunft seine Frau Lisa kennenlernte.

Kishon war dreimal verheiratet: Seine erste Frau Eva war Wienerin, seine zweite Frau Sara – berühmt geworden als »die beste Ehefrau von allen« – stammte aus Israel, und Lisa, die dritte, wurde in Salzburg geboren. Fleissner gab in Grinzing einen Heurigenabend für seine Autoren und dort trafen Kishon und die Schriftstellerin Lisa Witasek zum ersten Mal zusammen. Da ich am selben Tisch saß, konnte ich die Annäherung der beiden beobachten, der im April 2003 die Hochzeit folgte – Sara war ein Jahr davor gestorben.

Als Kishon kurz danach seinen achtzigsten Geburtstag feierte, stellten sich Journalisten aus aller Welt an, doch durch die langjährige Bekanntschaft mit ihm und auch mit Lisa gelang es mir, für den »Kurier« ein Exklusivinterview zu erhalten, das – wie immer bei Kishon – satirische Passagen enthielt. »Nach Saras furchtbarem Sterben, das ich begleitet habe«, sagte er, »konnte ich mir viel vorstellen, außer je wieder zu heiraten. Und doch ist es geschehen, weil der liebe Gott mir ein hinreißendes Wesen geschenkt hat. Ich beneide mich! So sehr, dass es schon unangenehm ist.«

Der Altersunterschied von 32 Jahren störte ihn nicht. »Es macht mir überhaupt nichts aus, dass sie jünger ist.« Männer sind so, meinte er. »Aber sie können nichts dafür. Wenn wir zwanzig sind, gefällt uns eine 19-Jährige. Und wenn wir achtzig sind, gefällt uns immer noch eine 19-Jährige.«

Ob auch Lisa einen Platz in seinem literarischen Schaffen finden würde wie Sara, »die beste Ehefrau von allen«?

»Nein, so etwas lässt sich nicht wiederholen. Ich hatte ja manchmal den Eindruck, dass Sara berühmter ist als ich. Und überhaupt: Wer sagt Ihnen, dass ich je wieder ein Buch schreiben werde?«

Also, bitte: Werden Sie eins schreiben?

»Schauen Sie, ich habe dreißig Bücher mit satirischen Geschichten geschrieben, in denen ich alle Situationen dargestellt habe, die man als Satiriker beschreiben kann.«

Und dann fügte er, nach einer kleinen kunstvollen Pause an: »Im Übrigen hat alles, was ich Ihnen erzähle, keinen Wert.«

Warum?

»Weil ich schon mindestens zehn Mal aufgehört habe zu schreiben. Ich höre jedes Jahr zu schreiben auf. Wie ein Kettenraucher, der ständig zu rauchen aufhört.«

Zum Geburtstag wünschte er sich, »mit Lisa gesund, reich und glücklich zu sein. Mit anderen Worten, es soll alles so bleiben, wie es ist.« Und dann sagte er noch: »Ich musste ihr mein Ehrenwort geben, dass ich lange leben werde.«

Dieser Wunsch ist leider nicht in Erfüllung gegangen, Ephraim Kishon starb fünf Monate später, am 29. Jänner 2005, an den Folgen eines Herzinfarkts.

*Österreich hatte im ersten Halbjahr **2006** den EU-Ratsvorsitz inne. Der acht Jahre in einem Kellerabteil gefangen gehaltenen Natascha Kampusch gelang die Flucht. Der israelische Ministerpräsident Ariel Scharon erlitt einen Schlaganfall, nach dem er neun Jahre im Koma lag. Der als Kriegsverbrecher in Den Haag angeklagte frühere serbische Ministerpräsident Slobodan Milošević wurde nach einem Herzinfarkt tot in seiner Zelle aufgefunden. Der ehemalige irakische Ministerpräsident Saddam Hussein wurde von einem Sondergericht zum Tod verurteilt und hingerichtet. Es starben die Politiker Gerald Ford, Leopold Gratz und Liese Prokop, der Schauspieler Glenn Ford, die Opernsängerinnen Anna Moffo und Elisabeth Schwarzkopf, der Showmaster Rudi Carrell, der Journalist Günther Nenning und der Fußballtrainer Max Merkel.*

Die Familie Hörbiger

Eine Biografie wie ein Krimi

Es war eine Mammutaufgabe, die auf mich zukam. Die Hörbiger-Töchter Christiane, Maresa und Elisabeth schlugen mir 2006 vor, eine Biografie über ihre Mutter Paula Wessely zu schreiben, deren hundertster Geburtstag im darauffolgenden Jahr begangen wurde. Ich war von der Idee angetan, machte aber einen Gegenvorschlag. Kein Buch über die Wessely allein sollte es werden, sondern eines über die ganze Familie. Ein Buch über die Hörbigers, zu denen neben der Wessely auch ihr Mann Attila und dessen Bruder Paul zählen, weiters der namhafte Erfinder Hanns Hörbiger sowie Paula Wesselys nicht minder berühmte Tante, die Burgschauspielerin Josephine Wessely, dann die drei Hörbiger-Schwestern selbst sowie die ebenfalls bereits aktive nächste und übernächste Generation – insgesamt gehören dem »Clan« an die zwanzig Künstler an, die Film-, Theater- und Zeitgeschichte geschrieben haben und schreiben.

Sämtliche Angehörige stellten mir das umfangreiche Material des Privatarchivs zur Verfügung und brachten in persönlichen Gesprächen Licht ins Dunkel einer bewegenden Familiengeschichte. An deren Beginn eine ebenso romantische wie dramatische Lovestory steht, die erzählt, wie Paula Wessely und Attila Hörbiger einander in Prag kennenlernten, es aber fast ein Jahrzehnt dauern sollte, bis sie vor den Standesbeamten treten konnten, da Attila mit einer Opernsängerin verheiratet war und es in den 1930er-Jahren keine Scheidung gab. Da musste schon Bundeskanzler Schuschnigg persönlich einschreiten, um die Annullierung der Ehe zu ermöglichen. Kein Wunder, dass sich Schuschnigg der Sache annahm, waren doch Paula Wessely damals schon durch ihren Film »Maskerade« und Attila Hörbiger als Salzburger »Jedermann« Berühmtheiten.

Ich hatte das Glück, dass mir Paula Wessely und die Brüder Attila und Paul Hörbiger in ihren letzten Lebensjahren ausführlich ihre bewegten Lebensläufe erzählten – ohne wissen zu können, dass die Gespräche eines Tages zur Grundlage eines Buches über die Familie werden sollten. Über die Themen, die sie eher ausklammerten, sprach ich nun mit den Wessely-Töchtern, aber auch mit den Töchtern und dem Sohn von Paul sowie den ihnen folgenden Generationen.

Darüber hinaus erhielt ich Einblick in die Familienkorrespondenz, wodurch einzelne Mitglieder in neuem Licht erschienen. Streckenweise kommt die Geschichte der Hörbigers einem Krimi gleich: 1921 wurde – wie bereits erwähnt – auf Paul ein Eifersuchtsattentat verübt, dem dieser beinahe zum Opfer gefallen wäre. Ein weiterer Bruder, Alfred Hörbiger, starb an den Folgen einer Vergiftung, worauf ein Prozess wegen Mordverdachts die Familie für Jahrzehnte entzweite.

Tatsache ist, dass sich das Ehepaar Paula Wessely–Attila Hörbiger nach dem Krieg einer »Entnazifizierungskommission« stellen musste – sie wegen ihrer Mitwirkung im Film »Heimkehr«, und er als ehemaliges Mitglied der NSDAP. Andererseits geht aus Dokumenten und Zeugenaussagen, die in diesem Verfahren von den Alliierten eingeholt wurden, die Hilfsbereitschaft des Ehepaares in der Nazizeit hervor. Paula Wessely und Attila Hörbiger waren einer Reihe von jüdischen Freunden und Kollegen behilflich, das Land zu verlassen, und haben dabei mehreren möglicherweise das Leben gerettet, wofür sie von Propagandaminister Goebbels »gemaßregelt« wurden.

Während das Ehepaar nach dem Krieg kurz mit Berufsverbot belegt war, kannte Paul Hörbiger solche Probleme nicht, da er in der Nazizeit Filme gedreht, sich mit den Machthabern aber nicht verbrüdert hatte. Im Gegenteil: Paul wurde im Jänner 1945 als Mitglied einer Widerstandsbewegung verhaftet und zum Tod verurteilt – nur das baldige Ende des Dritten Reichs rettete sein Leben.

Eine ganze Reihe von Familienmitgliedern ist heute im Beruf: Elisabeth Orth, Christiane Hörbiger und Maresa Hörbiger, deren Söhne Cornelius Obonya, Sascha Bigler, Manuel Witting sowie Paul Hörbigers Enkel Christian Tramitz, Mavie Hörbiger und deren Ehemann Michael Maertens.

Der Name Hörbiger wird wohl noch lange weiterleben.

WIEDER IM SAFE

Die Originalnoten des Donauwalzers

Man führt mich durch lange, finstere Gänge, ehe wir vor einem kahlen Raum haltmachen. Eine schwere Eisentür wird aufgesperrt, wir treten ein. Und stehen vor einem grauen Panzerschrank. In diesem liegen sie: die Originalnoten des Donauwalzers, eigenhändig niedergeschrieben von Johann Strauß.

Der Ausflug durch die geheimnisvollen Schächte des Wiener Musikvereinsgebäudes fand kurz vor Weihnachten des Jahres 2006 statt. Und der Mann, der die Noten von Österreichs heimlicher Nationalhymne aus dem Safe holte und mir für ein paar Minuten in die Hände drückte, heißt Josef Laister und war damals Präsident des Wiener Männergesang-Vereins, in dessen Eigentum sich die Noten des Walzers »An der schönen blauen Donau« befinden.

Herr Laister hatte mich Tage davor auf die dramatische Situation des Donauwalzers hingewiesen: Der Wiener Männergesang-Verein steckte seit Längerem in einer Finanzkrise. Man hätte alles versucht, um die Probleme zu lösen, sowohl Republik Österreich als auch Stadt Wien darauf aufmerksam gemacht, dass sich der Chor nicht mehr selbst erhalten könne. Doch man sei auf taube Ohren gestoßen.

Wenn nicht bald etwas geschehe, müsse der Gesang-Verein seinen bei Weitem wertvollsten Besitz verkaufen: den Donauwalzer.

»Und daher bitte ich Sie«, sagte Herr Laister, »machen Sie die Öffentlichkeit auf die Situation aufmerksam! Es gibt genügend Interessenten für diese Noten, aber wenn sie einmal verkauft sind, haben wir jede Kontrolle über sie verloren. Dann haben wir keinen Einfluss mehr darauf, in wessen Besitz sie gelangen. Bleibt die Partitur in Österreich oder würde sie auf dunklen Wegen ins Ausland geraten? Wir wissen es nicht.«

Johann Strauß hat mit dieser Melodie wie mit keiner anderen die Tiefen der österreichischen Seele erfasst. Der 42-jährige »Walzerkönig« hatte sie in seiner Wohnung in der Praterstraße komponiert und dem Wiener Männergesang-Verein gewidmet, dessen Chormitglieder das Musikstück am 15. Februar 1867 im Ballsaal des Wiener Dianabades zur Uraufführung brachten. Damals freilich noch mit einem ziemlich holprigen Text, den der Wiener Polizeibeamte Josef Weyl verfasst hatte: »Wiener seid froh! Oho, wieso? No-so blickt nur um, I bitt warum? Ein Schimmer des Lichts, Wir seh'n noch nichts.«

»Noch nichts zu seh'n« war damals auch vom weltweiten Erfolg, den der Walzer dereinst feiern sollte – allerdings erst 1890, als ihn der Oberlandesgerichtsrat Franz von Gernerth mit den neuen Worten »Donau, so blau« versah. Damit wurde das Werk zum großen musikalischen Wurf des »Walzerkönigs« und zur Jahrhundert-Melodie.

Auch Johann Strauß konnte die künftige Popularität dieser Melodie, als er die Noten nach der Uraufführung dem Männergesang-Verein als Geschenk überließ, nicht erahnen. Sie befinden sich seither im Besitz des 1843 gegründeten Chors. Es gehörte zu Lebzeiten von Johann Strauß zur Tradition des Vereins, alljährlich im Fasching einen Liederabend zu veranstalten. Der Donauwalzer wurde unter der Leitung des Chormeisters Rudolf Weinwurm uraufgeführt, dessen Name übrigens in riesigen Lettern auf dem Plakat stand. Und winzig klein darunter der Komponist: »Johann Strauß, k. k. Hofballmusik-Director«.

Ich glaubte meinen Augen nicht trauen zu können, als ich die Noten in Händen hielt. Findet sich doch auf Seite 1 des Klavierauszugs die an Chor, Musiker und Kopisten gerichtete handschriftliche

Bemerkung: »Bitte ob der schlechten und unsauberen Schrift um Verzeihung, ich musste binnen weniger Minuten damit fertig werden. Johann Strauß.«

Johann Strauß entschuldigte sich also für den Donauwalzer!

»Bitte ob der schlechten und unsauberen Schrift um Verzeihung, ich musste binnen weniger Minuten damit fertig werden«: Johann Strauß entschuldigt sich für den Donauwalzer.

Am 24. Dezember 2006 veröffentlichte ich unter dem Titel »Rettet den Donauwalzer!« einen Artikel im »Kurier«, der die verantwortlichen Kulturpolitiker aufforderte, es nicht zuzulassen, dass ein Stück nationaler Identität für immer verloren gehen könnte. Der Artikel hat, wie mir Präsident Laister später erklärte, »eine Lawine von Nachfragen losgelöst. Es gab kaum eine Zeitung in Europa, die den Bericht vom drohenden Verkauf nicht zitiert hätte, und im Internet wurden 14 200 Einträge zum ›Verkauf des Donauwalzers‹ registriert.« Ein Interessent aus Japan ließ wissen, dass er den Donauwalzer unter allen Umständen kaufen würde, »und wenn Sie die Noten allein nicht hergeben, dann kaufen wir den ganzen Männergesang-Verein«.

Vor allem konnten Republik und Stadt Wien nun nicht mehr tatenlos zusehen, wie die Partitur möglicherweise in falsche Hände gelangen würde. Am 15. Februar 2007, dem 140. Geburtstag des Donauwalzers, wurde eine Privatstiftung gegründet, mit dem Ziel, die Originalnoten des Donauwalzers im Besitz des Männergesang-Vereins zu belassen. Da dies gelungen ist, wurde mir vom Wiener Männergesang-Verein die »Schubert-Medaille in Gold« verliehen – das ist die höchste Auszeichnung, die der Chor zu vergeben hat. Und ich war wohl der erste Preisträger, der keinen geraden Ton singen kann.

Die Originalnoten des Donauwalzers befinden sich jedenfalls nach wie vor im Safe des Männergesang-Vereins. Im Safe jenes Raumes, in dem ich sie für wenige Minuten in Händen halten durfte. Und dort werden sie hoffentlich für alle Zeiten bleiben.

*Nicolas Sarkozy wurde **2007** Staatspräsident von Frankreich. Der frühere US-Vizepräsident Al Gore erhielt den Friedensnobelpreis. Alfred Gusenbauer wurde nach dem Wahlsieg der SPÖ Bundeskanzler. Alexander Wrabetz wurde Generaldirektor des ORF. Es starben der Kabarettist Gerhard Bronner, die Schriftsteller Norman Mailer und Art Buchwald, die Regisseure Ingmar Bergman, George Tabori und Franz Antel, der Tenor Luciano Pavarotti, der Fußballtrainer Helmut Senekowitsch, die Schauspieler Ulrich Mühe, Hansjörg Felmy, Klausjürgen Wussow, Romuald Pekny und Herbert Fux, der Maler Adolf Frohner, die Musiker Joe Zawinul und Georg Danzer sowie die Politiker Teddy Kollek, Boris Jelzin und Kurt Waldheim.*

»Durch Isolation tief verwundet«

Kurt Waldheim bittet um Vergebung

Kurt Waldheim war nach Rudolf Kirchschläger der zweite Bundespräsident, der nicht in seiner aktiven Zeit als Staatsoberhaupt starb, sondern – nachdem er auf eine zweite Amtsperiode verzichtet hatte – seinen Ruhestand antreten konnte. Doch glücklich wurde er nicht, wie mir sein enger Mitarbeiter Heinz Nußbaumer später bestätigte: »Die politische Isolation, in die er als Bundespräsident geraten war, hat ihn über die Amtszeit hinaus tief verwundet. Auch wenn es zu seinen Prinzipien gehörte, die eigenen Gefühle und Verwundungen nicht öffentlich zu zeigen, war offenkundig: Die ›Causa‹ hatte massive gesundheitliche Spuren hinterlassen. Waldheim hatte Magen-Darm-Probleme und litt massiv unter Kopfschmerzen. Bis zuletzt hat er gehofft, seinen Gegnern durch den Verzicht auf eine Wiederkandidatur das Feindbild entzogen zu haben und seine Rehabilitierung – auch die Streichung von der ›Watchlist‹ – noch erleben zu können. Aber sein Warten und all seine Versuche, Gesten der Annäherung zu setzen, waren vergeblich«, erinnerte sich Nußbaumer. »Gerade in der letzten Phase seines Lebens war Waldheim in unseren Gesprächen überzeugt davon, dass die viel zu späte Aufarbeitung der NS-Ära wichtig, ja unvermeidbar war, dass er selbst aber das falsche Objekt für diesen schmerzhaften Prozess gewesen sei.«

In den letzten eineinhalb Jahren seines Lebens formulierte Kurt Waldheim eine Erklärung, in der er alle, die er verletzt haben könnte, um Vergebung bat. Heinz Nußbaumer, mit dem er sie besprach und dem er den Text schließlich anvertraute, hat dieses »Letzte Wort« – wie mit Waldheim vereinbart – unmittelbar nach dessen Tod veröffentlicht. »Von Gott geführt, scheide ich mit großer Dankbarkeit aus diesem Leben«, begann Waldheims Vermächtnis. Er dankte neben seiner Familie allen, die ihm beigestanden waren und ihn bei seiner Arbeit unterstützt haben. »Aber auch all jenen, die mir kritisch gegenübergestanden sind, gilt mein Gruß und meine Bitte, ihre Motive noch einmal zu überdenken und mir – wenn möglich – eine späte Versöhnung zu schenken. Vielleicht ist auch dies durch meinen Weggang von dieser Erde leichter geworden. Ja, ich habe auch Fehler gemacht – und glücklicherweise viel Zeit gehabt, um sie immer wieder zu überdenken. Es waren aber sicher nicht jene der Mitläufer- oder gar Mittäterschaft mit einem verbrecherischen Regime.«

Im Rückblick sah Waldheim die Ursachen für seine zu spät begonnene Aufarbeitung der Zeit des Nationalsozialismus in der Hektik des politischen Lebens, vor allem als Generalsekretär der Vereinten Nationen, aber auch in der »Staatsräson, die wir jungen Nachkriegs-Diplomaten zu vertreten hatten und die uns Österreichern als ›Hitlers erstes Opfer‹ den Weg zu Freiheit und Staatsvertrag geöffnet hatte. Zutiefst bedaure ich, dass ich – unter dem äußeren Druck monströser Beschuldigungen, die mit meinem Leben und meinem Denken nichts zu tun hatten – viel zu spät zu den NS-Verbrechen umfassend und unmissverständlich Stellung genommen habe. Ursache dafür war weder eine zweifelhafte Grundhaltung noch irgendein politisches Kalkül, sondern die Betroffenheit, Kränkung, ja das Entsetzen über Inhalt und Ausmaß dieser Vorwürfe.«

DAS GEHEIMREZEPT ...

... der Sachertorte

Manchmal muss man hartnäckig sein. Es war im Herbst 1989, da feierte die Frau Sacher ihren hundertsten Geburtstag. Man bat aus diesem Anlass zu einem kleinen Empfang nach Baden bei Wien, dem Stammsitz der alten Hoteliers- und Tortendynastie. Mein Interesse an dieser Veranstaltung galt weniger Small Talk, Speis und Trank als der Geschichte der Familie Sacher, vor allem aber: dem Rezept der Sachertorte, das seit jeher in ähnlich aufwendiger Weise geheim gehalten wurde wie die Aufmarschpläne der Vereinigten Staaten von Amerika.

Tatsächlich wollten Generationen von Hausfrauen und Konditoren wissen, wie viel Zucker, Eidotter und Marmelade die Süßspeise benötigt, um ihren unvergleichlichen Geschmack zu erreichen. Bisher vergeblich, weder die Familie Sacher noch die Familie Gürtler, in deren Besitz sich das Wiener Traditionshotel vis-à-vis der Staatsoper seit 1934 befindet, waren bereit, das Rezept aus der Hand zu geben. Und so hat noch nie irgendjemand außerhalb dieser beiden Familien und einiger ausgesuchter Mitarbeiter, die unmittelbar mit der Tortenproduktion befasst sind, Einblick in das weltweit bestgehütete Patissier-Geheimnis bekommen.

Auch ich war zunächst chancenlos. Über die Familie Gürtler probierte ich's erst gar nicht, die hatte das allergeringste Interesse, das Geheimnis der Sachertorte zu lüften, stellt doch der weltweite Verkauf der edlen Süßspeise einen wesentlichen Teil ihrer Geschäftstätigkeit dar, wobei das Mysterium um das Rezept längst zur bewährten Marketingstrategie gehört.

Aber auch Frau Carla Sacher hatte an ihrem hundertsten Geburtstag anderes zu tun, als sich mit mir über die Zubereitung jener Torte zu unterhalten, die Franz Sacher, der Großvater ihres Mannes, 1832 kreiert hatte. Und ihre bei der Feier anwesende Enkelin Irène Schuler-Sacher lehnte höflich, aber bestimmt ab: »Nein, wir belassen es dabei, das Rezept bleibt im Safe!«

Meine Hartnäckigkeit zog sich in diesem Fall fast zwei Jahrzehnte hin. Frau Sacher ist wenige Monate nach ihrem hundertsten Geburtstag gestorben, doch ihre Enkelin sah ich in den darauffolgenden Jahren immer wieder da oder dort, ohne je darauf zu vergessen, »das Rezept« anzusprechen.

Das Jahr 2007 sollte dann ein doppeltes Sacher-Jahr werden, wurde doch einerseits die Torte 175 Jahre alt, andererseits gedachte man auch des hundertsten Todestages ihres Schöpfers Franz Sacher. Jetzt oder nie, dachte ich. Und bat Frau Irène Schuler-Sacher um ein Treffen, das dann im Hotel Sacher in Baden stattfand.

Das nunmehrige Oberhaupt der Familie war durchaus meiner Meinung, dass man das Sacher'sche Jubiläumsjahr nicht sang- und klanglos vorüberziehen lassen sollte. Und ich wüsste einen Weg, so erklärte ich, die Öffentlichkeit für das Thema zu interessieren: das Rezept!

Immerhin gestand Irène Schuler-Sacher, dass es die Backanleitung in zweifacher Ausführung gäbe – einmal im Sacher in Wien und einmal in Baden –, in beiden Fällen hinter dicken Panzertüren versperrt. »Meine Großmutter hat das Rezept 1980 für mich niedergeschrieben«, erzählte Irène und zeigte mir vorerst einen Brief, der dem Rezept beilag: »Meiner lieben Enkeltochter Irène zur Erinnerung an ihre Omi Sacher. Anbei das Rezept der Sachertorte, wie ich es von der Köchin Marie Lahner gelernt habe.« Marie Lahner stand bis zum Tod des Torten-Erfinders Franz Sacher in dessen Diensten und war mit der Anfertigung der weltberühmten Torte betraut. Carla war es ab dem Zeitpunkt, da sie im September 1911 in die Sacher-Dynastie eingeheiratet hatte, gestattet, ihr bei der Zubereitung zuzusehen und zu assistieren.

Und dann geschah das Wunder. »Also gut«, sagte meine Gastgeberin Irène Schuler-Sacher, erhob sich, entriegelte den schweren Metallschrank, entnahm ihm das Schriftstück – und händigte es mir aus. Und hier ist es, handgeschrieben von Frau Carla Sacher.

»Mit sehr heißer Marillen Marmelade bestreichen«: das Rezept der Sachertorte

Irène Schuler-Sacher – hier mit ihrer Großmutter Carla Sacher an deren hundertstem Geburtstag – vertraute mir das Rezept der Sachertorte an.

Als ich das Rezept in Händen hielt und gelesen hatte, lieferte mir Frau Schuler-Sacher noch eine Erklärung: »Meine Großmutter hat diese Zeilen im Alter von 91 Jahren niedergeschrieben, weil unser Familiensafe nach dem Krieg von russischen Besatzungssoldaten geplündert und dabei das Tortenrezept vernichtet wurde. Meine Großmutter hielt sich ganz genau an die Angaben, die ihr von der langjährigen Mitarbeiterin Franz Sachers überliefert worden waren. Damit es nicht verloren geht.«

Frau Schuler-Sacher überreichte mir das Rezept für »zwei grosse Torten« und sagte mir zu, es publizieren zu dürfen. Zum ersten Mal nach 175 Jahren!

Franz Sacher war gerade sechzehn Jahre alt, als er die Torte erfand. Er war damals Kocheleve beim Fürsten Metternich. Als eines Tages seine Frau mit dem Großteil des Personals inklusive Chefkoch zur Kur in Karlsbad weilte, rief der Staatskanzler den einzigen in Wien verbliebenen Küchenjungen zu sich und beauftragte ihn, für seine Gäste ein Abendessen anzufertigen. Und das war Franz Sacher, der nun ein mehrgängiges Diner zubereitete und zum Abschluss eine Schokoladentorte servierte.

Die Aufregung war groß, als ich das Rezept der Frau Sacher am 8. April 2007 in meiner Kolumne im »Kurier« veröffentlichte. Halb Österreich wollte die Torte »nachbacken«, so viele Leute schrieben mir oder sprachen mich auf das Rezept an, und auf die Internetseite des Blattes gab es Tausende Zugriffe.

Nichts begeistert hierzulande so sehr, sollte sich einmal mehr erweisen, als ein Geheimnis zu lüften.

*Eine Finanzkrise von nie da gewesenem Ausmaß belastete **2008** die Weltwirtschaft. Raul Castro folgte seinem erkrankten Bruder Fidel Castro als Staats- und Regierungschef in Kuba. Dmitri Medwedew löste Wladimir Putin als russischer Staatspräsident ab. Werner Faymann folgte Alfred Gusenbauer als Bundeskanzler. Staatspräsident Nicolas Sarkozy heiratete die Sängerin Carla Bruni. In Amstetten wurde Josef Fritzl verhaftet, der seine Tochter 24 Jahre lang im Keller seines Wohnhauses eingesperrt hatte; sie bekam in dieser Zeit sieben Kinder von ihm. Stefan Ruzowitzky erhielt für »Die Fälscher« den Oscar für den besten fremdsprachigen Film. Es starben der Schriftsteller Alexander Solschenizyn, der Regisseur Sidney Pollack, die Schauspieler Richard Widmark, Charlton Heston, Mel Ferrer, Paul Newman, Roy Scheider und Horst Tappert, die Sänger Giuseppe di Stefano und Ivan Rebroff, der Modeschöpfer Yves Saint Laurent, die Politiker Fred Sinowatz und Helmut Zilk. Der Kärntner Landeshauptmann Jörg Haider kam bei einem Autounfall ums Leben.*

»ICH SPIELE DEN KARLHEINZ BÖHM«

Der allerletzte Kaiser

Am 6. März 2008 beendete ich meine im Sender Ö1 laufende Interviewreihe »So war's, Erinnerungen an das 20. Jahrhundert« mit Karlheinz Böhm als Gast, der mir – zehn Tage vor seinem achtzigsten Geburtstag – im Radiokulturhaus Rede und Antwort stand. Nach acht Jahren und vielen prominenten Gästen bot Karlheinz Böhm einen würdigen Abschluss.

Er konnte wunderbar aus seinem Leben erzählen, allerdings fiel mir auf, dass sich Böhm in der Schilderung der einen oder anderen Geschichte wiederholte – was technisch kein Problem darstellte, da die Sendung nicht live ausgestrahlt wurde. Der einstige Filmstar schien Probleme mit dem Kurzzeitgedächtnis zu haben, dennoch hätte ich nicht gedacht, dass unser Interview eines seiner letzten sein würde. Bald danach wurde bei ihm eine beginnende Alzheimererkrankung diagnostiziert.

An jenem 6. März sprach er noch voller Elan und Erzählfreude. Von seinen »Sissi«-Filmen, in denen er den Kaiser Franz Joseph gespielt hatte, ohne sich – im Gegensatz zu seiner »Sissi« Romy Schneider – später von dieser Rolle zu distanzieren. Böhm war klar, dass er diesen Filmen seine Popularität verdankte, ohne die er die Organisation »Menschen für Menschen«, mit der er den Ärmsten der Armen in Äthiopien half, nie hätte gründen können.

Karlheinz Böhm kam darauf zu sprechen, dass es ein bevorzugtes Thema der Illustrierten in den 1950er-Jahren war, Leinwand-Beziehungen in die Wirklichkeit zu projizieren. »Es wurde damals ständig spekuliert, ob Romy und ich auch privat ein Paar wären. Das war eine tolle Werbung für die Filme«, schmunzelte er, »aber Romy war damals siebzehn und ich zehn Jahre älter. Schon deshalb hätte ich nie die Idee gehabt, ihr nahezukommen.«

Der Schauspieler hatte zum Zeitpunkt unseres Gesprächs seit vielen Jahren keinen Film mehr gedreht und sein Leben völlig in den Dienst von »Menschen für Menschen« gestellt. »Fehlt Ihnen der Beruf des Schauspielers denn gar nicht?«, fragte ich ihn.

»Ich habe diesen Beruf nie aufgegeben«, erstaunte er mit seiner Antwort. »Ein Schauspieler schlüpft in Kostüm und Maske, um ein anderer zu sein. Ich spiele nur keinen anderen, sondern den Karlheinz Böhm, der Menschen zu überzeugen versucht, etwas gegen den Hunger auf dieser Welt zu unternehmen.«

Böhm war ein unkomplizierter Interviewpartner, es gab nur einen wunden Punkt – und das war die NS-Vergangenheit seines Vaters Karl Böhm. Als Ioan Holender im Jahr 2005 in einer Rede zum Fünfzigjahrjubiläum der Wiedereröffnung der Wiener Staatsoper an die Nähe des Dirigenten zu den Machthabern im Dritten Reich erinnert hatte, war Karlheinz Böhm an die Öffentlichkeit gegangen, um seinen Vater mit den für ihn ungewöhnlichen Worten »Herr Holender sollte lieber seinen Mund halten« in Schutz zu nehmen.

In unserem Gespräch, das drei Jahre später stattfand, sah er diese Zeit doch differenzierter: »Unsere Elterngeneration hat versucht, alles zu vertuschen, was unter den Nazis passiert ist. Heute weiß ich, dass auch die ›Sissi‹-Filme dazu beitrugen, die Gräueltaten der Nationalsozialisten vergessen zu machen. Gott sei Dank wird die Wahrheit jetzt von den Jungen aufgearbeitet – das ist gut so, auch wenn diese Wahrheit für die Alten unangenehm ist.«

Das klang schon ganz anders – obwohl er seinen Vater nicht namentlich in seine Kritik mit einbezog. Dieser hatte dem »Kampfbund für deutsche Kultur« angehört, dessen Ziel es war, »die Berufung von Künstlern jüdischer Abstammung abzulehnen«.

Auch wenn Karlheinz Böhm ursprünglich in der Verteidigung seines Vaters sehr weit gegangen war, war er zweifellos ein aufrechter Kämpfer gegen jede Form totalitärer Regime. Alles andere wäre bei einem Menschen, der sein Leben den Schwächsten der Welt gewidmet hat, absurd gewesen.

Karlheinz Böhms Alzheimererkrankung schritt fort, sodass er sich bald nach unserem Gespräch im März 2008 immer mehr aus der Öffentlichkeit zurückzog.

Kennedys österreichische Geliebte

Wie ich Lisa Lanett kennenlernte

Im Frühjahr 2009 läutete mein Telefon. Die Anruferin teilte mir mit, dass in den nächsten Tagen eine alte Dame nach Wien käme, die ich unbedingt treffen sollte, weil sie eine hochinteressante Familiengeschichte zu erzählen hätte.

Nun treffe ich immer wieder alte Damen, die mir hochinteressante Familiengeschichten erzählen, wobei sie einmal mehr und einmal weniger hochinteressant sind. Diese Familiengeschichte sollte sich allerdings in der Tat als außergewöhnlich erweisen. Bringt sie doch eine Verbindung zwischen den Häusern Habsburg und Kennedy zustande. Aber davon hatte ich vorerst noch keine Ahnung.

Die Anruferin erklärte, dass die Freundin mit der hochinteressanten Familiengeschichte Lisa Lanett hieße und als gebürtige Österreicherin seit vielen Jahren in den USA lebte. Ich gab mich zurückhaltend, auch als die Dame am Telefon verriet, dass Lisas Großvater ein echter Erzherzog gewesen sei – schließlich gibt es immer wieder solche Fälle, weil eine nicht unerhebliche Anzahl von Angehörigen des ehemaligen Kaiserhauses illegitime Kinder in die Welt gesetzt hat, deren Enkel und Urenkel nach und nach ihre Geschichten erzählen wollen.

Vielleicht war's Zufall, vielleicht Intuition – Glück war's auf jeden Fall. Denn ich sagte zu und traf die Anruferin ein paar Tage später in Begleitung ihrer mittlerweile in Wien eingetroffenen Freundin Lisa Lanett im Café Diglas auf der Wiener Wollzeile.

Mrs. Lanett war 87 Jahre alt und in sehr guter Verfassung. Sie lebte in San Antonio im US-Bundesstaat Texas und hatte ein aufregendes Leben als Fotomodell, Tänzerin und Schauspielerin hinter sich. Jedenfalls war sie, das sah man ihr immer noch an, eine wunderschöne Frau. Und sie war sechs Mal verheiratet. Doch das große Geheimnis ihres Lebens hatte sie bisher für sich behalten. Es betrifft ihren 1945 geborenen Sohn Tony.

»Also, Mrs. Lanett«, sagte ich, nicht ahnend, was da auf mich zukommen würde, »erzählen Sie mir Ihre Geschichte.«

Und sie erzählte. Dass sie am 7. August 1921 als Elisabeth Horte-nau in der Hinterbrühl bei Wien zur Welt gekommen und dass ihr Vater Alfred von Hortenau ein unehelicher Sohn der Hofoperntänze-rin Marie Schleinzer und des berühmt-berüchtigten Lebemannes Erzherzog Otto gewesen sei.

Nun ist in der Geschichtsschreibung der Familie Habsburg hinläng-lich bekannt, dass »der schöne Otto«, wie man ihn in der Monarchie nannte, als Schürzenjäger verschrien war. Man weiß auch von seiner Liaison mit der Tänzerin Marie Schleinzer, der zwei Kinder entspran-gen. Die Geschichte ließ sich anhand von Dokumenten rasch nach-prüfen und stellte sich als richtig heraus. Das also war die Geschichte, die Lisa Lanett mir erzählen wollte. Der Name John F. Kennedy war bis dahin nicht gefallen.

Ob sie selbst auch Kinder hätte, fragte ich Frau Lanett.

»Ja, einen Sohn«, antwortete sie.

»Und welcher Ihrer sechs Männer ist der Vater?«, bohrte ich – eher aus Höflichkeit denn aus echter Neugierde – nach.

»Keiner von ihnen.«

»Wer denn sonst?«, staunte ich.

Frau Lanett wandte sich nun ihrer Freundin Verena Fischer zu, die mich seinerzeit angerufen hatte, und fragte sie: »Soll ich's ihm sagen?«

»Ja«, nickte Frau Fischer, »sag's ihm.«

»Der Vater meines Sohnes ist John F. Kennedy.«

»Wie bitte? Wer ist der Vater Ihres Sohnes?«

»Präsident Kennedy.«

Ich sah sie ungläubig an, vergaß alle Erzherzoge und ließ Lisa Lanett weiterreden: »Als Hitler 1938 in Österreich einmarschierte«, verriet sie, »war ich mit meiner Mutter gerade in Rom. Wir beschlos-sen, nicht zurückzukehren und flogen in die USA.«

Nach ihrer kurzen ersten Ehe mit einem Mexikaner zog Lisa nach Phoenix/Arizona, wo ihre Mutter ein Motel, das Monterey Lodge, führte. Dort wurden während des Krieges amerikanische Offiziere einquartiert. »Einer von ihnen«, erklärte Lisa Lanett, »hieß John F. Kennedy. Er war auf dem Weg nach Florida und blieb für ein paar Tage bei uns im Monterey Lodge.«

Die bildschöne Lisa Lanett geb. Hortenau, etwa in der Zeit, als sie John F. Kennedy kennenlernte

Wir schreiben das Jahr 1942. Der fesche Millionärssohn ist 25 Jahre alt, Lisa vier Jahre jünger. »Wir verliebten uns, und ehe er weiterzog, lud er mich ein, ihn in Miami zu besuchen. Danach waren wir in Kuba und in New York. Das ging drei Jahre so, bis ich im Frühjahr 1945 feststellte, dass ich schwanger war.«

John F. Kennedy gehörte einer damals schon prominenten Familie an, war aber natürlich noch lange nicht »der« Kennedy.

Lisa blieb nach Tonys Geburt am 29. September 1945 mit »Jack«, wie Kennedy von Freunden gerufen wurde, in Kontakt. »Wir trafen uns immer wieder, auch als er 1953 heiratete und als er Senator in Massachusetts wurde. Jack kam für die Kosten der ›Peekskill Militärakademie‹ bei New York auf, die unser Sohn Tony besuchte.«

Als Lisa mir ihre aufregende Lebensgeschichte erzählt hatte, nahm ich Kontakt mit ihrem Sohn auf. Tony Bohler lebte als kaufmännischer Angestellter in Kalifornien. »Als ich jung war«, berichtete er, »sagte meine Mutter, dass ihr erster Mann, Juan del Puerto, mein

Ist Tony Bohler (° 1945) der Sohn von John F. Kennedy (1917–1963)?

Vater sei. Ich hatte Zweifel, denn Juan war Mexikaner und sah sehr mexikanisch aus – ganz im Gegensatz zu mir. Ich fragte öfters nach, bis sie mir etwa 1975 gestand, dass mein Vater ein anderer sei. Nämlich John F. Kennedy. Und dann erzählte sie mir, wie sie ihn kennengelernt und sich in ihn verliebt hatte.«

Tony Bohler ist heute, nach anfänglichen Zweifeln, überzeugt davon, dass Kennedy sein Vater war. »Nach allem, was ich herausfand, dürfte es stimmen. Meine Mutter war eine schöne Frau, Kennedy liebte schöne Frauen, es wäre also kein Wunder.«

Als der Präsident der Vereinigten Staaten 1963 ermordet wurde, gab es noch keine DNA-Analysen, mit denen sich verwandtschaftliche Beziehungen feststellen ließen. Lisa hat von JFK nie einen Vaterschaftstest verlangt und auch nach seinem Tod keine finanziellen Forderungen an die Familie Kennedy gestellt.

Es gibt jedoch eine Kette von Indizien, die bekunden, dass Lisas Geschichte stimmen dürfte: Erstens haben sich alle nachweisbaren Details der von ihr erzählten Familienchronik in meinen Recherchen

Ereignisreiche Lebensgeschichten: Tony Bohler heute, seine Mutter Lisa Lanett

als richtig erwiesen. Zweitens handelte es sich bei ihren Erinnerungen nicht um die Phantasien einer alten Frau, die ihre Lebensgeschichte neu erfand. Hat sie doch Kennedys Vaterschaft bereits vor fast vierzig Jahren ihrem Sohn gestanden. Weiters bestätigte mir die Arztwitwe Verena Fischer, durch die ich sie kennengelernt hatte, dass sie Lisa Lanett seit 25 Jahren kannte: »Vor zehn Jahren hat sie mir erstmals erzählt, dass Kennedy Tonys Vater ist. Ich kenne sie sehr gut und habe keinen Zweifel an dem, was sie sagt.«

Um Lisa Lanetts Bericht weiter auf den Grund zu gehen, versuchte ich herauszufinden, ob John F. Kennedy in der fraglichen Zeit überhaupt in Phoenix/Arizona, in der Nähe ihres damaligen Wohnsitzes, gewesen sein konnte. Und ich wurde fündig. Es ist nachweisbar, dass er 1942, als sie sich im Monterey Lodge Motel kennenlernten, als Marineangehöriger auf dem Weg nach Florida war, wie dies Lisa behauptete. Im Jahr darauf war Lieutenant Kennedy Kommandant des Schnellboots »PT 109«, das am 2. August 1943 im Pazifik von einem japanischen Zerstörer gerammt wurde. Verwundet begab er sich laut Robert Dalleks Kennedy-Biografie »Ein unvollendetes Leben« im Winter 1944/45 zur Rehabilitation in die Kuranstalt Castle Hot Springs. Und Castle Hot Springs befand sich in einem Vorort von Phoenix, der Hauptstadt des US-Bundesstaates Arizona. Kennedy war also genau zu dem Zeitpunkt in der Stadt, in der Lisa Lanett lebte und neun Monate später ihren Sohn zur Welt brachte.

Das ist noch immer kein Beweis für seine Vaterschaft, aber ein weiteres Indiz dafür, dass Lisa Lanett jedenfalls keine Märchenerzählerin war.

Ehe ich ihre Geschichte am 22. März 2009 in meiner Kolumne veröffentlichte, hatte es im Internet unter »Lisa Lanett« keine einzige Eintragung gegeben, heute sind es mehr als 100 000, Hunderte Zeitungen, Radio- und Fernsehstationen haben den Bericht übernommen.

Angespornt durch das immense Interesse, das ihre Story gefunden hatte, schrieb die mutmaßliche Kennedy-Geliebte die aufregende Geschichte ihres Lebens nieder, doch sollte sie die Fertigstellung eines geplanten Buches nicht erleben. Lisa Lanett starb am 13. März 2014 im Alter von 92 Jahren in San Antonio in Texas.

*Barack Obama wurde **2009** US-Präsident. Der Börsenmakler Bernard L. Madoff wurde nach dem Zusammenbruch seines Investmentfonds zu 150 Jahren Freiheitsstrafe verurteilt. Es starben der Politiker Edward Kennedy, der Fernsehjournalist Walter Cronkite, der Moderator Eduard Zimmermann, die Schriftsteller Johannes Mario Simmel und Gertrud Fussenegger, der Bildhauer Alfred Hrdlicka, der Zeichner Paul Flora, der Entertainer Michael Jackson, der Skirennläufer Toni Sailer sowie die Schauspieler Karl Malden, Farrah Fawcett, Ruth Drexel, Monica Bleibtreu, Traugott Buhre, Susanne von Almassy, Heinrich Schweiger und Fritz Muliar.*

Testament eines Schauspielers

Die letzten Worte Fritz Muliars

Wie kein anderer beherrschte Fritz Muliar die Kunst, im selben Atemzug grantig und liebenswürdig zu sein, ein echter Wiener halt. Im Zuge seines Grantigseins hat er mir 1978 bei unserem ersten Interview – er war damals 63 Jahre alt – vorgejammert, wie schrecklich alles am Theater und im Fernsehen wäre und dass er ernsthaft daran dächte, in zwei Jahren »den Beruf an den Nagel zu hängen«, mit 65 Jahren also in Pension zu gehen. Wie bei einem echten »Kasperl«, der solcherlei androht, nicht anders zu erwarten, spielte er, ganz entgegen dieser Ankündigung, bis zum letzten Tag seines Lebens, als er in seinem neunzigsten Lebensjahr stand.

Bei unserem nächsten Gespräch war Muliar 75 und beschimpfte pflichtgemäß Claus Peymann, der ihn sukzessive aus dem Burgtheater gedrängt hätte, was Muliar wohl nie verwunden hat. Dabei hatte er die wirklich schlimmen Jahre seines Lebens längst hinter sich. Und Muliar sprach offen darüber: »Es gab eine Zeit, da hab ich mich fast aufgegeben. Es war der Alkohol. Meine Frau hat mich da herausgeholt, das werde ich ihr nie vergessen.«

Als Muliar achtzig wurde, ließ er mich unaufgefordert den Zeitpunkt seines Todes wissen: »Schau, ich bin projektiert für achtzig, so alt sind meine Eltern ungefähr geworden, aber die Nazis haben mir, wie jedem in meiner Generation, sieben Jahre gestohlen. Die hol ich mir zurück, die will ich wieder haben. Die sieben Jahre leb ich noch.«

»Es darf auch, lieber Fritz Muliar, ein bisserl mehr sein«, schrieb ich in meinem Geburtstagsartikel zum Achtziger. Und sollte recht behalten, hat er uns doch nicht sieben, sondern noch fast zehn Jahre lang an seiner Schauspielkunst teilhaben lassen.

Da ein Muliar, nur weil er tot ist, nicht aufhört grantig zu sein, drang einige Monate nach seinem Abgang sein Vermächtnis, das er selbst als »Testament« bezeichnete, an die Öffentlichkeit. Der Volksschauspieler hatte das letzte Jahr seines Lebens damit zugebracht, dem Schriftsteller Helmuth A. Niederle seine letzten Gedanken zu diktieren, die dann posthum in Druck gingen. Die Aufzeichnungen wurden, wie zu erwarten, zum Rundumschlag, in dem er vor allem über Regisseure herfiel und Claus Peymann einmal mehr zu seinem Hauptgegner erklärte. Kein Wunder, hatte er doch seinen Lebensfeind noch kurz bevor er starb wegen Ehrenbeleidigung geklagt, weil dieser ihn einen »Volltrottel« genannt hatte. Muliar, so stand's in seiner Lebensbeichte, hielt Peymann für »ungeeignet, das Burgtheater zu führen«, das durch ihn »nicht mehr das Haus ist, das es einmal gewesen« sei.

Andererseits erzählte der Schauspieler aus dem Jenseits noch eine Geschichte, die ihn ein wenig mit Peymann versöhnte: Muliars Mutter hatte in einer Kommode alle Briefe ihres Sohnes aufgehoben, auch jene, die er 1943 aus seiner Nazihaft an sie schrieb. Da die Post zensuriert wurde, standen in den Briefen – wie dies unter Häftlingen üblich war – Sätze wie »Wenn der Führer gesiegt haben wird« oder »Wenn der Feind vernichtet sein wird«. Nach dem Tod seiner Mutter verkauften Muliars Söhne deren Möbel an einen Trödler – nicht wissend, dass sich die Briefe in der Kommode befanden. »Ein Käufer fand die Briefe, schickte sie an Peymann mit dem Vorschlag, er solle das Material veröffentlichen, weil ich mich dauernd als Antinazi ausgebe. Was ich, wie nachzulesen, nie gewesen sei.«

Peymann jedoch schickte die Briefe an den verhassten Fritz Muliar mit der Bemerkung, er möge diese Art des Verrätertums nicht. »Das verdient Respekt, den ich ihm gerne an dieser Stelle zolle«, beendete Muliar das Kapitel Peymann mit versöhnlichen Worten.

Um im nächsten Satz auf seine Form des Glaubens einzugehen. »Ich weiß, es gibt einen Gott«, schrieb Muliar in seiner Lebensbilanz »Denk ich an Österreich«, ohne sich auf eine bestimmte Religion festlegen zu wollen: »Vielleicht ist es ein multireligiöser Gott.«

Fritz Muliar beschäftigte sich in dem Vermächtnis auch mit seinem Abschied von dieser Welt: »Angst macht mir nicht der Tod, sondern das Sterben.« Da muss »sein Gott« in seinem Manuskript geblättert haben, denn diesbezüglich war er gnädig: Muliar trat am 3. Mai 2009 in den Kammerspielen in Peter Turrinis »Die Wirtin« auf, fuhr nach Hause, brach zusammen und starb noch in derselben Nacht im Wiener Allgemeinen Krankenhaus.

Vieles in diesem Leben ist in Erfüllung gegangen. Nur eines nicht. Für den 12. Dezember 2009, an dem er seinen neunzigsten Geburtstag gefeiert hätte, hatte das Theater in der Josefstadt eine Muliar-Premiere angesetzt. »Das«, lautet der letzte Satz seines Testaments, »will ich unbedingt noch spielen.«

*Die Europäische Union beschloss **2010** infolge der internationalen Währungs- und Finanzkrise die Errichtung eines Euro-Rettungsschirms in Höhe von 750 Milliarden Euro. Währungsfonds und EU gewährten Griechenland, das knapp vor dem Staatsbankrott stand, eine erste Finanzhilfe. Präsident Barack Obamas Gesundheitsreform wurde vom US-Repräsentantenhaus angenommen. Christian Wulff folgte dem zurückgetretenen Horst Köhler als Bundespräsident. Bei einem Erdbeben in Haiti kamen 220 000 Menschen ums Leben. Christoph Waltz erhielt den Oscar als bester Nebendarsteller für »Inglourious Basterds«. Helmut Brandstätter wurde Chefredakteur des »Kurier«. Der Student Samuel Koch versuchte in »Wetten, dass …?« auf Stelzen über ein Auto zu springen und verunglückte dabei so schwer, dass er gelähmt blieb; Thomas Gottschalk beschloss in der Folge, die Moderation der Sendung abzugeben. Es starben die Regisseure Claude Chabrol und Christoph Schlingensief, der Journalist Hans Dichand, der Opernintendant Wolfgang Wagner, der Sex-Aufkärer Oswalt Kolle, die Sängerinnen Lena Horne und Lolita, die Schauspieler Tony Curtis, John Forsythe und Dennis Hopper.*

Hans Moser im Himmel

Ein Theaterskandal

Im Februar 2010 trat Hans Moser – fünfundvierzig Jahre nach seinem Tod – noch einmal im Wiener Theater in der Josefstadt auf. Als eine Art »Engel« im Himmel. Der Schriftsteller Franzobel hatte ein Stück über den Volksschauspieler geschrieben, das ihn posthum als Mitläufer der Nazis diskreditierte. Das konnte ich, bei allem Verständnis für die künstlerische Freiheit, nicht unwidersprochen lassen – und widmete diesem Thema eine Kolumne. Richtig ist, dass Mosers Filmkarriere in der Nazizeit ihren Höhepunkt erreichte. Wahr ist aber auch, dass Moser alles andere als Nationalsozialist war oder für das Regime auch nur die geringsten Sympathien empfunden hätte.

Als der Schauspieler – dargestellt von Erwin Steinhauer – in dem Stück »Moser oder Die Passion des Wochenend-Wohnzimmergottes« in den Himmel kommt und erkennt, dass Hitler der liebe Gott (!) ist, sagt er wörtlich zu diesem: »Sie hier im Himmel? Jesus Maria. Heil Hitler, mein ich. Na, von Politik versteh ich nichts, aber gegen die Nazis hab ich nie was gehabt … Im Grund war ich sogar sehr dafür … Ich wär ja auch sofort in die Partei eingetreten, aber wegen meiner jüdischen Frau hab ich nicht dürfen.«

Das ist eine unglaubliche Unterstellung, denn im Gegensatz zu dieser Szene gibt es keinen einzigen Hinweis darauf, dass Moser jemals Mitglied der NSDAP hätte werden wollen. Während Schauspieler wie Werner Krauß, Erik Frey, Heinrich George und Emil Jannings den Nationalsozialisten tatsächlich nahestanden oder Propagandafilme drehten, traf das auf Hans Moser nicht zu. Abgesehen davon war er – anders als etwa Heinz Rühmann – nicht bereit, sich von seiner jüdischen Frau scheiden zu lassen.

Der Historiker Oliver Rathkolb gab mir recht: »Ein Mitläufer war jemand, der zu seinem persönlichen Vorteil Mitglied der NSDAP wurde, etwa um eine Wohnung oder einen Posten zu erhalten. Das trifft auf Hans Moser nicht zu. Auch wenn es stimmt, dass er als Schauspieler von der nationalsozialistischen Propaganda funktionalisiert wurde. Und dass seine Unterhaltungsfilme die Bevölkerung vom Krieg ablenken sollten.«

In einer Diskussion in der Fernsehsendung »Kulturmontag« warf ich Franzobel vor, dass er mit dem Moser-Stück – ähnlich wie Elfriede Jelinek, die in »Burgtheater« die Mitglieder der Familie Hörbiger pauschal als Nazis darstellte – nichts anderes als einen Skandal provozieren wollte.

»Nein«, entgegnete Franzobel, er wolle keinen Skandal. »Mir geht es um ein Verständnis der Figur Moser und um ein Verständnis des Österreichers in der Nazizeit.«

Wie zu erwarten, reagierte das Publikum empört, dass der immer noch geliebte Nuschler völlig unmotiviert in die Nähe des Nationalsozialismus gebracht wurde und dass im Himmel die Nazis herrschten. Zu meiner Kolumne zu dem Thema erhielt ich ausnehmend viele aufgebrachte Reaktionen aus der Leserschaft.

In den Augen von Herbert Föttinger, dem Direktor des Theaters in der Josefstadt, sei »das Stück keineswegs als Abrechnung mit Hans Moser gedacht. Die Aufführung nimmt nichts von Hans Mosers Größe, man könnte es ebenso Müller statt Moser nennen.«

Das jedenfalls wäre Hans Moser – so es ihn in dem beschriebenen Theaterhimmel wirklich geben sollte – vermutlich wesentlich lieber gewesen.

*Als Folge eines Tsunamis, der rund 20 000 Menschenleben forderte, kam es **2011** in mehreren Reaktorblöcken des japanischen Kernkraftwerks Fukushima zu schweren Störfällen, die dazu führten, dass bis zu 150 000 Bewohner die Region verlassen mussten. Osama bin Laden, der Anführer der Terrorgruppe al-Qaida, wurde von einer Spezialeinheit der US-Navy Seals in seinem pakistanischen Versteck erschossen. Nach Revolutionen in Tunesien und Ägypten richtete sich der »Arabische Frühling« gegen weitere Regime im Nahen Osten und in Nordafrika. Karl-Theodor zu Guttenberg trat nach der »Plagiatsaffäre« um seine Dissertation als Verteidigungsminister zurück. Fürst Albert II. von Monaco heiratete die Schwimmerin Charlene Wittstock. Es starben die Schauspieler Liz Taylor, Peter Falk, Heinz Bennent, Walter Giller, der Kabarettist Georg Kreisler, der Humorist »Loriot« Vicco von Bülow, der Liedermacher Ludwig Hirsch, »Apple«-Gründer Steve Jobs, die Sängerin Amy Winehouse, der Unternehmer Gunter Sachs, der Cafétier Leopold Hawelka, die Entertainer Peter Alexander und Johannes Heesters, der Politiker Václav Havel sowie Otto von Habsburg, der Sohn des letzten österreichischen Kaisers.*

DER LETZTE ZEITZEUGE

Zum Tod Otto von Habsburgs

Ich war drei oder vier Jahre alt«, hatte mir Otto von Habsburg einmal erzählt, »als ich in Begleitung meiner Mutter in die Hofburg ging, um Kaiser Franz Joseph zu besuchen, und der Eindruck, den er mit seinem weißen Bart und der Uniform auf mich hinterließ, war enorm.« Allein dieser Satz zeigt die Dimension eines Lebens, das von der Monarchie bis ins Internetzeitalter reichte. Er hat vieles hautnah miterlebt und mir in etlichen Gesprächen einiges davon anvertraut. Der einstige Kronprinz starb am 4. Juli 2011 im Alter von 98 Jahren.

Wie schwer es wirklich für ihn war, nach sechshundert Jahren Habsburg nicht Kaiser geworden zu sein, werden wir nie erfahren. Er selbst hat das sicher prägendste Ereignis seines Lebens, als ich ihn danach fragte, so beschrieben: »Wissen Sie, eine Krone zu tragen, ist eine so furchtbare Aufgabe, dass man sie wohl als Verpflichtung annehmen würde. Aber wünschenswert ist so etwas nicht. Ich muss Ihnen daher ehrlich sagen, ich bin mit dem Leben, wie ich es führe, weitaus glücklicher, als ich es im anderen Fall gewesen wäre.« Dann schmunzelte er und fügte hinzu: »Es hat noch einen Vorteil, kein Kaiser zu sein. Wenn ich heut einen besonders dummen Menschen sehe, kann ich ihn einen Esel nennen. In der Rolle als Kaiser hätte ich vielleicht Exzellenz zu ihm sagen müssen.«

Dass er Humor hatte, gehörte vielleicht nicht zu den Eigenschaften, die man im ersten Moment vermutet hätte, aber manchmal neigte er zu pointierten Aussagen. Allerdings boten die großen Themen seines Lebens wenig Anlass zu Heiterkeit. Verständlicherweise versuchte er stets die historische Bedeutung der alten Donaumonarchie zu würdigen, er hatte aber durchaus auch Verständnis für eine kritische Auseinandersetzung. Als ich ihn einmal fragte, ob Kaiser Franz Joseph nicht die Unterschrift hätte verweigern müssen, die den Ersten Weltkrieg zur Folge hatte, sagte er offen: »Sicher, jeder Mensch, der handelt, begeht Fehler. Man muss zugeben, dass 1914 eine andere Politik gegen Serbien zielführender gewesen wäre.«

Eines könne er mit Bestimmtheit sagen: »Mein Vater, Kaiser Karl, wäre nicht in diesen Krieg gezogen, und zwar trotz des massiven Drucks der Öffentlichkeit. Er hätte es sicher nicht zum Ersten Weltkrieg kommen lassen.«

»Woher wissen Sie das?«, fragte ich.

»Meine Mutter, Kaiserin Zita, hat mir erzählt, dass mein Vater die Situation als fatale Entwicklung, die zur Katastrophe Österreichs führen musste, gesehen hat. Und zwar schon am Tag der Kriegserklärung.«

Um seinen Urgroßonkel, Kaiser Franz Joseph, besser verstehen zu können, führte Habsburg noch an, »dass er in dem Moment doch ein sehr alter Herr war, der dem Druck seiner kriegsbegeisterten Umgebung ausgesetzt war.«

»Wenn Sie sagen, der Kaiser war ein alter Herr«, erwiderte ich, »dann ist das doch eine Kritik an der Institution der Monarchie, denn das demokratisch gewählte Oberhaupt einer Republik hätte mit 84 Jahren wohl kaum über Krieg und Frieden zu entscheiden gehabt.«

»Auch in einer Republik regieren Gott sei Dank alte Leute«, ließ er sich nicht aus der Fassung bringen. »Aber mein Vater hat dann alles versucht, den Krieg zu beenden, nur war es leider schon zu spät. Vielleicht hätte er etwas verändern können, wenn er früher drangekommen wäre, aber das sind natürlich Spekulationen, Sandkastenspiele der Geschichte.«

An seinen Vater, Kaiser Karl, der 1922 mit 34 Jahren an einer Lungenentzündung auf Madeira verstorben war, konnte er sich gut erinnern, »allerdings bin ich ihm erst im Exil wirklich nahegekommen, da er während des Krieges meist an der Front war. In den letzten Wochen seines Lebens hat er dann versucht, mich in seine Gedanken einzuführen. Er war gütig, ausgeglichen und ein tiefgläubiger Mensch.«

Dass Kritiker seinen Vater auch als schwach und weltfremd bezeichneten, ließ Otto Habsburg so nicht gelten: »Wissen Sie, er hatte eine Aufgabe zu bewältigen, die fast unlösbar gewesen ist, er selbst hat die eigenen Chancen ganz richtig als extrem gering beurteilt. Aber weltfremd war er nicht.«

Als ich ihn ein anderes Mal fragte, ob er der Monarchie nachweinen würde, sagte Habsburg: »Ich habe der Republik eine Loyalitäts-

»Die Monarchie kann wiederkommen«: mit Otto von Habsburg, Wien 1999

erklärung abgegeben, an die halte ich mich. Und das war richtig so, denn ohne sie hätte ich meine ganze europäische Arbeit nicht machen können.«

Auf die Frage, ob er das Kapitel Monarchie ein für alle Mal für beendet hielt, ließ er sich noch ein Schlupfloch offen: »Da bin ich zu sehr Historiker, um irgendetwas je als abgeschlossen zu betrachten. Monarchien und Republiken haben einander immer wieder abgewechselt. Aber Habsburg ist nicht gleich Monarchie. Was mit meiner Familie ist, weiß ich nicht. Etwas anderes ist die Staatsform, die Monarchie als solche. Die kann wiederkommen.«

*Joachim Gauck folgte **2012** dem zurückgetretenen Christian Wulff als deutscher Bundespräsident. Die Eurokrise erreichte in Griechenland, Spanien, Portugal, Italien und Zypern ihren Höhepunkt. François Hollande folgte Nicolas Sarkozy als französischer Staatspräsident. Wladimir Putin wurde wieder russischer Präsident. Felix Baumgartner erreichte bei einem Fallschirmsprung des Red Bull-Teams aus der Stratosphäre eine Geschwindigkeit von 1358 km/h. Während eines Skiurlaubs in Lech am Arlberg fiel Prinz Friso der Niederlande durch einen Lawinenunfall ins Koma, aus dem er nicht mehr erwachen* *sollte. Es starben die Opernsänger Heinz Holecek und Dietrich Fischer-Dieskau, die Sängerinnen Whitney Houston und Margot Werner, die Schriftsteller Ernst Hinterberger und Herbert Rosendorfer, die Musiker Dave Brubeck und Hazy Osterwald, die Schauspieler Larry Hagman, Ernest Borgnine, Susanne Lothar sowie der Astronaut Neil Armstrong. Bei einer Havarie des italienischen Kreuzfahrtschiffes »Costa Condordia« vor der Insel Giglio kamen 32 Menschen ums Leben.*

TOD AUF DER »TITANIC«

Die österreichischen Passagiere

Am 14. April 2012 jährte sich der Untergang der »Titanic« zum hundertsten Mal. Ein Grund für mich, das Haus-, Hof- und Staatsarchiv am Wiener Minoritenplatz zu besuchen, wo die knapp tausend Seiten umfassende »Titanic«-Akte lagert, in die man mir Einblick gewährte. Was aber hat die »Titanic«-Katastrophe mit der österreichischen Geschichte zu tun?

Nun, das umfangreiche Konvolut beinhaltet den Schriftverkehr des k. k. Außenministeriums mit dem österreichischen Generalkonsulat in New York und anderen Behörden. Es geht darin vor allem darum, die Schadenersatzansprüche der Witwen und Waisen jener 53 Passagiere aus Österreich-Ungarn abzuwickeln, die beim Untergang der »Titanic« ums Leben kamen.

Öffnet man die »Titanic«-Mappe, finden sich die Namen der tödlich verunglückten Österreicher: Gustav Schmidt, Ludwig Cor, Vincenz Kink, Johann Markun, Dr. Ernst Moravec ... Sie kamen meist aus Slowenien, Kroatien, Ungarn und anderen Kronländern der Monarchie, waren mittellos und reisten mit der »Titanic« in die USA, um im »Land der unbegrenzten Möglichkeiten« eine neue Existenz zu gründen.

Nur wenige Fahrgäste der »Titanic« stammten aus dem Gebiet des heutigen Österreich: Wenzel Linhart, wohnhaft in Wien XVI., Anzengruberplatz 5, Leopold Weisz, Wien VII., Zieglergasse 2, Heinrich

Wittmann aus Obernalb im Weinviertel. Fast alle Österreicher reisten in der III. Klasse, die auf dem Luxusliner ganz und gar nicht luxuriös war, was schon an den Ticketpreisen ersichtlich ist: Die Fahrt von Southampton nach New York kostete in einer Suite der I. Klasse bis zu 4350 Dollar, für die billigste Karte in der III. Klasse bezahlte man 36 Dollar.

Ministerium des k. und k. Hauses und des Äußern.

Gegenstand:

Titanic Katastrophe,
Versorgung der Witwe nach
Heinrich Wittmann,
Amalie Wittmann.

Wien, am 18. *April* 1913.

Meist III. Klasse: einer der 53 Todesfälle österreichischer Passagiere auf der »Titanic«

Ungleich waren auch die Überlebenschancen. 65 Prozent der »First-Class«-Passagiere wurden gerettet, aber nur zwölf Prozent aus der III. Klasse. Die I. Klasse wurde bei der Rettungsaktion nicht nur bevorzugt behandelt, unbekannte Täter hatten darüber hinaus die Türen zu den Zwischendecks von außen verriegelt, sodass viele Passagiere der III. Klasse hilflos unter Deck gefangen waren und nicht ins Freie gelangen konnten. Nur acht der 53 Passagiere, die aus Österreich-Ungarn stammten, haben den Untergang der »Titanic« überlebt.

Der k. k. Generalkonsul in New York reichte Schadenersatzansprüche in Höhe von einer Million Dollar ein, ausbezahlt wurden den Hinterbliebenen jedoch nur sehr geringe Beträge. Im Schnitt bekamen Hinterbliebene der »Titanic«-Opfer 5000 Kronen[*].

---

[*] Entspricht laut »Statistik Austria« im Jahre 2015 einem Betrag von rund 850 Euro.

Mit Benedikt XVI. trat **2013** *zum ersten Mal seit siebenhundert Jahren ein Papst zurück; als Nachfolger wurde der Argentinier Jorge Mario Borgoglio gewählt, der den Namen Franziskus annahm. Die Enthüllungen des Geheimdienst-Mitarbeiters Edward Snowden führten zur NSA-Affäre, die weltweite Proteste gegen US-Spionageeinrichtungen zur Folge hatte. John F. Kerry trat die Nachfolge Hillary Clintons als US-Außenminister an. 52 Prozent der Österreicher sprachen sich bei einer Volksbefragung für die Beibehaltung der Wehrpflicht aus. Kronprinz Willem-Alexander trat die Nachfolge seiner zurückgetretenen Mutter Beatrix als König der Niederlande an. Dem britischen Prinzenpaar William und Catherine wurde Sohn George geboren. Kronprinz Philippe folgte seinem Vater Albert II. als König der Belgier. Der gebürtige Wiener Martin Karplus erhielt den Nobelpreis für Chemie. Michael Haneke bekam den Auslands-Oscar für »Amour« und Christoph Waltz den als bester Nebendarsteller in »Django Unchained«. Es starben die Politiker Nelson Mandela und Margaret Thatcher, weiters Prinz Friso der Niederlande, der Meeresforscher Hans Hass, der Literaturkritiker Marcel Reich-Ranicki, der Kabarettist Dieter Hildebrandt, die Schauspieler Peter O'Toole, Joan Fontaine, Vivi Bach, Louise Martini, Brigitte Neumeister und der Operettentenor Peter Minich.*

»Du spielen Theater?«

Peter Minich und der Masseur

Peter Minich litt seit längerer Zeit an der Parkinsonkrankheit, hatte sie aber durch Medikamente recht gut im Griff und war vom Gedanken beseelt, mit seinen 85 Jahren einmal noch einen Soloabend in seiner geliebten Volksoper zu geben. Direktor Robert Mayer stellte ihm die Bühne, auf der er seine großen Operetten- und Musicalerfolge gefeiert hatte, zur Verfügung, und als Minich mich fragte, ob ich das Buch für einen solchen Abend schreiben würde, sagte ich natürlich gerne zu. Leider ist es nicht mehr zur Verwirklichung des Plans gekommen, Minich starb am 29. Juli 2013.

Peter Minich hatte strahlend blaue Augen, den Schmelz in der Stimme und das Charisma eines Operettentenors. Und er verfügte auch über Humor und eine gewaltige Portion Selbstironie. Davon zeugt eine kleine Geschichte, die er mir bei einer der Besprechungen zu dem geplanten Volksopernabend erzählte. Sie handelt in jenen Jahren, als er am Zenit seiner Karriere stand. Peter Minich ließ sich damals von einem aus Persien stammenden Masseur behandeln. Eines Tages fragte der Masseur, nicht wissend, welch berühmten Mann er vor sich hatte, was dieser von Beruf sei.

»Ich bin am Theater«, antwortete der Publikumsliebling bescheiden, wie er nun einmal war.

»Du spielen Theater?«, fragte der Masseur in seinen eingeschränkten Kenntnissen der deutschen Sprache.

»Ja, an der Volksoper.«

»Wann du wieder spielen?«

»Heute Abend«, sagte Minich.

Das treffe sich gut, meinte der unaufhörlich weiterknetende Masseur, er hätte gerade an diesem Abend Zeit, ob es möglich wäre, eine Freikarte zu bekommen. Peter Minich sagte zu und erklärte, dass die Vorstellung um 20 Uhr beginnen und die Karte beim Bühnenportier der Wiener Volksoper hinterlegt würde.

Am nächsten Tag kam der Masseur wieder zu Minich. Und er reagierte sichtlich enttäuscht: »Du müssen spielen sehr kleine Rolle in Stück. Ich immer dich suchen, aber nicht auf Bühne gesehen.«

Peter wunderte sich. Viel größer könne eine Rolle nicht sein, als die, die er in der Volksoper spielte. Er stand praktisch den ganzen Abend auf der Bühne, in einer seiner Paraderollen, als Professor Higgins in »My Fair Lady«.

»Ich immer auf Bühne schauen, aber dich nicht gesehen«, wiederholte der Masseur. Die Herren standen vor einem Rätsel. Peter Minich wollte es lösen und fragte den Masseur nach Details. Und dabei stellte sich heraus, dass der gute Mann in Unkenntnis der örtlichen Gegebenheiten statt in die Volksoper ins Volkstheater gegangen war. Dort hatte er den Bühnenportier nach der für ihn hinterlegten Freikarte gefragt. Der fand zwar keine, hatte aber Mitleid mit dem Masseur und schenkte ihm eine Karte. Daraufhin sah der sich eine Vorstellung am Wiener Volkstheater an, in der Peter Minich bekanntermaßen nicht mitspielte.

Natürlich kam der Masseur dann auch noch zu seiner »My Fair Lady«-Freikarte – und ich werde das schalkhafte Lächeln, mit dem Peter Minich mir diese kleine Geschichte erzählte, nie vergessen.

Die Päpste Johannes XXIII. und Johannes Paul II. wurden **2014** *heilig gesprochen. In der Ukraine kam es zu bewaffneten Konflikten mit pro-russischen Milizen, die für die Abspaltung der »Volksrepubliken« Donezk und Lugansk kämpften. Conchita Wurst gewann den Eurovision Song Contest in Kopenhagen. Europas größte Fernsehshow »Wetten, dass …?«, zuletzt moderiert von Markus Lanz, wurde 34 Jahre nach ihrer Erstausstrahlung mit der 215. Ausgabe eingestellt. Es starben Belgiens Ex-Königin Fabiola, die Politiker Ariel Scharon, Eduard Schewardnadse und Barbara Prammer, die Dirigenten Claudio Abbado und Lorin Maazel, die Schriftsteller Gabriel García Márquez und Siegfried Lenz, der Architekt Hans Hollein, der Bankier Heinrich Treichl, der Regisseur Richard Attenborough, der Theaterintendant Gerard Mortier, die Journalisten Peter Scholl-Latour und Frank Schirrmacher, die Schauspieler Maximilian Schell, Shirley Temple, Mickey Rooney, Lauren Bacall, Joachim Fuchsberger, Karlheinz Böhm, Gert Voss, Dietmar Schönherr, Karlheinz Hackl und Annemarie Düringer sowie die Entertainer Joe Cocker und Udo Jürgens.*

DER ZWEITE ATTENTÄTER

Neues zum Dollfuß-Mord

Seit vielen Jahren pflege ich, wie schon erwähnt, gute Kontakte zu Historikern, Archivaren und Bibliothekaren, die sich immer wieder als wichtige Informationsquellen auf meinen Reisen in die Vergangenheit erweisen. Sie »sitzen« auf Tausenden Dokumenten, Archivalien und Zeugenaussagen, die über Jahrzehnte keine Beachtung fanden, irgendwann aber – sei es geplant oder durch Zufall – von ihnen aufgespürt werden. Die Geschichte erweist sich ja dann als besonders spannend, wenn sie »lebt«, wenn sie also neue Erkenntnisse zutage fördert. Als einer dieser Informanten ist Peter Broucek, langjähriger und führender Militärhistoriker im Wiener Kriegsarchiv, unerreicht. Er hatte mich schon bei meinem Buch zum Spionagefall Redl freundschaftlich unterstützt und sprach mich jetzt, im Herbst 2014, einmal mehr auf ein bisher unbekanntes, zentrales Detail an der gerade achtzig Jahre zurückliegenden Ermordung des österreichischen Bundeskanzlers Engelbert Dollfuß an.

Dass auf Dollfuß zwei Mal geschossen wurde, weiß man seit der Obduktion seines Leichnams, unmittelbar nach der Tat. Auch dass die Schüsse aus zwei Waffen abgefeuert wurden, war von Anfang an klar. Doch man kannte immer nur den Namen eines Täters. Der Historiker Peter Broucek war es, der mir nun verriet, wer den zweiten Schuss auf den autoritär regierenden Bundeskanzler abgab.

Wir schreiben den 25. Juli 1934, an dem rund 150 illegale Nationalsozialisten, als Offiziere und Soldaten des österreichischen Bundesheeres verkleidet, mit Lastautos »zur Wachablöse« in den Hof des Bundeskanzleramtes am Wiener Ballhausplatz fuhren. Ein von Hitler geplanter Putsch, der die Regierung stürzen sollte, war im Gange. SS- und SA-Männer stürmten ins Kanzleramt und brachten den aus seinen Amtsräumen flüchtenden Regierungschef in ihre Gewalt. Der 34-jährige Otto Planetta gab einen Schuss ab. Es folgte ein weiterer. Doch bis zur Veröffentlichung meiner durch Hofrat Broucek ermöglichten Tatbeschreibung blieb unbekannt, aus wessen Pistole dieser zweite Schuss kam.

»Der Name des zweiten Attentäters«, erklärte Broucek, »ist Rudolf Prochaska.« Dieser war zum Zeitpunkt des Attentats 39 Jahre alt, Luftwaffenmajor im Bundesheer der Ersten Republik und illegales Mitglied der SA, einer Schlägertruppe der in Österreich verbotenen NSDAP.

Woher bezog Dr. Broucek die schwerwiegende Information, dass der bisher kaum bekannte Offizier Prochaska der zweite Attentäter war? »Ich arbeitete seit 1963 im Wiener Kriegsarchiv«, sagte Broucek. »Dort war General Rudolf Kiszling als Generalstaatsarchivar damals bereits in Pension, doch er kam zu Forschungszwecken fast jeden Tag ins Büro, und ich war als junger Mitarbeiter sein Ansprechpartner.«

Kiszling war eine zwielichtige Figur. Er hatte das Kriegsarchiv nach dem Ende der Monarchie mit aufgebaut und war von 1936 bis 1945 dessen Leiter. Er stand den Nationalsozialisten nahe und war an der Planung des Dollfuß-Attentats beteiligt. »Der bei dem Gespräch neunzigjährige, aber noch sehr vitale Kiszling«, erzählte Broucek weiter, »redete mit mir ganz offen über seine Rolle beim Dollfuß-Attentat: Kiszling selbst befand sich am 25. Juli 1934 im Kriegsarchiv, einem dem Bundeskanzleramt angrenzenden Gebäude, und er war es auch, der Planetta und Prochaska als Anführer des Putschversuchs angeworben hatte.«

Eines Tages, Mitte der 1970er-Jahre, sagte Kiszling sehr deutlich zu Broucek, »dass es Prochaska war, der den zweiten Schuss auf Dollfuß abgab.« Für Peter Broucek besteht kein Zweifel, »dass Kiszlings Aussage der Wahrheit entspricht. Ich kannte ihn über viele Jahre, und er hatte keinen Grund, eine Geschichte zu erfinden, die seinem eigenen Ansehen nur Schaden und keinen Nutzen brachte.« Darüber hinaus bestätigte der 1977 verstorbene bekannte Historiker Ludwig Jedlicka auf Broucek Anfrage, »dass er dieselbe Information von Kiszling erhalten hat. Und auch für Jedlicka bestand kein Zweifel an der Richtigkeit dieser Aussage.«

Warum aber hat Broucek fast vierzig Jahre gewartet, um Rudolf Prochaska als einen der beiden Dollfuß-Attentäter zu entlarven?

»Kiszling hatte mir, als er Prochaskas Namen nannte, das Versprechen abverlangt, dessen Rolle am Dollfuß-Mord in absehbarer Zeit nicht publik zu machen, wohl auch, weil Prochaskas Witwe damals

Rudolf Prochaska gab den zweiten Schuss auf Bundeskanzler Dollfuß ab.

noch am Leben war. Als ich mich 2014 anlässlich des achtzigsten Jahrestages wieder mit dem ›Juli-Putsch‹ beschäftigte, dachte ich, dass inzwischen genügend Zeit vergangen war.«

Über den Tathergang gibt es divergierende Zeugenaussagen, doch aus der gerichtsmedizinischen Untersuchung des Leichnams von Dollfuß geht eindeutig hervor, »dass die beiden Schusskanäle auf zwei verschiedene Kaliber hinweisen, und zwar auf 9 Millimeter und auf 7,62 Millimeter«. Demnach steht fest, dass die Schüsse aus zwei Waffen und von zwei Personen abgegeben wurden.

Planetta, der bereits Stunden nach der Tat von der Wiener Polizei als Attentäter identifiziert werden konnte, legte ein Geständnis ab, ohne den Namen des zweiten Schützen preiszugeben. Otto Planetta und sieben weitere Hauptbeteiligte des Attentats wurden von einem Militärgericht wegen Mordes und Hochverrats zum Tod verurteilt und am 31. Juli 1934 hingerichtet. Planettas letzte Worte waren »Heil Hitler«.

Rudolf Prochaska machte hingegen später Karriere. Er selbst erklärte am 1. Juni 1938 im »Personal-Fragebogen der NSDAP«, am »Putschversuch gegen das Bundeskanzleramt« teilgenommen zu haben, ohne zu erwähnen, dass er einer der Attentäter war. Der 1894 in Budweis geborene Prochaska brachte es nach dem »Anschluss« an Hitler-Deutschland noch zum »SA-Sturmbannführer« und zum Oberst der Deutschen Wehrmacht. Er starb 1973 im Alter von 79 Jahren.

Wer den tödlichen Schuss abgab – ob Planetta oder Prochaska oder ob beide Schüsse tödlich waren –, wird wohl nicht mehr zu eruieren sein. Dollfuß wurde am Hals und in der rechten Achselhöhle verletzt, ehe er im Kanzleramt verblutete. Die Putschisten waren weder bereit, einen Arzt, noch einen Priester zu rufen, um deren Beistand Dollfuß gebeten hatte.

Der eigentliche Plan des Putschversuchs der Nazis am 25. Juli 1934 war es, die österreichische Regierung gefangen zu nehmen und selbst die Macht an sich zu reißen. Doch die Regierungsmitglieder waren vorgewarnt worden und hatten den Ballhausplatz rechtzeitig verlassen. Nur Dollfuß war geblieben und bezahlte dies mit seinem Leben.

Bundespräsident Wilhelm Miklas, auf den ebenfalls ein Attentat geplant war, befand sich auf Urlaub in Velden und ernannte nach Dollfuß' Tod Unterrichtsminister Kurt Schuschnigg zum neuen Bundeskanzler. Noch war die Machtübernahme der Nationalsozialisten gescheitert.

*Bei einem Anschlag auf die Pariser Redaktion der Satirezeitschrift »Charlie Hebdo« wurden **2015** zwölf Menschen getötet, fünf weitere starben bei einem Überfall auf einen Pariser Supermarkt für koschere Waren. Beim Absturz eines Airbus A 320 von Barcelona nach Düsseldorf, den der Copilot mit Absicht herbeigeführt hatte, kamen in Südfrankreich 150 Menschen ums Leben. Marcel Hirscher gewann als erster Skirennläufer zum vierten Mal den Gesamtweltcup, Anna Fenninger gewann ihn zum zweiten Mal. In der Grazer Innenstadt tötete ein Amokfahrer drei Menschen, 34 wurden verletzt. Der burgenländische Landeshauptmann Hans Niessl entschloss sich zur ersten rotblauen Landesregierung. Zwischen Kuba und den USA kam es nach mehr als einem halben Jahrhundert durch die Wiedereröffnung der Botschaften zu einer Annäherung. In Wien wurde ein internationales Abkommen geschlossen, das den Bau von Atomwaffen durch den Iran verhindern soll. Es starben der frühere deutsche Bundespräsident Richard von Weizsäcker, der gebürtige Wiener Carl Djerassi, der die »Antibaby-Pille«*

mitentwickelt hatte, die Schriftsteller Günter Grass und Frederic Morton, der langjährige ORF-Generalintendant Gerd Bacher, der Regisseur Helmut Dietl, die Schauspieler Helmuth Lohner, Anita Ekberg, Christopher Lee, Omar Sharif, Pierre Brice, der Fernsehmoderator Karl Moik und der Opernsänger Waldemar Kmentt.

DIE RACHE DER KRONPRINZESSIN

Stephanies Testament taucht auf

Im Frühjahr 2015 rief mich ein Leser an, der für die Geschichte Österreich-Ungarns besonderes Interesse zeigt. Herr Peter Tilg vertraute mir an, dass er während eines Kuraufenthalts eine Dame kennengelernt hätte, die viele Jahre als Kanzleileiterin eines Wiener Anwaltsbüros tätig war und dort einen aufsehenerregenden Fund gemacht hatte. »Ich glaube, das wäre etwas für Sie«, sagte Herr Tilg. Und er hatte recht mit seiner Vermutung.

Ich traf die ehemalige Kanzleileiterin Edith Müller in einem Innenstadt-Café, und was sie mir mitbrachte, war eine kleine Sensation. Es war das bisher verschollen geglaubte, noch nie veröffentlichte Testament der Kronprinzessin Stephanie – der Witwe des Kronprinzen Rudolf also. Das Dokument gab mir Gelegenheit, fast hundert Jahre nach dem Ende der k. u. k. Monarchie, wesentliche Teile des privaten Nachlasses sowohl aus dem Haus Habsburg als auch aus dem belgischen Königshaus klären zu können.

»Habsburgisch« ist die Geschichte durch Stephanies Ehe mit dem Kronprinzen Rudolf, »belgisch« ist sie, weil Stephanies Vater, Leopold II., König von Belgien war.

Frau Müller reichte mir die acht dicht mit Schreibmaschine beschriebenen Seiten des Testaments der Kronprinzessin Stephanie. Ich las die letztwillige Verfügung genau durch und hielt gleich bei ihrem bemerkenswertesten Punkt inne: Es war der Hass, mit dem

Ihre Ehe endete in einer Katastrophe: Kronprinzessin Stephanie

Rudolfs Witwe ihre Tochter Elisabeth, bekannt als »die rote Erzherzogin«, beschrieben und schließlich vollkommen enterbt hat.

Es war bekannt, dass Stephanie etwa ein Jahr vor ihrem Tod ihr Testament aufgesetzt hatte. Allerdings war das Schriftstück bisher unauffindbar. Die Kronprinzessin hatte ihren Letzten Willen am 4. Juli 1944 auf dem damals ungarischen Schloss Oroszvár bei Bratislava verfasst, wo sie mit ihrem zweiten Mann, einem ungarischen Aristokraten, lebte.

Stephanie und ihre Tochter Elisabeth waren ursprünglich durch eine liebevolle Beziehung verbunden, die jedoch immer frostiger wurde, bis sie in pure Feindschaft umschlug. Mutter und Tochter begannen sich im Jahr 1900 auseinanderzuleben, als Kaiser Franz Joseph der Witwe seines Sohnes die Erziehungsgewalt über die 17-jährige Elisabeth entzog. Der Grund: Stephanie hatte in zweiter Ehe den »nicht ebenbürtigen« ungarischen Grafen Elemer Lonyay geheiratet. Und da die Tochter des Kronprinzen nicht in einem »gewöhnlichen« gräflichen Haushalt leben durfte, übernahm der Kaiser die Aufsicht über seine Enkelin höchstpersönlich.

Zum nächsten Schritt der Entfremdung kam es, als sich Elisabeth 1924 von ihrem ersten Mann, dem Fürsten Otto Windischgraetz, scheiden ließ und eine Lebensgemeinschaft mit dem sozialistischen Politiker Leopold Petznek einging. War die Beziehung zwischen der streng konservativen Mutter und ihrer liberal denkenden Tochter nun schon auf einem Tiefpunkt angelangt, so sollte das Verhältnis noch kälter werden: Als Stephanie 1935 unter dem Titel »Ich sollte Kaiserin werden« ihre Memoiren herausbrachte, in denen sie ganz offen beschrieb, was Kronprinz Rudolf ihr in ihrer Ehe und durch seinen schrecklichen Tod mit seiner Geliebten Mary Vetsera in Mayerling angetan hatte.

»Die rote Erzherzogin« Elisabeth, die ihren Vater über alles liebte und ihrer Mutter – wohl zu Unrecht – eine Mitschuld an dessen Selbstmord gab, sah in den Lebenserinnerungen sein Andenken verletzt und beantragte eine Beschlagnahme des Buches. Tatsächlich wurden Stephanies Memoiren in Österreich durch Gerichtsbeschluss aus den Buchhandlungen entfernt.

Die Kronprinzessin empfand von da an nur noch blanken Hass gegen Elisabeth, deren Name in ihrer Anwesenheit nicht mehr genannt werden durfte. Und sie beschloss, Elisabeth zu enterben. Das geht aus dem mir im Jahr 2015 überreichten Testament hervor, in dem Stephanie ihre Tochter aus ihrem »Nachlass gänzlich ausschließt« und dies mit ihrem »andauernden unmoralischen Lebenswandel« erklärt. Als weiteren Grund gab die Kronprinzessin-Witwe an, dass Elisabeth ihren Kindern keinen »standesgemäßen Lebensunterhalt« bieten würde und aufgrund ihrer Scheidung von der katholischen Kirche »exkommuniziert worden« sei (was nicht den Tatsachen entsprach).

Stephanie Lonyay starb am 23. August 1945 im Alter von 81 Jahren in der Benediktinerabtei Pannonhalma bei Györ, wohin sie sich in den letzten Kriegstagen auf der Flucht vor sowjetischen Soldaten, die ihr Schloss Oroszvar besetzt hatten, begeben hatte. Dort befindet sich auch die ungarische Originalversion ihres Testaments, das die Patres jedoch bis zum heutigen Tag unter strengem Verschluss halten.

Wie aber kam es, dass die deutsche Übersetzung von Stephanies Letztem Willen siebzig Jahre nach ihrem Tod in Wien auftauchte?

```
     Ich ordne an und erkläre, dass ich meine Tochter Elisabeth
arie, Erzherzogin von Österreich, Fürstin Otto Windischgraetz hiemit
nterbe und von meinem Nachlass gänzlich ausschliesse aus folgenden,nac
garischen Gesetzen gültigen Enterbungsgründen. Die genannte Enterbte
eine Tochter obwohl sie verheiratet ist die kirchliche und gesetzliche
e mit Fürst Otto Windischgraetz noch gültig aufrecht besteht, wenn si
richtlich geschieden auch ist - lebt mit einem anderen Mann, führt da
r einen andauernden unmoralischen Lebenswandel.
```

»Ich ordne an …, dass ich meine Tochter Elisabeth Marie … hiemit enterbe«:
Aus dem erst 2015 aufgefundenen Testament der Kronprinzessin Stephanie

Die erwähnte Frau Edith Müller war viele Jahre Kanzleileiterin
des Wiener Rechtsanwaltsbüros Dr. Kurt Kunodi*. Als die nach dem
Krieg gegründete Kanzlei im Februar 1988 von der Leopoldsgasse in
die Taborstraße** übersiedelte, durchforstete Frau Müller alle im
Archiv lagernden Akten, um zu überprüfen, welche mit übersiedelt
und welche entsorgt werden sollten.

»Plötzlich hielt ich das Testament der Kronprinzessin Stephanie in
Händen«, erzählte Frau Müller bei unserem Treffen im Kaffeehaus.
Und so muss die Letztwillige Verfügung nach Österreich gelangt sein:
Stephanies ungarischer Notar hat sie in beglaubigter Übersetzung an
die Wiener Anwaltskanzlei Kunodi geschickt, die die »enterbte« Eli-
sabeth als eine der Hauptbetroffenen des Testaments vertrat.

Frau Müller kopierte das Testament nach seiner Auffindung, »weil
ich es für ein wertvolles Zeitzeugnis hielt«, und überreichte mir den
Fund, über den sie bisher mit niemandem gesprochen hatte, weitere
27 Jahre später durch die Vermittlung des Herrn Tilg im Frühjahr
2015.

Mir war und ist es immer wichtig, historische Entdeckungen durch
Experten absichern zu lassen. Und im Fall der Kronprinzessin Stepha-
nie hat niemand sonst ein so profundes Wissen wie die Wiener Histo-
rikerin und Stephanie-Biografin Irmgard Schiel. Ich bat sie um ein
Treffen und zeigte ihr den Letzten Willen der Kronprinzessin. Ihr
Urteil fiel nach genauer Prüfung eindeutig aus: »Das jetzt entdeckte
Testament stimmt in so vielen Details, die ich über Stephanie heraus-

---

*   Seit 1991 Dr. Heinz Vana.
**   Beide im zweiten Wiener Gemeindebezirk gelegen.

gefunden habe, überein, dass an seiner Echtheit kein Zweifel besteht.« Als Frau Dr. Schiel 1976 an ihrer Stephanie-Biografie arbeitete, »habe ich mich natürlich auch um ihr Testament bemüht, es wurde jedoch von den Benediktiner-Patres in Pannonhalma nicht herausgegeben. So gesehen ist es historisch hochinteressant, dass es jetzt verfügbar ist.«

Die Kronprinzessin hinterließ Liegenschaften und Schlösser in Ungarn, die zunächst dem Benediktiner-Orden in Pannonhalma zufielen, durch die Verstaatlichung des kommunistischen Regimes jedoch bald wieder verloren gingen. Was laut Testament von Stephanies Erbe blieb, waren Pelze und kostbare Schmuckstücke, die zum Teil noch aus dem Haus Habsburg stammten, sowie »drei Millionen belgische Francs«, die auf einem Bankkonto in Brüssel hinterlegt waren. Dem Testament zufolge müssten die gigantischen Werte ihren drei (von ursprünglich vier) damals noch lebenden Enkeln zugeflossen sein.

Ihre eigene, von Stephanie enterbte Tochter, die »rote Erzherzogin« Elisabeth, besaß zwar ein Palais in Wien-Hütteldorf, das jedoch 1945 von russischen und später von französischen Besatzern beschlagnahmt wurde. So verbrachte die Tochter des Kronprinzen und Enkelin des Kaisers ihr Leben nach dem Krieg in ärmlichen Verhältnissen.

MARY VETSERAS ABSCHIEDSBRIEFE ENTDECKT

Sensationeller Fund in Wiener Banksafe

Es scheint, als käme das Thema Mayerling überhaupt nicht zur Ruhe, gelangte doch nach dem Testament der Kronprinzessin Stephanie im Sommer 2015 ein weiterer Fund an die Öffentlichkeit, der Aufsehen erregte. Es geht um die verloren geglaubten Abschiedsbriefe der Mary Vetsera, die historisch hochinteressant sind, da sie jeden Zweifel beseitigen, dass die Baronesse dem Kronprinzen Rudolf ihr Einverständnis gab, mit ihm sterben zu wollen.

»Verzeih mir was ich gethan«, schreibt Mary an ihre Mutter. »Ich konnte der Liebe nicht wi(e)derstehen … Ich bin glücklicher im Tod als im Leben. Deine Mary«.

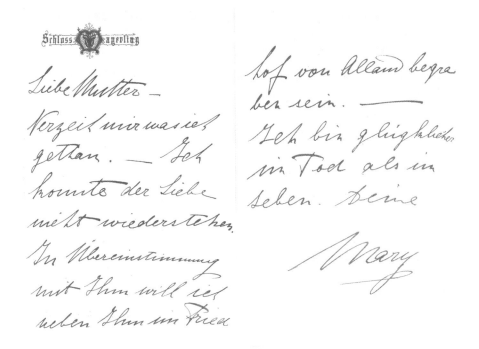

»Liebe Mutter – Verzeih mir was ich gethan. – Ich konnte der Liebe nicht wiederstehen. In Übereinstimmung mit Ihm will ich neben Ihm im Friedhof von Alland begraben sein. – Ich bin glücklicher im Tod als im Leben. Deine Mary«

Und ihre letzten Zeilen an ihre Schwester Hanna lauten: »Ich habe alles aus freiem Willen gethan.«

Die Abschiedsbriefe der 17-Jährigen galten als verschollen, zumal Marys Mutter, Helene Vetsera, ihrer Schwiegertochter Margit* das Versprechen abgenommen hatte, nach ihrem Ableben, »alles zu vernichten«, was im Zusammenhang mit der Tragödie von Mayerling stünde. Doch die Dokumente landeten nach Helene Vetseras Tod im Jahr 1925 nicht wie vorgesehen im Papierkorb, sondern in einem Safe des Bankhauses Schoeller in der Wiener Renngasse und blieben dort fast neunzig Jahre lang unentdeckt.

»Eine unbekannte Person«, so ein Sprecher der Bank, »hatte 1926 in einem Ledereinband Dokumente, Briefe und Fotografien der

---

* Margit Vetsera war die Frau von Marys jüngerem Bruder Franz Albin »Feri« Vetsera.

Familie Vetsera deponiert.« Darunter drei Abschiedsbriefe Marys, die sie im Jänner 1889 auf dem Briefpapier von Schloss Mayerling an ihre Mutter, ihre Schwester Hanna und ihren Bruder Feri verfasst hatte.

Ich hatte Auszüge dieser Briefstellen davor schon gekannt, weil ich im Frühjahr 2014 gemeinsam mit Katrin Unterreiner im Amalthea Verlag »Das Mayerling-Protokoll« als Buch herausgegeben hatte, das auf einer von Helene Vetsera wenige Wochen nach dem Tod ihrer Tochter verfassten »Denkschrift« basiert. Die verzweifelte Mutter hatte darin »Gerechtigkeit für Mary« gefordert.

Diese ebenfalls lange verschollen geglaubte Denkschrift war von Helene Vetsera diktiert worden, um die Ehre ihrer toten Tochter und die ihrer Familie wiederherzustellen. Denn der Wiener Hof hatte, um von den wahren Geschehnissen abzulenken, Mary Vetsera hinter vorgehaltener Hand als Mörderin und »todbringende Verführerin« verleumdet. Ziel dieser Diffamierung war es, den Kronprinzen als Opfer und Mary Vetsera als Täterin darzustellen.

So glaubwürdig Helene Vetseras Denkschrift auch sein mochte, gab es für die von ihr zitierten Abschiedsbriefe ihrer Tochter keinerlei Beweise. Es hätte durchaus sein können, dass die Mutter die Briefe, um ihre Tochter zu rehabilitieren, erfunden hatte. Erst durch das Auffinden der Originalbriefe im Safe der Schoellerbank kann man das Rätsel von Mayerling als gelöst ansehen: Es kann nun kaum noch einen Zweifel geben, dass Kronprinz Rudolf zunächst sich selbst und dann – mit deren vollem Einverständnis – Mary erschossen hat.

Das Konvolut wurde von der Schoellerbank-Archivarin Sylvia Linc entdeckt, nachdem es seit Jahrzehnten im Zentraltresor unberührt lagerte. Neben den Abschiedsbriefen fand sich als weiteres historisch bedeutsames Dokument ein Brief von Marys Klavierlehrerin Hermine Tobis, die darin schildert, wie Rudolf und die Baronesse einander im April 1888 kennengelernt hatten und näher gekommen waren. Und sie beschreibt auch den Tag, an dem das Paar intim wurde: »Ich bin Frau geworden«, gestand Mary. »Jetzt gehören wir uns mit Leib und Seele.« Hermine Tobis berichtet in ihrem Brief an Marys Schwester Hanna auch von der Todessehnsucht der Baronesse und dass sie kurz vor Mayerling ihr Testament aufgesetzt hätte.

Der bemerkenswerte Nachlass wurde, nachdem keine erbberechtigten Nachfahren ausfindig gemacht werden konnten, der Österreichischen Nationalbibliothek als Dauerleihgabe zur wissenschaftlichen Forschung und für Ausstellungen zur Verfügung gestellt.

Marys in ihrem Brief an die Mutter geäußerter Wunsch, neben Rudolf in Alland bestattet zu werden, ging nicht in Erfüllung. Der Kronprinz fand seine letzte Ruhe in der Wiener Kapuzinergruft und Mary wurde am Stiftsfriedhof von Heiligenkreuz begraben.

Als Kind war ich mit meinen Eltern durch Grinzing spaziert und hatte in der Himmelstraße das Haus bewundert, in dem Paula Wessely und Attila Hörbiger wohnten. Wenn ich heute durch diesen schönen Wiener Vorort gehe, dann mit meiner Frau und meinen Söhnen, doch das Ehepaar Wessely-Hörbiger gibt es schon lange nicht mehr, und die Villa ist auch nicht mehr im Besitz der Familie. Sehr vieles ist anders, als es vor sechzig Jahren war.

Was bleibt, ist die Erinnerung.

BILDNACHWEIS

Georg Markus (23 rechts, 208), Oscar Horowitz (30), Gabriela Brandenstein (44), IMAGNO/Österreichische Nationalbibliothek (81, 118, 201, 285), Michael Horowitz (89, 159), IMAGNO/SZ-Photo (97), ORF/picturedesk.com (108), Gerhard Bartl/© Bildrecht, Wien, 2015 (110, 123, 125), Horst Ossinger/dpa/picturedesk.com (111), Roman Zach-Kiesling (120), Hörzu/Dörte Gröning (143), Foto Doliwa (152), Friedrich/Interfoto/picturedesk.com (175), Paul Schirnhofer (176), IMAGNO/Ullstein (206), Simone Rethel (212), KURIER/Gerhard Deutsch (216), Benedikt von Loebell (233), KURIER/Jürg Christandl (247), Familie Sacher privat (252, 253), Tony Bohler privat (260 links, 261 links), Bettmann/Corbis (260 rechts), KURIER/Franz Gruber (261 rechts), Haus-, Hof- und Staatsarchiv (272), Kriegsarchiv Wien (278), Archiv des Amalthea Verlages, Archiv des Autors.

Der Verlag hat alle Rechte abgeklärt. Konnten in einzelnen Fällen die Rechteinhaber der reproduzierten Bilder nicht ausfindig gemacht werden, bitten wir, dem Verlag bestehende Ansprüche zu melden.

Personenregister

Abbado, Claudio 275
Agnelli, Gianni 235
Al-Fayed, Dodi 199
Albach-Retty, Rosa 210f.
Albach-Retty, Wolf 211
Albers, Hans 89, 97
Albert II., Fürst von
  Monaco 267
Albert II., König von
  Belgien 273
Alexander, Hilde 143f.
Alexander, Peter 16, 71,
  105, 142–144, 168, 267
Ali, Muhammad 42
Almassy, Susanne von
  262
Alzheimer, Alois 206
Ambesser, Axel von 158
Amin, Idi 41, 235
Ammersfeld, Anita 199
Andergast, Maria 193
Andersen, Lale 49
Andics, Hellmut 202
Androsch, Hannes
  93, 170, 215
Anne, Prinzessin von
  Großbritannien 31
Anouilh, Jean 150
Antel, Franz 248
Arafat, Yassir 61, 171f.,
  237
Aretin, Anette von 95
Aristophanes 167
Armstrong, Louis 42
Armstrong, Neil 31, 271
Artmüller, Heidi 198
Aslan, Raoul 189
Astaire, Fred 150
Attenborough, Richard
  Sir 191, 275
Augstein, Rudolf 229

Baader, Andreas 49
Bacall, Lauren 275
Bach, Vivi 273
Bacher, Gerd 70f., 85,
  169, 280
Bachler, Klaus 197–199,
  207
Bachmann, Ingeborg 53
Bahr, Hermann 130f.
Baker, Josephine 74
Balser, Ewald 85, 151
Bankl, Hans 183
Barić, Otto 207
Barker, Lex 53
Barnard, Christiaan 220
Barrault, Jean-Louis 187
Barroso, José Manuel
  237
Barschel, Uwe 155f.,
  157
Baudouin, König von
  Belgien 37, 184
Bäuerle, Adolf 200
Baumann, Guido 95f.
Baumgartner, Felix 270
Bayrhammer, Gustl 184
Beatrix, Königin der
  Niederlande 93, 273
Bécaud, Gilbert 220
Beckenbauer, Franz 53
Beckett, Samuel 168
Beethoven, Ludwig van
  179
Begin, Menachem 178
Bellini, Vincenzo 199
Ben-Gurion, David 53
Benedikt XVI., Papst
  241, 273
Bennent, Heinz 267
Bensdorp, Hans Michael
  42
Benya, Anton 220

Berg, Armin 25
Bergen, Ingrid van
  16, 82
Berger, Gerhard 158
Berger, Senta 71
Bergman, Ingmar 248
Bergman, Ingrid 112
Bergner, Elisabeth
  22, 140
Berlusconi, Silvio 186
Bernhard, Prinz der
  Niederlande 237
Bernhard, Thomas
  65, 157, 168
Bernstein, Leonard 53,
  169, 237
Berry, Walter 219
Berzeviczy, Federico,
  Baron 45
Bigler, Sascha 245
Bin Laden, Osama 220,
  267
Binder-Krieglstein,
  Barbara 115
Bing, Rudolf Sir 206
Birgel, Willy 53
Black, Roy 174
Blair, Tony 199
Bleibtreu, Monica 262
Bogarde, Dirk 207
Bögl, Günther 171f.
Bohler, Tony 257, 259–
  261
Böhm, Alfred 39f., 193
Böhm, Christine 24, 37,
  91f.
Böhm, Edeltraud 39f.
Böhm, Huberta 24
Böhm, Karl 78–80, 83,
  102f., 198, 256
Böhm, Karlheinz 102f.,
  206, 255f., 275

Böhm, Max jun. 24, 92
Böhm, Maxi 23–26, 30,
32f., 37f., 57, 91–93,
112, 221
Böhm, Michael 24, 92f.
Böhm, Thea 78–80,
102f.
Böll, Heinrich 132
Borgnine, Ernest 271
Borsche, Dieter 112
Boskovsky, Willi 174
Brahms, Johannes 215
Brandauer, Klaus Maria
112, 126f., 197
Brando, Marlon 237
Brandstätter, Helmut
265
Brandt, Willy 16, 31, 36,
65, 166, 170f., 178
Braun, Wernher von 82
Braunschweig, Herzog
von 157
Brel, Jacques 85
Breschnjew, Leonid
Iljitsch 90, 112
Brice, Pierre 280
Bronner, Gerhard
16, 47f., 140f., 199,
221, 223, 248
Bronson, Charles
206, 235
Broucek, Peter
127, 276–278
Brubeck, Dave 271
Bruni, Carla 254
Brynner, Yul 132
Buback, Siegfried 81
Buchholz, Horst 235
Buchwald, Art 248
Buhre, Traugott 262
Bülow, Vicco von
(»Loriot«) 267
Burg, Lou van 140
Burton, Richard 129
Busek, Erhard 168

Bush, George 168, 218
Bush, George W. 220

Calderón, Pedro 130
Callas, Maria 82
Canetti, Elias 102, 187
Capote, Truman 129
Carl XVI. Gustaf, König
von Schweden 53, 80
Carrell, Rudi 243
Carreras, José 59
Carson, Johnny 241
Carter, Jimmy 81, 90
Cash, Johnny 235
Cassavetes, John 83
Castro, Fidel 254
Castro, Raul 254
Catherine, Herzogin von
Cambridge 273
Ceausescu, Elena 168
Ceausescu, Nicolae 168
Celan, Paul 36
Chabrol, Claude 265
Chagall, Marc 62, 132
Chaplin, Charlie
81f., 156
Charles, Prinz von
Großbritannien 140
Charles, Ray 15, 132–
136, 237
Chevalier, Maurice
49, 148
Chirac, Jacques 53, 193
Chopin, Frédéric 155
Christie, Agatha 80
Chruschtschow, Nikita
42, 122
Clinton, Bill 184, 202
Clinton, Hillary 273
Cocker, Joe 275
Colbert, Claudette 22
Conrads, Heinz 71, 140
Cor, Ludwig 271
Corot, Jean-Baptiste
Camille 62

Corti, Axel 184
Crawford, Joan 82, 147
Craxi, Bettino 219
Cronkite, Walter 262
Crosby, Bing 82
Csokor, Franz Theodor
31
Curtis, Tony 265
Cziffra, Géza von
144, 168

Dalí, Salvador 168
Dallek, Robert 262
Dallinger, Alfred 168
Dalma, Alfons 71, 207
Damm, Helene von 126
Danzer, Georg 248
Davies, Rupert 71
Davis, Sammy jun. 169
De Havilland, Olivia 22
De Niro, Robert 148
De Sica, Vittorio 65
Degischer, Vilma
39, 120, 178, 189
Deix, Manfred 21
Del Puerto, Juan 259f.
Delon, Alain 48
Demel, Anna 45f.
Demetz, Elisabeth 31f.
Deutsch, Siegfried 209
Di Stefano, Giuseppe
254
Diana, Prinzessin von
Großbritannien
140, 192, 199
Dichand, Hans
139, 153, 190–192,
202, 265
Dietl, Helmut 280
Dietrich, Marlene
89, 178–180
Djerassi, Carl 279
Dobrucka-Dobruty-
Doliwa, Edeltraut
114–116

Dollfuß, Engelbert 15, 276–279

Domingo, Placido 103f.

Dönhoff, Marion Gräfin 229

Dragon, Friedrich 139, 153

Dragon, Inge 153

Drexel, Ruth 262

Dubček, Alexander 178

Dujmic, Hansi 158

Dungl, Willi 229

Düringer, Annemarie 275

Dürrenmatt, Friedrich 169

Dvorak, Felix 171, 200, 205

Eckhardt-Riessen, Irmgard 193f.

Eckhardt, Fritz 16, 78, 105, 168, 193f., 204, 206

Eckhardt, Hilde 193

Edward VIII., Herzog von Windsor 49

Eggerth, Marta 217, 226

Eichmann, Adolf 177f.

Einem, Gottfried von 41, 195

Ekberg, Anita 280

Elisabeth, Erzherzogin 280–284

Elisabeth, Kaiserin 16, 116, 155–157, 190–192

Elizabeth II., Königin von Großbritannien 15, 31f., 45

Erber, Christl 56

Erhard, Ludwig 81

Erhardt, Heinz 90

Everding, August 207

Fabiola, Königin von Belgien 37, 275

Fahmi, Ismail 62

Falco 195, 202

Falk, Peter 105, 206, 267

Fangio, Juan Manuel 193

Farkas, Anny 27

Farkas, Karl 16, 24–30, 32f., 42, 55–57, 59, 166f., 199f., 221

Farkas, Robert 27

Fassbinder, Rainer Werner 112

Fatty George 36

Fawcett, Farrah 262

Faymann, Werner 254

Feichtlbauer, Hubert 60

Feingold, Marko 213f.

Felipe, Kronprinz von Spanien 237

Fellinger, Karl 219

Fellini, Federico 184

Felmy, Hansjörg 248

Fenninger, Anna 279

Ferdinand I., König von Bulgarien 119

Fernandel 42

Ferrer, José 178

Ferrer, Mel 254

Ferstel, Heinrich von 215f.

Figl, Leopold 122, 171, 234

Finger, Edi 168

Fischer-Dieskau, Dietrich 271

Fischer-Karwin, Heinz 16, 58

Fischer, Erwin 96

Fischer, Heinz 237

Fischer, O. W. 237

Fischer, Verena 258, 261

Fitzgerald, Ella 195

Flatzelsteiner, Helmut 182f.

Fleissner, Herbert 166, 241

Flora, Paul 262

Flossmann, Martin 57, 207

Fonda, Henry 112

Fontaine, Joan 273

Ford, Gerald 65, 73, 75, 243

Ford, Glenn 149, 243

Ford, John 53

Forman, Miloš 191

Forst, Willi 75, 89, 93

Forsythe, John 265

Föttinger, Herbert 267

Franco, Francisco 73

Frankenfeld, Peter 90

Frankl, Viktor 199

Franz Joseph I., Kaiser 43, 113–121, 191, 196, 200f., 210, 255, 268f., 281

Franz Stephan I., Kaiser 229

Franziskus, Papst 273

Franzobel 265f.

Frazier, Joe 42

Freud, Anna 21, 160, 164

Freud, Ernest 163, 165

Freud, Sigmund 21, 75, 147, 160–166, 195, 215

Freud, Sophie 163–165

Frey, Erik 266

Fried, Erich 158

Friedell, Egon 77

Friso, Prinz der Niederlande 270, 273

Fritsch, Willy 53

Fritzl, Josef 254

Fröbe, Gert 158

Fröhlich, Gustav 150

Frohner, Adolf 171, 248

291

Fronius, Hans 158
Fuchs, Franz 184–186, 199
Fuchsberger, Joachim 275
Funès, Louis de 126
Fussenegger, Gertrud 262
Fux, Herbert 248

Gabin, Jean 80
Gable, Clark 22, 147, 156
Galilei, Galileo 178
Gandhi, Indira 37, 93, 129
Gandhi, Rajiv 174
Garbo, Greta 169
Gardner, Ava 169
Garland, Judy 132
Gauck, Joachim 270
Gaulle, Charles de 36, 156
Genscher, Hans-Dietrich 170
George, Heinrich 266
George, Prinz von Großbritannien 273
Gernerth, Franz von 246
Gessner, Adrienne 150
Giller, Walter 267
Girardi, Alexander 210
Giscard d'Estaing, Valéry 65
Gobert, Boy 73, 140
Goebbels, Joseph 244
Golay, Dr. 156f.
Gold, Käthe 199
Goodman, Benny 140
Gorbatschow, Michail 132, 168f., 174
Gore, Al 248
Gorki, Maxim 188

Gottschalk, Thomas 150, 187, 265
Gottschlich, Hugo 57
Gracia Patricia, Fürstin 112
Graf, Steffi 150, 207
Grant, Cary 22, 140
Grass, Günter 280
Gratz, Leopold 243
Greene, Graham 174
Grillparzer, Franz 100, 108
Groër, Hans Hermann 140, 160, 170, 193, 235
Gromyko, Andrei Andrejewitsch 62
Grünbaum, Fritz 25, 27, 56
Grunsky, Herbert 59
Grzimek, Bernhard 150
Güden, Hilde 158
Guillaume, Günter 65
Gulda, Friedrich 219
Gürtler, Peter 169
Gusenbauer, Alfred 248, 254
Gustav VI. Adolf, König von Schweden 53
Guttenberg, Karl Theodor zu 267

Haas, Christl 220
Habsburg, Otto von 16, 168, 196f., 267–270
Hacker, Friedrich 132–136, 161, 168, 180f.
Hackl, Karlheinz 275
Hadwiger, Mathias 4, 200, 287
Haenel, Nikolaus 239f.
Haeusserman, Ernst 76, 129–131
Hagen, Nina 90
Hagman, Larry 271

Haid, Liane 217, 219
Haider, Jörg 168, 174, 254
Hajnóczi, Nikolaus 238
Hamann, Brigitte 117f.
Hampton, Lionel 229
Hanappi, Gerhard 93
Haneke, Michael 273
Happel, Ernst 178
Harell, Marte 98
Hari, Mata 195
Hasdeu, Grete 101f.
Hašler, Karel 95
Hass, Hans 273
Hasse, O. E. 85
Häupl, Michael 186
Hauser, Sigrid 199
Hausner, Rudolf 193
Havel, Václav 168, 267
Hawelka, Leopold 217, 267
Hayworth, Rita 150, 206
Hearst, Patricia 132
Heesters, Johannes 59f., 178, 211–213, 226, 267
Heesters, Wiesje 59f.
Heinzl, Hans Peter 195
Heller, André 138f., 217
Heller, Elisabeth 217
Heltau, Michael 59
Hendrix, Jimi 36
Hennings, Fred 130
Hepburn, Audrey 148, 184
Hepburn, Katherine 235
Hess, Rudolf 150
Heston, Charlton 254
Hickersberger, Josef 150
Hildebrandt, Dieter 273
Hillenbrand, Martin J. 55
Himmler, Heinrich 87
Hinterberger, Ernst 72f., 271
Hinz, Werner 48

292

Hirohito, Kaiser von Japan 168
Hirsch, Ludwig 267
Hirscher, Marcel 279
Hitchcock, Alfred 93
Hitler, Adolf 21, 84, 86f., 101, 125, 138, 150, 177, 195, 221, 250, 258, 266, 276, 278
Hochwälder, Fritz 140
Hoffman, Dustin 148
Hoffmann, Paul 130
Holaubek, Josef 40, 207
Holden, William 102, 149
Holecek, Bärbel 104
Holecek, Heinz 104–108, 271
Holender, Ioan 198, 222, 256
Hollaender, Friedrich 80
Hollande, François 270
Hollein, Hans 169, 275
Holt, Hans 220
Holzmeister, Clemens 126
Homan, Reinoud 235
Honecker, Erich 41
Hoover, J. Edgar 49
Hope, Bob 235
Hopper, Dennis 265
Hörbiger, Alfred 244
Hörbiger, Attila 16, 19, 89, 95f., 137–139, 150–153, 219f., 243f., 287
Hörbiger, Christiane 90, 153, 168, 219, 226, 243–245
Hörbiger, Hanns 86f., 243
Hörbiger, Maresa 152f., 175, 219, 243–245
Hörbiger, Mavie 245

Hörbiger, Paul 16, 86–90, 95f., 98, 102, 151, 243–245
Horne, Lena 265
Horowitz, Vladimir 154f., 168
Horowitz, Wanda 154f.
Hortenau, Alfred von 258
Horváth, Ödön von 200
Houston, Whitney 271
Hrdlicka, Alfred 157, 262
Hromada, Grete 45–47
Hryntschak, Katharina 113
Hubschmid, Paul 229
Hudson, Rock 132
Hufnagl, Herbert 34, 237
Hundertwasser, Friedensreich 132, 171, 219
Hunt, Helen 209
Hussein, Saddam 235, 243

Jackson, Mahalia 49
Jackson, Michael 262
Jäger, Josef 34f., 37
Jaggberg, Kurt 204–207
Jaggberg, Uschi 204–206
Jandl, Ernst 219
Janiba, Sabine 230f.
Jannings, Emil 266
Jaray, Hans 169
Jasný, Vojtěch 66
Jedlicka, Ludwig 277
Jelinek, Elfriede 136, 139, 197, 237, 266
Jelzin, Boris 174, 248
Jens, Walter 206
Jeritza, Maria 112
Jobs, Steve 267

Johannes Paul I., Papst 85
Johannes Paul II., Papst 85, 102, 125, 131, 241, 275
Johannes XXIII., Papst 275
John, Rudolf 237
Johnson, Lyndon B. 53, 218
Jolesch, Alexander 224
Jolesch, Franz 222f.
Jolesch, Gisela 225f.
Jolesch, Julius 224f.
Jonas, Franz 63–65, 145
Jonasson, Andrea 59
Joplin, Janis 36
Joseph II., Kaiser 196
Juan Carlos, König von Spanien 73
Juhnke, Harald 15, 59, 105, 187f., 241
Juliana, Königin der Niederlande 93
Jürgens, Curd 15, 53, 97, 110–112, 130
Jürgens, Margie 111f., 130
Jürgens, Udo 168, 226–228, 275

Kahl, Kurt 38
Kainz, Josef 189, 210
Kalbeck, Florian 224
Kampusch, Natascha 243
Kandel, Eric 219
Karajan, Herbert von 53, 168, 198
Karas, Anton 132
Karl I., Kaiser 268f.
Karloff, Boris 31
Karplus, Martin 273
Kästner, Erich 65
Kaut, Josef 131

293

Kaye, Danny 150
Kazan, Elia 235
Kelly, Gene 195
Kelsen, Hans 21
Kennedy-Onassis,
Jacqueline 187
Kennedy, Edward
31, 156, 262
Kennedy, George 83
Kennedy, John F. 16, 24,
134, 218, 258–262
Kennedy, John F. jun.
207
Kerry, John F. 273
Khomeini, Ajatollah 90
King, Martin Luther 24
Kink, Vincenz 271
Kinski, Klaus 174
Kirchschläger, Herma
69f., 144–146
Kirchschläger, Rudolf
16, 65, 69f., 144–146,
158, 219, 248
Kisch, Egon Erwin 127
Kishon-Witasek, Lisa
241f.
Kishon, Ephraim
15, 43f., 166f., 241f.
Kishon, Sara 241
Kiss, Nikolaus von 117
Kissinger, Henry 53–55,
75, 232
Kissinger, Louis 54
Kissinger, Paula 54
Kissinger, Walter 54f.
Kiszling, Rudolf 277
Klammer, Franz 80
Klaus, Josef 220
Klestil, Edith 181, 238
Klestil, Margot 181
Klestil, Thomas 16, 165,
180–182, 195, 237–239
Klima, Viktor 199
Kmentt, Waldemar 280
Knaths, Klaus 82

Knef, Hildegard 229
Knittel, John 36
Knoll, August Maria
113–115
Knoll, Norbert 114
Knoll, Reinhold 114–
116
Knoll, Wolfgang 114
Knuth, Gustav 150
Koch, Marianne 96
Koch, Samuel 265
Koenig, Otto 105, 178
Kohl, Helmut 112, 202
Köhler, Horst 265
Kohn, Walter 202
Kokoschka, Oskar 93
Kolle, Oswalt 265
Kollek, Tamar 177
Kollek, Teddy 16, 176–
178, 248
Koller, Dagmar 85, 184–
186
Kolmann, Ossy 30
König, Franz, Kardinal
15, 140, 158–160, 168,
237
König, Ida 22
Konradi, Inge 229
Kopechne, Mary Jo 31
Koren, Stephan 158
Koreny, Bela 199, 228
Körner, Theodor 145
Kortner, Fritz 36
Kotanko, Christoph 241
Krahl, Hilde 207
Kraner, Cissy 55f., 57
Krankl, Hans 85
Kraus, Karl 77, 100
Krauß, Werner 151, 189,
266
Kreisky, Bruno 16, 36,
64, 68f., 93, 105,
121–123, 125, 166,
168–171, 182, 215

Kreisler, Georg 141,
168, 267
Krenn, Kris 208
Krenn, Kurt 150
Kreuzer, Franz 233
Krottendorf, Ida 202
Kuh, Anton 77
Kulenkampff, Hans-
Joachim 202–204
Kulenkampff, Kai 203f.
Kulenkampff, Merle
203f.
Kunodi, Kurt 283
Kunz, Nicolin 199
Kupfer, Peter 57
Kutschera, Viktor 119

Lafontaine, Oskar 169
Lahner, Marie 251f.
Laister, Josef 245–247
Lamarr, Hedy 219
Lancaster, Burt 16, 48f.
Lanett, Lisa 257–262
Lang, Fritz 80
Lanz, Markus 275
Lauda, Niki 80, 82, 129,
168
Lawford, Peter 129
Leander, Zarah 89, 102
Lederer, Francis 21–24,
207–209, 218, 221
Lederer, Josef 22
Lederer, Marion 207
Lederer, Rose 22
Lee, Christopher 280
Lehár, Franz 197, 236
Lembke, Robert
95f., 168
Lemmon, Jack 147, 220
Lennon, John 93
Lenz, Siegfried 275
Leopold I., Kaiser 195f.
Leopold II., König von
Belgien 280
Leopoldi, Hermann 25

Lernet-Holenia, Alexander 80
Leser, Norbert 113f., 116
Levy, Alan 84
Lewinsky, Monica 202
Liewehr, Fred 184
Linc, Sylvia 286
Lindbergh, Charles 65
Lindgren, Astrid 229
Lingen, Theo 85
Linhart, Wenzel 271
Liszt, Franz 155
Loewe, Frederick 158
Lohner, Helmuth 280
Lolita 265
London, George 132
Lonyay, Elemer, Graf 281
Loren, Sophia 15, 83–85
Lorenz, Konrad 53, 168
Lothaller, Edeltraud 115f.
Lothar, Susanne 271
Louis, Joe 102
Lowitz, Siegfried 207
Lucheni, Luigi 156
Ludwig II., König von Bayern 190
Lütgendorf, Karl 102

Maazel, Lorin 129, 275
MacLaine, Shirley 148
Madoff, Bernard L. 262
Maertens, Michael 245
Magnani, Anna 53
Mahler, Gustav 170
Maier, Hermann 202
Maier, Ulrike 186f.
Mailer, Norman 16, 190–192, 248
Mailer, Norris 191f.
Malden, Karl 262

Mandela, Nelson 169, 186, 273
Manson, Charles 31
Mao Tse-tung 49, 80
Marecek, Heinz 130f.
Margaret, Prinzessin von Großbritannien 229
Margarethe II., Königin von Dänemark 49
Maria Theresia, Kaiserin 196
Marie Valerie, Erzherzogin 116f.
Marischka, Ernst 192
Markovics, Karl 199
Markun, Johann 271
Markus, Daniela 4, 200, 207, 287
Markus, Ilse 104
Markus, Moritz 4, 200, 287
Márquez, Gabriel García 275
Martin, Dean 193
Martini, Louise 273
Marx, Groucho 82
Mastroianni, Marcello 195
Matthau, Walter 147, 219
Matz, Johanna 71
Mautner, Isidor 225
Mayer, Catherine 156f.
Mayer, Charles-Albert 156
Mayer, Fanni 156f.
Mayer, Robert 273
Medwedew, Dmitri 254
Meinhoff, Ulrike 49
Meinrad, Josef 130, 168, 189, 195
Meister, Ernst 140–142
Mell, Marisa 178
Menninger, Karl 161–163

Mercouri, Melina 187
Merkatz, Karl 73, 171
Merkel, Angela 241
Merkel, Max 243
Merz, Carl 141, 240
Messner, Reinhold 140
Metternich, Clemens Wenzel Fürst 198, 253
Meyen, Harry 90
Meysel, Inge 237
Miklas, Wilhelm 279
Miller, Henry 93
Millowitsch, Willy 207
Milošević, Slobodan 243
Minetti, Bernhard 202
Minich, Peter 59, 273–275
Minnelli, Liza 15, 124f., 131
Mitchum, Robert 132, 199
Mitterrand, François 102, 195
Mock, Alois 69, 90
Moffo, Anna 243
Moik, Karl 280
Molnár, Franz 37, 77
Monet, Claude 62
Morath, Inge 229
Moravec, Ernst 271
Moro, Aldo 85
Morrison, Jim 42
Mortier, Gerard 275
Morton, Frederic 280
Morzé, Petra 199
Moser-Pröll, Annemarie 41, 93
Moser, Blanca 99, 100f.
Moser, Hans 24, 39, 89, 98–102, 265–267
Moshammer, Rudolph 241
Mozart, Wolfgang Amadeus 78, 155, 195
Mühe, Ulrich 248

295

Muliar, Fritz 168, 171, 221, 262–265
Müller, Edith 280, 283
Mussolini, Alessandra 84
Mussolini, Benito 84
Mussolini, Romano 84
Muzzarelli, Alfred 221f.

Nahowski, Anna 119
Napoleon, Kaiser der Franzosen 179
Nasser, Gamal Abdel 36
Nedbal, Johannes 116
Neff, Dorothea 93f., 140
Nenning, Günther 105, 168, 243
Nentwich, Marianne 130f.
Nerva, Bill 218
Nestroy, Johann Nepomuk 22, 100, 173, 217
Neumayr, Anton 111
Neumeister, Brigitte 273
Neuper, Hubert 102
Newman, Paul 254
Nicoletti, Susi 130
Niederle, Helmuth A. 263
Niessl, Hans 279
Nittel, Heinz 102
Niven, David 126
Nixon, Richard 31, 49, 53f., 65, 187
Noti, Karel 167
Nurejew, Rudolf 184
Nurmi, Paavo 53
Nußbaumer, Heinz 238f., 249

O'Toole, Peter 273
Obama, Barack 262, 265
Oberhammer, Otto 70

Obonya, Cornelius 245
Ocwirk, Ernst 93
Ode, Erik 126
Oetker, Richard 80
Olivier, Laurence 203
Onassis, Aristoteles 74
Orth, Elisabeth 219, 243–245
Ortiz, Letizia 237
Ortlieb, Patrick 195
Osterwald, Hazy 271
Ott, Elfriede 169–171
Otto, Erzherzog 258

Pahlevi, Reza 90, 93
Palme, Olof 140
Palmer, Lilli 140
Palmers, Walter 81
Pasolini, Pier Paolo 74
Patzak, Julius 65
Paul VI., Papst 85
Pavarotti, Luciano 105, 248
Pechlaner, Helmut 229–231
Peck, Gregory 235
Pekny, Romuald 248
Perkins, Anthony 178
Perón, Juan 65
Petznek, Leopold 282
Peymann, Claus 188, 203, 207, 263f.
Pezzey, Bruno 186
Pfitzmann, Günter 235
Pfleghar, Michael 124
Philip, Prinz von Großbritannien 31, 53
Philipp, Gunther 16, 38f., 47, 71, 235
Philippe, König von Belgien 273
Picasso, Pablo 53
Picker, Baruch 30, 57–59
Planetta, Otto 276–279

Plech, Martha 24
Pleschitzger, Ernst 35
Podgorski, Teddy 140
Podzabradsky, David 225
Polgar, Alfred 77
Pollack, Sidney 254
Polsterer, Ludwig 90
Pompidou, Georges 31, 65
Ponti, Carlo 83
Ponto, Jürgen 81
Popp, Lucia 59
Popper, Karl 187
Pór-Kalbeck, Judith 224
Portisch, Hugo 16, 34, 105, 226, 232–234
Prack, Rudolf 102
Prammer, Barbara 275
Prawy, Marcel 16, 105–107, 168, 197–199, 221, 226, 235–237
Preminger, Otto 140
Presley, Elvis 82
Prey, Hermann 202
Prochaska, Rudolf 277–279
Prodi, Romano 195, 207
Prokop, Liese 243
Prokopetz, Joesi 199
Proksch, Udo 16, 44–46, 178, 220
Pröll, Erwin 178
Pusch, Hans 68
Putin, Wladimir 207, 254, 270

Quadflieg, Will 235
Qualtinger, Helmut 15, 65–67, 100, 120, 140–142, 200, 221, 239f.
Qualtinger, Leomare 141
Quinn, Antony 220

Raab, Julius 171
Rabin, Jitzchak 193
Rabl, Peter 237
Radetzky, Josef Wenzel Graf 176
Raimund, Ferdinand 100, 131
Rainier, Fürst von Monaco 241
Rathkolb, Oliver 266
Reagan, Ronald 22, 102, 126, 149, 206, 218, 237
Rebroff, Ivan 50, 254
Redford, Robert 147
Redl, Alfred 126–129, 195, 276
Reemtsma, Jan Philipp 195
Reeve, Christopher 237
Reich-Ranicki, Marcel 107f., 273
Reinhardt, Gottfried 168
Reinhardt, Max 22, 89
Remarque, Erich Maria 36
Renner, Karl 145
Renoir, Pierre-Auguste 62
Renolt, Hedy 128f.
Rethel-Heesters, Simone 178, 211–213
Riddle, Nelson 132
Riefenstahl, Leni 235
Riess-Passer, Susanne 218
Rindt, Jochen 36
Ringel, Erwin 117, 187
Rivel, Charlie 126
Robinson, Edward G. 22f.
Rogers, Ginger 22
Rökk, Marika 237
Rooney, Mickey 275
Rosen, Michaela 131

Rosendorfer, Herbert 271
Rosenkranz, Bela 54
Rosenthal, Hans 150
Rosvaenge, Helge 49
Rowling, Joanne K. 199
Rubinstein, Arthur 112
Rudolf, Kronprinz 117f., 183, 192, 280–282, 284–287
Rueber-Staier, Eva 31
Rühmann, Heinz 15, 89, 96–98, 187, 266
Rust, Mathias 150
Rutherford, Margaret 49
Ruzowitzky, Stefan 254
Rysanek, Leonie 202

Sacher, Carla 250–254
Sacher, Franz 251, 253f.
Sachs, Gunter 206, 267
Sachs, Hans 95
Sadat, Anwar as- 73, 102
Sagmeister, Trude 170
Sailer, Toni 262
Saint Laurent, Yves 254
Salacz, Fanni 225
Salacz, Siegmund 225
Salten, Felix 200
Sandrock, Adele 189
Sarkozy, Nicolas 248, 254, 270
Schäfer, Karl 80
Schäfer, Theo 71
Schärf, Adolf 123, 145
Scharon, Ariel 243, 275
Schäuble, Wolfgang 169
Scheel, Walter 65
Scheider, Roy 254
Schell, Maria 241
Schell, Maximilian 15, 179f., 226, 275
Schenk, Otto 37, 172–174

Schewardnadse, Eduard 275
Schiel, Hannes 217
Schiel, Irmgard 284
Schirrmacher, Frank 275
Schleinzer, Karl 73–75
Schleinzer, Marie 258
Schleyer, Hanns Martin 81
Schliesser, Roman 47
Schlingensief, Christoph 265
Schmidt, Gustav 271
Schmidt, Heide 184
Schmidt, Helmut 65, 112
Schneider, Romy 112, 189, 191, 210f., 255
Schneyder, Werner 66f., 199
Schnitzler, Arthur 147
Schock, Rudolf 140
Scholl-Latour, Peter 275
Scholz, Gustav »Bubi« 129, 219
Scholz, Helga 129
Schönborn, Christoph 193
Schönherr, Dietmar 275
Schostakowitsch, Dmitri 74
Schranz, Karl 31, 49
Schratt, Katharina 113–121, 200–202, 210
Schratt, Peter 117, 120
Schröder, Gerhard 202, 241
Schubert, Franz 155, 170, 248
Schubert, Ingo 212f.
Schuh, Oskar Fritz 140
Schulenburg, Ulrich 167

Schuler-Sacher, Irène 251–253
Schumacher, Michael 186
Schumann, Robert 155
Schuschnigg, Kurt 81, 244, 279
Schüssel, Wolfgang 218, 229
Schwarzenegger, Arnold 235
Schwarzkopf, Elisabeth 243
Schweiger, Heinrich 262
Scicolone, Anna Maria 84
Sebestyen, György 167
Sedlmayr, Walter 169
Seefehlner, Egon 199
Seefranz, Dieter 126
Seidler, Alma 82
Seipel, Ignaz 113
Senekowitsch, Helmut 248
Serafin, Harald 178
Shakespeare, William 140
Sharif, Omar 206, 280
Sima, Oskar 31
Simmel, Johannes Mario 262
Simpson, Wallis 156
Sinatra, Frank 105, 202
Sinhuber-Harenberg, Brigitte 189
Sinowatz, Fred 68, 125, 254
Skoda, Albin 151
Snowden, Edward 273
Solschenizyn, Alexander 254
Sommerlath, Silvia 80
Sowinetz, Kurt 174
Sperber, Manès 129
Spiel, Hilde 169

Spielberg, Steven 186
Springer, Axel 53, 71, 132
Stallone, Sylvester 147
Stankovski, Ernst 71
Steinhauer, Erwin 266
Stephanie, Kronprinzessin 15, 280–284
Stern, Alma 57f.
Stern, Edith 51
Stern, Michael 51f.
Stern, Peter 52
Stern, Walter 30
Sternberg, Josef von 31
Stewart, James 199
Stolz, Einzi 74–76
Stolz, Robert 16, 19, 74–76
Stone, Irving 160
Stoß, Franz 193
Strasberg, Lee 112
Strauß, Franz Josef 53, 158
Strauß, Johann 56, 237, 245–247
Strauss, Richard 147, 198, 236
Strawinski, Igor 42
Streich, Rita 150
Streicher, Rudolf 181
Stronach, Frank 202
Sutter, Sonja 130
Sweeny, Richter 134f.
Syberberg, Hans-Jürgen 86f.
Sydow, Max von 83
Szabó, István 112, 126
Sztáray, Irma Gräfin 156

Tabori, George 248
Tappert, Horst 254
Tate, Sharon 31, 132
Tauber, Richard 236
Taus, Josef 74, 90
Taylor, Liz 267

Taylor, Robert 31
Temple, Shirley 275
Thalbach, Katharina 188
Thatcher, Margaret 90, 273
Thimig, Hans 174
Thimig, Helene 65
Thimig, Hermann 39, 112
Thoma, Ludwig 205
Thomalla, Georg 207
Tilden, Jane 229
Tilg, Peter 280, 283
Tito, Josip Broz 93
Tobis, Hermine 286
Torberg, Friedrich 16, 33, 44, 47f., 77f., 90, 139, 221–226
Torriani, Vico 202
Toscanini, Arturo 154
Tötschinger, Gerhard 153
Tracy, Spencer 147
Tramitz, Christian 245
Tramitz, Monica 86, 90
Treichl, Heinrich 214–216, 275
Trenet, Charles 220
Trenker, Luis 169
Trinh, Nguyen Duy 232
Truman, Harry S. 49
Tschaikowski, Pjotr Iljitsch 154
Tschechow, Anton 152
Turrini, Peter 264

Ulbricht, Walter 41
Ullrich, Luise 71, 132
Unterreiner, Katrin 119f., 286
Unzeitig, Inge 227
Ustinov, Peter 15, 108–110, 237

Vana, Heinz 283
Vetsera, Franz Albin »Feri« 285f.
Vetsera, Hanna 285f.
Vetsera, Helene 284–287
Vetsera, Margit 285
Vetsera, Mary, Baronesse 16, 182–184, 282, 284–287
Vietoris, Leopold 217
Vietoris, Maria Josefa 217
Vogel, Peter 85
Voigt, Wilhelm 187
Voss, Gert 275
Vrána, Arnošt 95
Vranitzky, Franz 165, 168, 170, 199

Waechter, Eberhard 59, 174, 178, 222
Waggerl, Karl Heinrich 53
Wagner-Jauregg, Julius 75
Wagner, Leopold 150
Wagner, Otto 114–116
Wagner, Otto jun. 115f.
Wagner, Richard 156, 237
Wagner, Wolfgang 265
Waldbrunn, Ernst 26, 82, 199
Waldheim, Elisabeth 61f.
Waldheim, Kurt 16, 41, 60–63, 65, 109, 140, 146, 153, 170, 181, 248–250
Wałesa, Lech 109, 126, 169

Waltz, Christoph 265, 273
Wandruszka, Adam 118f.
Warhol, Andy 150
Wayne, John 90, 149
Weck, Peter 226
Wehle, Peter 140
Wehner, Herbert 206
Weigel, Hans 139, 165f., 174
Weigerstorfer, Ulla 150
Weinberger, Eugen 225
Weinwurm, Rudolf 246
Weis, Fred 30
Weis, Gerhard 202
Weiser, Grethe 36
Weissmüller, Johnny 129
Weisz, Leopold 271
Weizsäcker, Richard von 129, 279
Welles, Orson 132
Wengraf, Senta 235
Werner, Margot 271
Werner, Oskar 129, 189
Wessely, Josephine 243
Wessely, Paula 16, 19, 24, 75, 89, 136–139, 151–153, 174–176, 219f., 243f., 287
Weyl, Josef 246
Wicki, Bernhard 219
Widmark, Richard 254
Wieland, Guido 130, 184
Wiener, Hugo 55–57, 59, 184, 221
Wiesenthal, Simon 168, 241
Wilczek, Hans 119
Wilder, Billy 15, 23, 147–150, 221, 229
Wilder, Thornton 74
Wildgans, Anton 200

Willem-Alexander, König der Niederlande 273
William, Prinz von Großbritannien 273
Williams, Tennessee 126
Wilson, Harold 206
Windgassen, Wolfgang 65
Windischgraetz, Otto 282
Windsor, Herzog von 49, 156
Winehouse, Amy 267
Winheim, Wolfgang 237
Winter, Horst 220
Withalm, Hermann 64, 235
Witting, Manuel 245
Wittmann, Heinrich 271f.
Wittstock, Charlène 267
Wohlbrück, Adolf 175
Wood, Natalie 102
Wotruba, Fritz 74, 132
Wulff, Christian 265, 270
Wurst, Conchita 275
Wussow, Klausjürgen 248

Zawinul, Joe 248
Zeiler, Gerhard 186
Ziegler, Senta 194
Zilcher, Eva 94
Zilk, Helmut 16, 85, 105, 129, 168, 177, 184–186, 254
Zimmermann, Eduard 262
Zinnemann, Fred 199
Zita, Kaiserin 112, 117f., 168, 196, 269
Zuckmayer, Carl 48, 81

*Geschichten der Geschichte
als grenzenloses Lesevergnügen*

Amüsante und spannende Geschichten wie nur Georg Markus sie erzählen kann. Mit »Schlag nach bei Markus« schuf der Bestsellerautor ein Nachschlagewerk der besonderen Art: Von »A« wie Amadeus bis »Z« wie Zarte Bande erfährt der Leser Interessantes und Intimes über Musiker, Literaten, Schauspieler, Politiker und Mitglieder des Kaiserhauses.

Aus dem Inhalt:
Wussten Sie, dass Mozart einmal im Gefängnis saß
Dass es einen katholischen Bischof mit sechs Kindern gab
Warum Maria Theresias Letzter Wille nicht erfüllt wurde
Dass Kaiser Franz Joseph bis zu 1000 Diener hatte
Dass Kanzler Schuschnigg bei seiner Hochzeit nicht dabei war
Wie ein Aristokrat Österreichs größter Geldfälscher wurde
Warum Kardinal König eine Frau als seine Gemahlin ausgab
Dass der Baumeister des Landesgerichts Wien sein erster Häftling war
Dass Curd Jürgens eine Liebesszene allzu wörtlich nahm
Dass sich die Philharmoniker weigerten, Strauß-Melodien zu spielen
u.v.a.

Mit zahlreichen Abbildungen

Georg Markus

Schlag nach bei Markus

Österreich in seinen besten Geschichten und Anekdoten

336 Seiten
ISBN 978-3-85002-761-8
eISBN 978-3-90286-208-2

Amalthea www.amalthea.at

Die Sternstunden des österreichischen Humors

»Am liebsten ließe ich mich von mir scheiden«
»Mir wer'n s' schon demoralisieren!«
»Der Papa wird's schon richten«
»Die Phönizier haben das Geld erfunden – aber warum so wenig?«

Georg Markus hat sich wieder auf Spurensuche begeben – und dabei ein faszinierendes Kapitel der österreichischen Geschichte aufgespürt: Anhand zahlreicher Beispiele beleuchtet er den österreichischen Humor und zeigt, dass das Lachen hierzulande von geradezu existenzieller Bedeutung ist.

Durch ihre Pointen und Biografien werden Österreichs große Humoristen, Satiriker und Kabarettisten wieder lebendig, darunter Helmut Qualtinger, Hermann Leopoldi, Fritz Grünbaum, Karl Farkas, Johann Nestroy, Peter Altenberg, Egon Friedell, Karl Kraus, Hans Moser, Gerhard Bronner, Georg Kreisler, Hugo Wiener und Cissy Kraner, Ernst Waldbrunn, Maxi Böhm u. v. a.

Mit zahlreichen Abbildungen

....

Georg Markus

Wenn man trotzdem lacht

Geschichten und Geschichte des österreichischen Humors

352 Seiten
ISBN 978-3-85002-804-2
eISBN 978-3-902998-61-3

Amalthea   www.amalthea.at

Eine faszinierende Zeitreise mit dem Bestsellerautor durch überraschende Begebenheiten in der österreichischen Geschichte

Natürlich war nicht alles ganz anders. Aber doch sehr vieles. Franz Joseph war wirklich Kaiser von Österreich, »Sisi« war seine Frau und Kronprinz Rudolf der Thronfolger. Aber nicht wenige Geschichten, die wir aus der Geschichte kennen, müssen durch Erkenntnisse aus jüngerer und jüngster Zeit neu geschrieben werden. Neue Funde belegen: Es war ganz anders.

Aus dem Inhalt:
John F. Kennedy am Wörthersee
»Sisis« kleiner Bruder war ein großer Arzt
Unmusikalisches von Beethoven bis Prawy
Verbotene Liebschaften im Hause Österreich
Eine Prinzessin auf der Flucht
Millionäre Anno Dazumal
Der Skandal ohne Kleid
Kriminalfälle, die Aufsehen erregten
Beim »Wiener Kongress« wurde nicht nur getanzt
Egon Schiele und die Eisenbahn
u.v.a.

Mit zahlreichen Abbildungen

....

Georg Markus

Es war ganz anders
Geheimnisse der österreichischen Geschichte

304 Seiten
ISBN 978-3-85002-838-7
eISBN 978-3-90286271-6

Amalthea   www.amalthea.at

War alles nur Zufall?
War es Bestimmung?

Dass bald nach dem Tod des alten Kaisers auch die sechshundert Jahre alte Donaumonarchie zu Grabe getragen wurde? Dass sich Mozart in Aloisia verliebte, dann aber ihre Schwester heiratete? Dass Maria Theresia während eines gemeinsamen Theaterbesuchs ihren geliebten Mann verlor? Dass Eduard Strauß die Noten seines viel berühmteren Bruders Johann verbrannte? Bestsellerautor Georg Markus folgt den Spuren des Schicksals im Leben bedeutender Persönlichkeiten und den unvergesslichen Augenblicken der österreichischen Geschichte.

Aus dem Inhalt:
Radetzky darf nicht in Pension gehen
Kronprinzessin Stephanies Liebschaften
Der betrogene Walzerkönig
Adolf Loos und die kleinen Mädchen
Mit Blaulicht zum Oscar
Der Tod des alten Kaisers
Der geniale Zuckerbäcker
Hans Moser wird entdeckt
u.v.a.

Mit zahlreichen Abbildungen

....

Georg Markus

Alles nur Zufall?

Schicksalsstunden großer Österreicher

304 Seiten
ISBN 978-3-85002-878-3
eISBN 978-3-902862-98-3

Amalthea   www.amalthea.at